船舶认识

主　编　陈永芳
副主编　李凯明
主　审　黄瑞昌

HEUP 哈爾濱工程大學出版社

内容简介

本书紧紧围绕船舶的发展、特点、建造、分类等知识，全面介绍了船舶种类，船型和性能，船体结构，船舶动力装置与设备，船舶电气及造船工艺等方面的基本内容。全书图文并茂，资料翔实，共有五个学习模块，即船舶认识、船舶建造、船体结构与设备、造船生产概述、船舶专业职业生涯规划等。

本书可作为高职高专船舶类专业入门教材，也可作为从事船舶修造企业管理员工的培训教材。

图书在版编目(CIP)数据

船舶认识/陈永芳主编. —哈尔滨:哈尔滨工程大学出版社,2014. 8
ISBN 978 - 7 - 5661 - 0909 - 5

Ⅰ. ①船… Ⅱ. ①陈… Ⅲ. ①船舶 - 普及读物 Ⅳ. ①U674 - 49

中国版本图书馆 CIP 数据核字(2014)第 197410 号

出版发行 哈尔滨工程大学出版社
社　　址 哈尔滨市南岗区东大直街 124 号
邮政编码 150001
发行电话 0451 - 82519328
传　　真 0451 - 82519699
经　　销 新华书店
印　　刷 黑龙江省地质测绘印制中心
开　　本 787mm × 1 092mm　1/16
印　　张 10
字　　数 246 千字
版　　次 2014 年 8 月第 1 版
印　　次 2014 年 8 月第 1 次印刷
定　　价 22. 00 元
http://www. hrbeupress. com
E-mail:heupress@ hrbeu. edu. cn

前　　言

为了适应高等职业船舶工程类专业教育教学改革，根据浙江国际海运职业技术学院船舶类专业教学指导委员会制订的《船舶工程类专业教学方案》中公共平台课程“船舶认识”的标准要求，结合多年来课题组对该课程的研究，在完成了“基于强化学生职业素养的‘船舶认识’课堂教学改革”教学项目的基础上，作者结合教学经验编写而成了本书。

本课程是高职船舶类专业学生一门专业导论课程，开门见山为学生介绍船舶类基础知识，是船舶类专业新生始业教育的延续和完善。课程教学一方面帮助新生详细了解专业情况及专业学习特点，强化学生专业思想，培养学习兴趣，激发自主学习动力，为船舶类专业学生进一步学习专业知识和技能做准备；另一方面通过教学，能有效利用学校现有“市级船舶科普基地”（船舶类部分实训设施设备），向学生展示船舶文化，加强学生职业素养的熏陶。

编者在策划和编写过程中，进行了深入的调研，听取了船舶企业专家和同行的意见，收集了大量的图片和案例，将企业工作任务和学校中的学习任务进行集成，构成了本课程的五个学习模块：即船舶认识、船舶建造、船体结构与设备、造船生产概述、船舶专业职业生涯规划等。

编写上努力体现“工学结合、校企合作”的思路，力求突出职业性，解决“做什么”、“学什么”。在实施上，尽可能把教室搬到现场、搬到实训室，为实现“教、学、做一体化”提供设备条件和真实环境。

本书由下列人员编写：模块一、模块三任务 1 ~ 3 由副教授陈永芳编写，模块二、四由企业导师兼职教师李凯明编写；模块三任务 4 由船电团队负责人何琪编写；模块三任务 5 由骨干教师孙世芳编写；模块五由芮明珠编写。全书由陈永芳负责通稿并担任主编，李凯明任副主编。浙江东海岸造船有限公司总工程师黄瑞昌担任主审。在编写过程中得到许多船舶企业和学院同行们的支持和帮助，在此表示衷心的感谢！

由于教材内容广泛，编者学识水平有限，书中难免存在不当之处，恳请读者批评指正。

编　者

2014 年 5 月

目　　录

学习模块一　船 舶 认 识

【知识目标】

1. 了解船舶的由来。
2. 理解船舶常见种类、主要特点。
3. 熟悉船舶主要部位和舱室布置。

【能力目标】

1. 能利用各种信息途径掌握船舶发展知识。
2. 能根据船舶外形初步识别船舶类型。
3. 能按不同船舶类型和船舶主要部位描述船舶及舱室用途。

【情感目标】

1. 严谨细实的工作态度。
2. 良好的职业道德意识。
3. 创新意识和创新精神。
4. 优良的学风和团队协作精神。

【任务引入】

船舶是指能航行或停泊于水域进行运输或作业的工具,按不同的使用要求而具有不同的技术性能、装备和结构形式。船舶在国防、国民经济和海洋开发等方面都占有十分重要的地位。

那么船是怎么由来的?船舶的类型有哪些?船舶的特点是什么?

任务一　船 舶 发 展

一、"船"的起源

在几千年前,人们就发现过河困难的问题。若河浅和水流慢,人们就可以涉水渡河。但遇到水深和水流急的河流,人们就无法过河。后来,一些人发现抱着树枝或粗的树干,就可以浮渡过河。于是,人们就开始有意识地把树枝捆成一扎,做成如图 1 – 1 – 1 所示的木筏;或把粗树干挖空,使它成为独木舟就可以过河了,如图 1 – 1 – 2 ,1 – 1 – 3 所示。

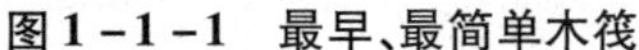

图1-1-1　最早、最简单木筏

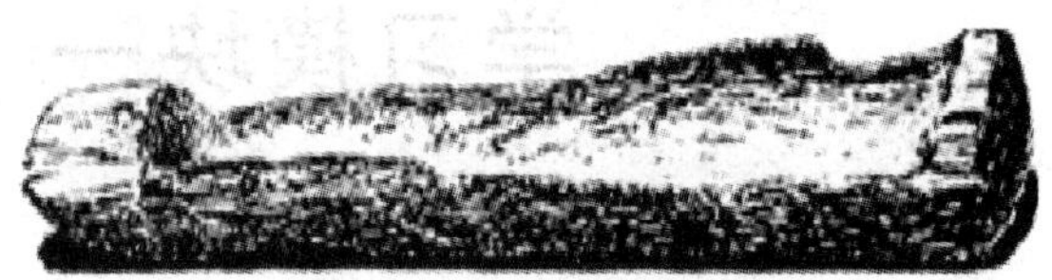

图1-1-2　独木舟

二、中国是造船古国

我国与埃及、希腊、罗马同为世界上四大造船与航海发源地，也是世界上最早制造出独木舟的国家之一，早在八千多年前的新石器时代已大量使用独木舟和排筏。独木舟就是把原木凿空，人坐在上面的最简单的船，是由筏演变而来的。虽然这种进化过程极其缓慢，但在船舶技术发展史上，却迈出了重要的一步。独木舟需要较先进的生产工具，依据一定的工艺过程来制造，制造技术比筏要难得多。其本身的技术也比筏先进得多，它已经具备了船的雏形。

随着时间的变化，人们发现木筏不好控制，容易发生事故，而且坐着也不舒服，于是人们就发明了木船，它比木筏安全，而且能装更多的货物。这是一种伟大的进步。木板船见图1-1-4。

图1-1-3　独木舟

图1-1-4　木板船

在中国，商代已造出有舱的木板船，春秋、战国时代(公元前700—前221年)在长江中、下游的楚、吴等国已造出大型商船和战舰(见图1-1-5)船队，有水战记载。车船的最早记载见于晋代(417年)，南北朝著名科学家祖冲之(429—500年)在前人的基础上创造的“千里船”是世界上明轮船的始祖。秦汉时期，我国造船业的发展出现了第一个高峰，用于战争同时也是实力表现的楼船出现，同时船上除桨外，还有锚、舵。唐代，李皋发明了利用车轮代替橹、桨划行的车船见图1-1-6。宋代，船普遍使用罗盘针(指南针)，并有了避免触礁沉没的隔水舱。另外，还出现了10桅10帆的大型船舶。到了明代我国造船和航运更是发展到了顶峰。郑和于1405—1433年的28年间受明成祖委派，率领由二百多艘海船、二万七千多人组成的庞大船队七下西洋，其中大型宝船长44.4丈(125.65 m)、宽18丈(50.94 m)(1明尺=2.83 m)，排水量达17 708.3 t，遍至南亚和东非，其规模之大，人数之多，船舶技术之先进，航行海域之广阔，都是历史上前所未有的，向世界展示了中国灿烂的古代文明和先进的科学技术水平，是世界航海史上的壮举。

图1-1-5　舰船

图1-1-6　车船

而西方的航海家，如哥伦布比郑和下西洋晚87年，只驾驶着3艘小船，他的旗舰“圣玛利亚”号也只有24 m长、排水量250 t，全舰队船员88人。哥伦布并没有完成致书中国皇帝的既定任务，反而把南美洲误认为印度。另一位航海家达·伽马，从里斯本出发，绕道好望角，沿非洲东海岸北上，由阿拉伯人领航才到达印度西海岸。达·伽马的旗舰“圣加布利尔”号排水量不到200 t，其船员总数才170人，当他返回里斯本时，只剩下两只小帆船，船员生还者不到半数。比郑和下西洋晚114年的麦哲伦，奉西班牙国王之命，率5艘船、255名船员，由圣罗卡启航，越过大西洋，经南美洲大陆与火地岛之间的海峡（后来定名为麦哲伦海峡）入太平洋，于1521年3月到达菲律宾。麦哲伦因干涉土著人的事务而被杀死，剩下115名船员乘两艘船逃走。1522年9月只有85吨的“维多利亚”号完成了航行返回圣罗卡，生还的船员只有18人。

但自明代中叶以后，我国长期处于相对停滞的封建社会，实行禁海政策，航海业和造船业萎缩。鸦片战争后更沦为半殖民地半封建社会，外国的商船、军舰航行在我国的沿海和内河，中国的造船业日益衰败。

三、船舶发展历程

船舶作为一种水上交通工具，发展历史悠久。从远古的独木舟发展到现代各类船舶，其发展历程如下。

1. 以造船材料的发展划分

（1）木船时代　19世纪以前，船舶几乎都是木材建造的。

（2）铁船时代　19世纪50年代开始进入铁船全盛时期，时间较短，仅二三十年时间。

（3）钢船时代　19世纪80年代开始至今，绝大部分船舶均采用钢材建造。20世纪40年代以前都采用铆接结构，以后部分船舶采用焊接结构，50年代以后基本上都采用焊接结构。

2. 以推进装置的发展划分

（1）舟筏时代　独木舟起源于石器时代，后被木筏、竹筏、兽皮做成的皮筏所取代。进入青铜器时代以后，出现了木板船。舟筏时代所用的推进工具是木制的桨、橹或竹制的篙。

（2）帆船时代　远在公元前4 000年就出现了帆船，15世纪到19世纪中叶为帆船的鼎盛时期，直到19世纪70年代以后逐渐被新兴的蒸汽机船所取代。图1-1-7所示为帆船。

图1-1-7 帆船

(3)蒸汽机船时代 蒸汽机船包括往复式蒸汽机船和回转式汽轮机船两种类型。1807年,世界上第一艘往复式蒸汽机船“克莱蒙特”号在美国建成并试航成功,从此船舶进入了机械动力代替自然力的新纪元。1894年至1896年世界上第一艘新型的回转式蒸汽轮机船“透平尼亚”号在英国建成。由于往复式蒸汽机的效率较低,质量和尺度相对较大,20世纪50年代开始,往复式蒸汽机船逐渐被淘汰。图1-1-8所示为蒸汽机船。

图1-1-8 蒸汽机船

(4)柴油机船时代 20世纪初柴油机开始应用于船舶。1904年世界上第一艘柴油机船“万达尔”号在俄国建成。由于柴油机热效率高、经济可靠,因而得到广泛应用。20世纪40年代末,柴油机船吨位就已超过蒸汽机船,目前世界船队中柴油机船占绝对优势。

动力推进船舶的推进器经历了一个从明轮到螺旋桨的发展过程。最早往复式蒸汽机驱动的是明轮(一个有桨叶的大转轮),如图1-1-9所示。从1836年开始螺旋桨被试验用作船舶推进器,到1861年左右就不再大批建造明轮推进器的船舶了。目前,绝大多数的船舶均采用螺旋桨作为推进器。

图1-1-9 明轮

现有的核动力装置都是采用压水型核反应堆汽轮机,主要用在潜艇和航空母舰上,而在民用船舶中,由于经济上的原因没有得到发展。

3. 现代船舶的发展特点

近五十多年来,船舶发展的突出特点是专业化、大型化、自动化。

最早的专业化运输船舶,主要是运输散装石油的油船,其他海上货运船舶专业化,大体是从20世纪50年代才迅速发展起来的。首先是干散货船舶与杂货船的分离,出现了矿砂船、散货船(运载谷物、煤等)、散货与石油兼用船。20世纪50年代末期,又出现了设有制冷设备的液化气体船,以及液体化学品船。将件杂货集装箱化运输,产生了集装箱船、滚装船、载驳船,还有专门运输汽车的汽车运输船。

船舶大型化可以降低单位造价,有利于降低运输成本。20世纪50年代以后,商船向大型化发展非常迅速,特别表现在远洋船舶中的大型油轮及矿砂船和兼用船的出现。最大船型的惊人发展,是战后油船发展的最大特点,如1950年最大油船的载重量DW = 2.8万吨,到1980年的最大油轮的载重量DW = 56.3万吨,载重量是原来的20多倍。不过从20世纪80年代以后,巨型油轮的数量逐渐减少。

近几十年来,船舶自动化的程度越来越高,不少船舶实现了机舱管理全自动化,这是当代船舶发展的又一大进步。

任务二　船舶类型

凡从事水上运输、作业、作战以及各种水中运载的工具统称为“船舶”。

现代船舶是为交通运输、港口建设、渔业生产和科研勘测等服务的,随着工业的发展、船舶服务面的扩大,船舶也日趋专业化。

由于船舶的发展,现代船舶的种类很多,可以有各种各样的分类方法,如按船体材料分,有木船、钢船、水泥船和玻璃钢船等;按航行区域分,有远洋船、沿海船和内河船等;按动力装置分,有蒸汽机船、内燃机船、汽轮机船、电动船和核动力船等;按推进方式分,有明轮船、螺旋桨船、平旋推进器船和风帆助航船等;按航行方式分,有自航船和非自航船;按航行状态分,有排水型和非排水型船。而最能说明船舶特征的是按照船舶的用途来分类,首先可分为民用和军用两大类。

一、民用船舶的分类

运输船——客船、客货船、货船(杂货船、散货船、集装箱船、滚装船、载驳船、油船、液化气体船、冷藏船等)、渡船、驳船等。

工程船——挖泥船、起重船、浮船坞、救捞船、布设船(布缆船、敷管船等)、打桩船等。

渔业船——网类渔船(拖网渔船、围网渔船、刺网渔船等)、钓类渔船、捕鲸船、渔业加工船、渔业调查船、冷藏运输船等。

港务船——破冰船、引航船、消防船、供应船、交通船、工作船(测量船船、航标船等)、浮油回收船等。

海洋开发船——海洋调查船,深潜器(艇)、钻井船、钻井平台等。

拖船和推船——海洋拖船、港作拖船、内河拖船、海洋拖船 、内河拖船等。

高速船艇——水翼艇(划水式水翼艇、全浸式水翼艇)、气垫船(全浮式气垫船、侧壁式气垫船)、冲翼艇、半潜式小水面艇、穿浪船等。

二、军用舰艇的分类

水面战斗舰艇——航空母舰、直升机母舰、战列舰、巡洋舰、驱逐舰、护卫舰、导弹艇、鱼雷艇、猎潜艇、护卫艇等。图1-2-1所示为航空母舰。

水中战斗舰艇——攻击型潜艇(柴油机动力、电动机动力)、战略导弹潜艇(常规动力、核动力)。如图1-2-2所示。

特种战斗舰船——两栖舰艇(两栖指挥舰、两栖攻击舰、船坞登陆舰、两栖船坞运输舰、坦克登陆舰、两栖货船、车辆人员登陆艇、通用登陆艇)、布雷舰艇、扫雷舰艇、猎雷艇。

辅助舰艇——后支援船(运输船、舰队补给船、供应维修船、卫生勤务船、捞雷船)、海上救助船(近岸救助船、远洋救助船、潜艇救助船、破冰船)、情报支援船(海洋调查船、侦察船、通信船、测量船)、试验训练船(导弹靶船、导弹测量船、兵器试验船、海军训练船)、港务支援船(港口建设船、港口作业船、港口勤务船等,这类船同民用船,如勘探船、打桩船、起重船、驳船、拖船、挖泥船、交通船、引水船、供水船、航标船、灯船、消防船、浮船坞等)。

图1-2-1 航空母舰

图1-2-2 潜艇

任务三 典型专用运输船舶的特点

民用船舶中,运输船舶是最常见、数量最庞大的一类,它的种类也很多。

一、客船(Passenger Vessel)、客货船(Cargo Vessel)

专门用于运送旅客及其所携带的行李和邮件的船舶,凡载客超过12人的船舶均应视为客船;除装运旅客外,还装有部分货物的船舶,称为客货船。客船如图1-3-1所示。

客船的特点是外形美观,采用飞剪式船首,有多层甲板的上层建筑;设有完善的餐厅和卫生、娱乐设施;客船的水下线型较瘦削,方形系数小,适用于中机型;设置多层甲板,大型客船的甲板多达8~9层,加上多层上层建筑,水线以上的干舷高,侧向受风面积大;水密横舱壁的间距较小,抗沉性能好;防火要求较严格;船的重心高,船的侧向受风面积又大,故客船要求较高的稳性,一般需要装设固定的压载,如生铁块等;对于客货船,水线以下的船舶尽可能用来装货;配备有足够的救生设施;大型豪华客船一般装设有减摇鳍;客船的航速高,主机功率大,大部分客船都装设有两部主机、双螺旋桨,也有大型客船装有 4 部主机、4 个螺旋桨。

图 1-3-1 客船

客船分为以下几种:

(1)海洋客船 包括远洋和沿海客船。过去远洋客船多兼运邮件,故又称邮船。

(2)旅游船 供游览用,其服务与娱乐设施十分发达,现代旅游船已向豪华型发展。

(3)汽车客船和滚装客货船 如图 1-3-2 所示,汽车客船用于运输旅客及其自备汽车。滚装客货船是在集装箱船和汽车客船大型化的基础上发展的高效、新型客货船,多用于沿海中程定期航线。

(4)小型高速客船 具有速度快、适航性好的特点,多用于短途运输,见图 1-3-3 和图 1-3-4。

(5)内河客船 航行于江、河、湖等内陆水域上,载客量大且停靠频繁。

图 1-3-2 汽车客船和滚装客货船

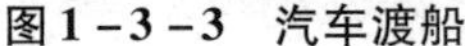

图1-3-3　汽车渡船

图1-3-4　高速客船

二、普通货船(杂货船 General Cargo Ship)

主要装载成包、成捆、成箱和桶装的件杂货。如图1-3-5所示。

杂货船的特点是载重量不可能很大;货舱内有2~3层甲板;多数为中艉机型,也有采用艉机型;一般都设有艏楼,在机舱的上部设有桥楼;老式的5 000 t级杂货船,多采用三岛型;许多万吨级的杂货船,因压载要求,常设有深舱,深舱可以用来装载液体货物(动植物油、糖蜜等);一般都装设起货设备;吊杆或液压旋转吊;大多数杂货船,每个货舱一个舱口,少数采用双排舱口;不定期的杂货船一般为低速船,远洋的为14~18 kn,近洋的为13~15 kn;沿海的航速为11~13 kn;一般都是一部主机,单螺旋桨单舵。

图1-3-5　杂货船

三、散货船(Bulk Cargo Carrier)

散装运输谷物、煤、矿砂、盐、水泥等大宗干散货物的船舶,都可以称为干散货船,或简称散货船,如图1-3-6所示。

图1-3-6　散货船

散货船的特点是货舱容积主要是按积载因数 S・F 在 1.2 ~ 1.6 m^3/t 之间的货物为主要对象设计的；货源充足、装卸效率高；载重量较大；都是低速船，船速在14 ~ 15 kn。散货船按其大小通常分为如下几个级别：①DW 为 60 000 吨级，巴拿马型船（船长小于 245 m，船宽不大于 32.2 m）；②DW 为 35 000 ~ 40 000 t 级，轻便型散货船；③DW 为 20 000 ~ 27 000 t 级，小型散货船，散货船货种单一，不怕挤压，便于装卸，都是单甲板船。另外散货船常为外艉机型船，船型肥大，机舱布置无困难。设有艏楼和艉甲板室，船中部无桥楼和甲板室有利于货舱和起货设备的布置。货舱内，在舷侧的上下角处设有上下边舱。空载时双层底舱和上下边舱全装满压载水，还达不到吃水要求。因此，往往另外用 1 ~ 2 个货舱作为压载舱。40 000 t 以下的，一般船上都装设起货设备，且大部分采用液压旋转吊。而 50 000 t 以上的散货船，很多船上不装起货设备。散货船的货舱口大，舱口围板高。高的舱口围板可起着填注漏斗的作用。当船龄大于 10 年时，有下列问题：①上边舱因经常装压载水或空舱，腐蚀严重；②金属舱口盖锈蚀、变形、漏水都较严重，而且不易修；③液压旋转吊易出故障。

四、集装箱船（Container Ship）

集装箱船是指装运以集装箱货物为主的船舶，分为全集装箱船、半集装箱船、可变换的集装箱船。有两种型号：(1)40 ft[①] 集装箱，40 ft × 8 ft × 8 ft(2TEU)；(2)20 ft 集装箱，20 ft × 8 ft × 8 ft(1TEU)。集装箱船通常用载运集装箱的数目（TEU）表示其载重能力。标准箱为 20 ft；有的集装箱自身带有制冷装置——冷藏箱（冷柜），如图 1 - 3 - 7 所示。

图 1 - 3 - 7　集装箱船

集装箱船的特点是货舱尽可能方整，具有较大的型深；其内设置箱轨、柱、水平桁材等，在甲板上设有专用的固定装置，以堆放和固定集装箱；货舱和甲板均能装载集装箱；为单层甲板，舱口宽而长，甲板开口大，采用双层船壳结构，以提高总纵强度和抗扭转强度，在两层船壳之间作为压载水舱；一般均是艉机型或中艉机型船；主机功率大，航速高，多数船为两部主机，双螺旋桨，船型较瘦，方形系数小于 0.6；通常不设起货设备，利用码头上的专用设备装卸；受风面积大，重心高度也大，对于稳性、防摇、压载等一系列问题要采取相应的措施。

五、滚装船（Roll on/Roll off Ship）

滚装船是用牵引车牵引载有箱货或其他件货的半挂车或轮式托盘直接进出货舱装卸

---

① 1 ft = 0.304 8 m。

的运输船舶,也就是采用水平装卸方式的船舶,又称滚上滚下船,如图1-3-8所示。

图1-3-8 滚装船

滚装船的优点是不需要起货设备,货物在港口不需要转载就可以直接拖运至收货地点,缩短货物周转的时间,减少货损。

滚装船的特点是结构特殊,上层建筑高大,上甲板平整,无舷弧和梁拱;甲板层数多,货舱内支柱极少,主甲板以下设有双层船壳;货舱区域内不设横舱壁,采用强横梁和强肋骨保证横强度;在各层甲板上设有升降平台或斜跳板,供车辆行驶;所占的舱容大,货舱利用率低,仅占40%左右,载重量系数(载重量与排水量之比)仅为0.45~0.65,因此型深较大,水线以上的受风面积也大;在艏部、艉部或两舷侧设有开口,但多数在船尾设有开口并装设水密门和跳板,依靠机械机构或电动液压机构进行开闭和收放;必须用压载来调节吃水、纵横倾和稳性等;大多数装有艏部侧推力装置,改善靠离码头的操纵性;航速高,远洋滚装船的船速一般在20~30 kn;多数为艉机型,船型较瘦削,方形系数C_b不大于0.6,如图1-3-9所示。

图1-3-9 滚装船

滚装船的主要缺点是货舱的利用率比一般杂货船低,造价高;航行安全性问题尚未妥善解决;设在艉部的机舱体积小,工作条件差尚待进一步解决。

【案例】

1999年11月24日下午山东烟大公司的"大舜"轮在赴大连途中因风浪太大返航,16:30时发现二层甲板有烟雾,20:15时主舵失灵,救助无效,23:45时搁浅倾覆。船员和旅客共312人,其中遇难282人,直接经济损失9 000万元。

失事的原因:在恶劣的气象和海况条件下,船长决策和指挥失误,船舶操纵和操作不当,车辆超载,系固不良而致。

六、矿砂船(Ore Carrier)

矿砂船是指专门运载散装矿石的船舶。如图1-3-10所示。

它的货舱容积是按着货物的积载因数S·F为0.42~0.50 m^3/t为主要对象设计的。

矿砂船的载重量较大,货舱的横断面做成漏斗形,这样既可以提高船的重心,又便于卸舱底货,同时抬高双层底的高度。一般矿砂船的双层底高度可达型深的1/5。并设置大容量的压载边舱。

图1-3-10　矿砂船

七、多用途船(兼用船)

矿/油两用船(Ore-oil Carrier)是用于装运矿砂和原油的船舶。中间货舱比较窄,占整个船舶货舱舱容的40%~50%左右。装运矿砂时装在中间货舱;装运原油时,装在两侧边舱和中间货舱。

矿/散/油三用船(Ore-bulk-oil Carrier)是用于装运矿砂、较轻的散货和原油的船舶。设有双层船壳和上下边舱,中间舱比较宽大,占整个船舶货舱舱容的70%~75%。中间货舱用来装散货和矿砂,装载原油时,装在中间货舱、两侧边舱和上边舱。矿砂船的横剖面,其结构与普通散货船有明显区别。这是因为所运载矿砂要求的舱容积只有普通散货的一半。多用途船船舱如图1-3-11所示。

为使矿砂船具有较缓和的摇摆和较长的摇摆周期,双层底设计得比较高。

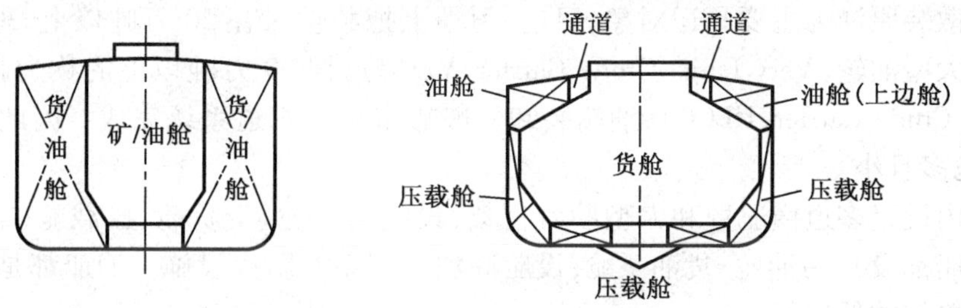

图1-3-11　多用途船船舱

八、油船(Oil Tanker)

油船是专门运输石油类液体货的船舶。油船有原油船和成品油船之分,如图1-3-12、

图 1 - 3 - 13 所示。

油船的特点是机舱都设在船尾,船壳本身被分隔成数个贮油舱,有油管贯通各油舱。油舱大多采用纵向式结构,并设有纵向舱壁,在未装满货时也能保持船舶的平稳性。为取得较大的经济效益,二战以后油轮的载重吨位不断增加,目前世界上最大的油轮载重吨位已达到六十多万吨。

图 1 - 3 - 12　原油船

图 1 - 3 - 13　成品油船

油轮以散装原油为主要承运对象,目前,习惯上把载重量在 20 万吨以上、30 万吨以下的油轮称为大型油轮(Very Large Crude Carrier,VLCC),把 30 万吨以上的称为超大型油轮(Ultra Large Crude Carrier,ULCC),油轮装卸一般靠带泵的管道系统完成。因此,船舶多为双层底,货舱多且小。

货油舱内设置多道横舱壁和大型肋骨框架,设隔离空舱、干货舱、压载舱(载重量 2 万吨以上的油船都设)、污油舱、货油泵舱;设舱底加温管系和防火设施。油船都是单独主机、单螺旋桨和单舵的低速船。

成品油是由原油提炼的各种油,分为轻油和重油两大类。成品油船在结构上与原油船基本相同,有专用的压载水舱。成品油船 3 万吨以上设货舱,容积较小而数目多,管系复杂,货油泵的台数多,设有洗舱设备。

九、液化气体船(Liquefied Gas Carrier)

液化气体船是专门装运液化天然气、液化石油气及液化乙烯的船舶。

1. 液化天然气船(LNG)

特点:液化天然气(主要成分为甲烷)通常采用在常压下极低温(-165 ℃)冷冻的方法使其液化。液舱具有严格的隔热结构与材料,能保证液舱恒定低温。常见的液舱形状有球形和矩形两种,也有将液舱设计成棱柱形或圆筒形的,如图1-3-14所示。

图1-3-14　LNG船

液化天然气运输途中要蒸发,为减少损失,可将蒸发的液化天然气蒸气收集,将其输送到锅炉中去燃烧,故液化天然气船的动力装置都选用蒸汽轮机。

2. 液化石油气船(LPG)(图1-3-15)

液化石油气的主要成分为丙烷。

图1-3-15　LPG船

液化石油气船主要有以下三种运输方法:

(1)加压液化,在常温下进行装卸,这种船叫作全加压式液化石油气船,其货舱常为球形或圆柱形罐;

(2)冷冻液化,叫作全冷冻式液化石油气船,其货舱可制成矩形,舱容利用率高,但需设置良好的隔热层;

(3)既加压又冷冻液化,叫半加压半冷冻式液化石油气船。

3. 乙烯运输船

运输乙烯的通常做法是将其加压液化,可在常温下进行装卸,其货舱常为球形或圆柱形罐;也有采用半加压半冷冻使其液化的,货舱为圆柱形罐。

这一类液体货的沸点低,多为易燃易爆的危险货物,有的有剧毒和腐蚀性。这些液体货运输船也是设计精密、选材特殊、配套设备独特、制造工艺复杂的高技术型产品,其造价十分昂贵,如图 1-3-16 所示。

图 1-3-16 乙烯运输船

十、液体化学品船(Liquid Chemical Tanker)

液体化学品船是专门装运有毒、易燃、腐蚀性强的液体化学品货物的船舶,如图 1-3-17 所示。

图 1-3-17 化学品船

特点:液货舱被分隔得较小,数量也较多;货舱区域设置双层底,以防化学品意外泄漏而污染海洋;有毒物品应装于中间一列货舱,不可装于两舷侧的舱内;为便于清洗,增强抗腐能力,货舱采用不锈钢材料制成。

十一、冷藏船(Refrigerated Ship)

冷藏船是专门装运鱼、肉、蛋、禽、水果等易腐货物的船舶,如图 1-3-18 所示。

特点:具有良好的隔热设施和制冷设备,由于受货源批量的限制,冷藏船的吨位一般在万吨以下;其船舶结构与杂货船相近,货舱口比较小,货舱内甲板层数较多。

冷藏船保持一定的低温,以保证货物不致变质与腐烂,所以对制冷、隔热有特殊要求。船上备有大功率制冷装置,根据所运输货种不同,在船舱内设制冷管或冷风管,以维持所需的保冷温度。还要求制冷装置在船舶摇摆、振动及高温、潮湿的条件下,仍能保证正常工作。冷藏船常设置多层甲板,以防止下层货物受压损坏,冷藏船航速较高,又有较大的积载因数，所以尺度较同载重量的普通货船大。

图1-3-18 冷藏船

目前，用于装运冷藏货物的冷藏集装箱发展迅速。由于其运输方便，所以在某种程度上取代了冷藏船的运输。船上设有冷藏系统，能调节多种温度以适应各舱货物对不同温度的需要。

十二、木材船(Timber Carrier)

木材船是专门装运各种木材或原木的船舶。

特点：货舱要求长而大，舱内无支柱及其他妨碍装卸的设备；起货机安装于桅楼平台上；甲板强度要求高，船舱及甲板上均可装载木材。为防甲板上的木材被海浪冲出舷外，两舷设支柱，在船舷两侧一般设置不低于1 m的舷墙。

十三、拖船

拖船是拖曳其他船舶或水上浮动的建筑物的工具船，如图1-3-19所示。

图1-3-19 大功率远洋拖轮

拖船船身小、机动性好、功率大。港口、内河拖船用来拖曳驳船、协助船舶进出、带浮筒、靠离码头等。近海拖船用来参与海上救助、海上作业。部分多吊途拖船，还用来支持钻井平台的作业。拖船可用于拖曳平台、拖锚定位、接送船员、输送物品、输送水泥以及消防等。

十四、疏浚船

疏浚船是进行水下挖泥，加宽和清理航道的船舶，如图1-3-20所示。疏浚船有多种形式,如耙吸式、链斗式、抓斗式等。大型疏浚挖泥船采用耙吸式。施工时吸泥管斜靠河床,吸泥管端部的耙头将泥钯松,吸泥管将泥吸入泥舱。船缓慢航行,边耙边吸。

十五、起重船

起重船也称为浮吊,起重能力从几百吨到上千吨,如图1-3-21所示。起重船主要用于码头、船坞、桥梁等建设吊装重型构件,码头主机整机吊装,上层建筑整体吊装等。

图1-3-20　疏浚船

图1-3-21　起重船

十六、科学考察船(Scientific Research Ship)

科学考察船是用于海洋水文、气象、地质和生物等研究考察的船舶,如图1-3-22所示。

图1-3-22　科学考察船

这种船舶航海性好,舱室生活设施完善,续航力强。

十七、海洋油气开发船舶与装备

覆盖着地球表面积70%的海洋蕴藏着丰富的石油资源,从海底油田开采的油气占生产总量的1/3以上。海上石油的钻探与开采已经成为重要的科学技术领域。

海上石油钻井平台是用于钻探井的海上结构物,上装钻井、动力、通信、导航等设备,以及安全救生和人员生活设施,有坐底式、自升式和半潜式等。

1. 坐底式钻井平台

坐底式钻井平台又称沉浮式或沉底式钻井平台，由上体、立柱和下体组成，上体为钻井平台(或称为平台本体)，下体为提供浮力的沉垫，上体和下体之间由若干立柱相连接，如图1－3－23 所示。在下体中注入压载水后使之下沉坐于海底，上体的平台则露出水面一定高度，钻井平台处于工作状态；排水后，使钻井平台上浮可进行拖航和移位。坐底式钻井平台多用于水浅、浪小、海底较平坦的海区。

图 1－3－23 坐底式钻井平台

2. 自升式钻井平台

自升式钻井平台由平台、桩腿和升降机构组成，平台能沿桩腿升降，一般无自航能力，如图 1－3－24 所示。工作时桩腿下放插入海底，平台被抬起到离开海面的安全工作高度，并对桩腿进行预压，以保证平台遇到风暴时桩腿不致下陷。完工后平台降到海面，拔出桩腿并完全提起，整个平台浮于海面，由拖轮拖到新的井位。

3. 半潜式钻井平台

半潜式钻井平台上部为工作甲板，下部为两个下船体，用支撑立柱连接，如图1－3－25 所示。工作时下船体潜入水中，甲板处于水上安全高度，水线面积小，波浪影响小，稳定性好、自持力强、工作水深大，新发展的动力定位技术用于半潜式平台后，工作水深可达900～1 200 m。半潜式与自升式钻井平台相比，优点是工作水深大，移动灵活；缺点是投资大，维持费用高，需有一套复杂的水下器具，有效使用率低于自升式钻井平台。

4. 钻井船

钻井船是用来在水上钻井并移位的船，如图 1－3－26 所示。钻井时漂浮水上，适于深水作业。多将井架设在船的中央，以减小船体摇荡对钻井工作的影响。钻井船多具有自航能力，无自航能力的又称“钻井驳”。

5. 采油平台

采油平台是实际生产用的平台，其基本要求与钻探平台相仿，但由于要长期定点作业，对作业海况下的运动幅度以及稳性、强度的要求更为严格，如图 1－3－27 所示。

6. 浮式生产储油船

浮式生产储油船(简称 FPSO)是海洋石油开采的重要工程船舶，被称为“海上原油加工厂”。它集海上原油加工、海上油库、海上卸油终端、海上电站等为一体，成为快速、经济、有效地开发海上油田的关键船舶产品，在国际上素有高技术、高附加值船的美誉，如图1-3-28所示。

图1-3-24 自升式钻井平台

图1-3-25 半潜式钻井平台

图1-3-26 钻井船

图 1-3-27　采油平台

图 1-3-28　浮式生产储油船

任务四　船舶主要部位和舱室布置

各类运输船舶因其类型不同、用途不同,在船舶结构、舱室布置和船舶性能等方面有许多不同之处,但又有许多相同的特点。

普通运输船舶的主要部位和舱室布置如图 1-4-1 所示。

一、主船体与上层建筑

1. 甲板与平台

船舶同一层艏艉方向连续的且从一舷伸至另一舷的平板称为甲板。其中,船体最上面一层纵向连续的自艏部至艉部的全通甲板称为上甲板,上甲板一般为露天甲板。上甲板之下的甲板称为下甲板,由上而下分别称为第二甲板、第三甲板……

沿着船长方向不连续的局部甲板称为平台甲板,或简称平台。平台是考虑局部的需要而设置的,例如设置辅助锅炉为主的锅炉平台,设置发电机组为主的发电机平台,设置起货机的起货机平台等。

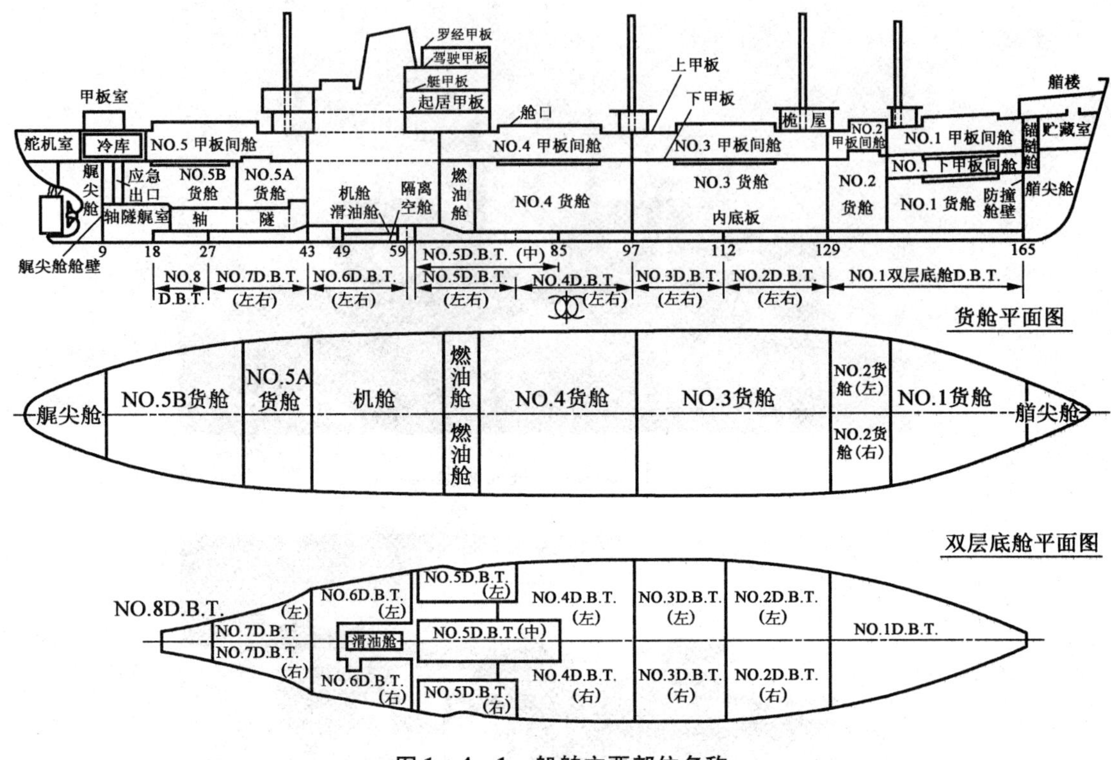

图 1-4-1 船舶主要部位名称

2. 主船体与上层建筑

船舶上甲板以下的船体部分称为主船体，或称为船舶主体；而在上甲板上及其以上的所有围蔽建筑物统称为上层建筑。上层建筑根据其宽度不同可分为船楼和甲板室两种。

宽度与上甲板宽度一样，或其侧板壁距舷边的距离小于 4% 船宽的上层建筑称为船楼，船楼又分为艏楼、桥楼和艉楼。

(1) 艏楼

艏楼位于船首部，长度一般为船长的 10% 左右。超过 25% 船长的艏楼称为长艏楼（减少船舶首部甲板上浪；并可减小纵摇，改善船舶的航海条件；艏楼内的舱室可作为贮藏室，长艏楼内的舱室用来装货）。

(2) 桥楼

桥楼是位于船长中部的上层建筑。当桥楼的长度大于 15% 船长且不小于本身高度 6 倍时称为长桥楼（用来布置驾驶室和船员居住处所并保护机舱）。

(3) 艉楼

艉楼是位于船尾部的上层建筑。当艉楼的长度超过 25% 船长时称为长艉楼（减小船尾部甲板的上浪和保护机舱，并可布置甲板室、船员居住处所和其他用途的舱室）。

在上甲板上及其以上的围蔽建筑物，其两侧壁离船壳板向内的距离大于 4% 船宽的、两侧有走道的上层建筑称为甲板室。甲板室多见于大型船舶，因为大型船舶甲板面积大，布置船员房间等并不困难，所以在上甲板中部或尾部只需设甲板室，这样有利于甲板上的操作和行走。船舶首部不设甲板室。

船舶上层建筑的布置位置、层次、长短和数目是由船舶的大小、类型、用途、机舱位置、航海性能和船舶外观要求因素决定的。一般总是在机舱上方布置有上层建筑。

3. 上层建筑中的各层甲板

(1)罗经甲板

罗经甲板是设有罗经的顶甲板，是船舶最高一层甲板，一般都是驾驶台顶部的甲板。

(2)驾驶甲板

驾驶甲板是设置驾驶室的甲板。该层甲板上的舱室处于船舶最高位置，布置有驾驶室、海图室、报务室和引水员房间等。

(3)艇甲板

艇甲板是放置救生艇或工作艇的甲板。艇放置在两舷侧，便于快速放艇。应急发电机、蓄电池和空调器室一般也布置在艇甲板上。

(4)起居甲板

起居甲板主要用于布置船员的居住舱室。

(5)上层建筑内的上甲板

上层建筑内的上甲板一般用来布置厨房、餐厅、水手和厨工等船员房间，以及伙食冷库、粮食库等。

(6)游步甲板

游步甲板是客船或客货船上供旅客散步或活动的甲板，常设有宽敞的通道或活动场所。

二、主船体的主要部位

按船舶首尾方向布置，一般货船主船体内，主要部位有艏尖舱、货舱、深舱、机舱和艉尖舱等。

1. 艏尖舱

艏尖舱是位于船首部防撞舱壁之前、舱壁甲板之下的船舱。主要作用是作压载水舱，调整纵倾，也可储存淡水。

2. 货舱

一般货船，在双层底内底板之上和上甲板之下、艏尖舱舱壁与艉尖舱舱壁之间，除了布置机舱和深舱之外，基本上都用于布置货舱。货舱的名称按艏艉方向排号，货舱之间有水密横舱壁隔开。

3. 深舱

有的船舶因燃油储存量大，在机舱前舱壁与货舱之间设有深油舱。有的船舶，特别是艉机型船，由于船舶浮态调整的需要，或因压载水量要求大，在货舱与货舱之间设有 1 ~2 个压载深舱。

4. 机舱

一般货船设一个机舱，个别大型客船设有主、副机舱。

机舱的位置直接关系到船舶上层建筑的形式、货舱布置、纵倾调整、船体结构与强度以及驾驶视线等问题。目前常见的机舱位置有设于舯部、艉部和舯部偏后三种，相应的建筑形式即称之为“舯机型”、“艉机型”和“舯后机型”。

根据船舶大小和用途不同，各类专用运输船舶的机舱位置也不尽相同。

5. 艉尖舱

艉尖舱是位于船舶尾部最后一道水密横舱壁之后、舱壁甲板或平台甲板之下的船舱。其主要作用是作压载水舱或储存淡水，调整浮态。

三、船舶工作舱室的布置

船舶工作舱室可分为驾驶、轮机、甲板三个部门的工作舱室。

1. 驾驶部工作舱室

(1) 驾驶室

要有良好的视线，通常布置在船舶最高一层舱室。

(2) 海图室

海图作业与驾驶联系密切，一般布置在驾驶室的后右侧。

(3) 报务室

报务室一般布置在驾驶室的后左侧或海图室的后面。

目前，很多船舶把驾驶室、海图室和报务室有机地放在一起。

2. 轮机部主要工作舱室

(1) 机舱

机舱是集中放置船舶动力装置中绝大部分机电设备的船舱。

(2) 应急发电机室

应急发电机室是放置应急发电机组及其配电板的舱室。应急发电机是在机舱内发电机组发生故障或船舶发生海损时为船舶提供应急电源而设置的。按《SOLAS 公约》要求，应急发电机室应置于最高一层连续甲板以上且易于从露天甲板达到之处，一般位于艇甲板，不能与机炉舱相通，门开向露天甲板。

(3) 蓄电池室

按《SOLAS 公约》规定，蓄电池组不应与应急配电板装设在同一处所，所以蓄电池室应是独立的舱室，一般也在艇甲板。

(4) 舵机间

舵机间是用于布置舵机的舱室，位于舵的上方艉尖舱顶部水密平台甲板上。

(5) 应急消防泵间

根据《SOLAS 公约》要求，当船舶任一舱室失火会使所有的消防泵失去作用时，应设有固定独立驱动的应急消防泵。应急消防泵应布置在机舱之外的水密舱室内。某散货船艉部布置如图 1-4-2 所示。

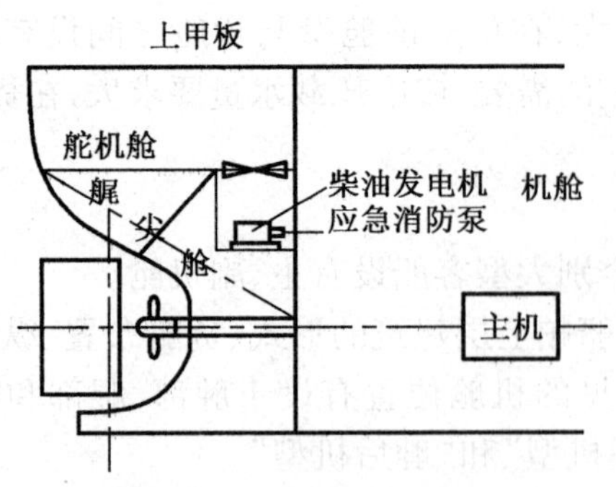

图 1-4-2 某散货船艉部布置

3. 甲板工作舱室

(1)理货室

理货室是远洋运输船舶专为陆上理货人员及海关人员来船接洽工作所设的场所，一般布置在靠近舷梯的船楼入口处。

(2)锚链室

锚链室是收存锚链的舱室，位于锚机下方的艏尖舱内，是用钢板围起来的两个左右对称的圆形或长方形的水密小舱室。

(3)木匠工作间、灯具间、油漆间、缆绳和索具间等

这些舱室通常位于艏楼内、起货机平台下面的桅屋内。

四、液舱

液舱是用来装载液体的舱，如燃油舱、燃油溢油舱、滑油舱、滑油循环舱、污油舱、淡水舱、污水舱和压载水舱等。

滑油舱的四周要设置隔离空舱，与清水舱、燃油舱、压载水舱及舷外水等隔开，以免污染滑油。

淡水舱要求舱内的结构和涂料应能保持水质清洁，一般在舱的内壁涂有水泥。

五、其他舱室

隔离空舱、伙食冷库和粮库等。其中隔离空舱是一个狭窄的空舱，专门用来隔开相邻的两舱室，以免两种不同性质的液体相互渗透(不同种类的滑油舱间、燃油舱与滑油舱间、油舱与淡水舱间，有的油舱与货舱间也需设置)。但燃油舱与压载水舱间不需设置空舱。

【思考与讨论】

1. 概述船舶发展历史。
2. 船舶的分类方法有哪些？民用船舶常见的类型有哪些？
3. 运输船舶有哪些种类？
4. 杂货船、散货船、集装箱船、油船各有哪些主要特征？
5. 普通船舶上一般都有哪些舱室？
6. 分组讨论“话题”并汇报。

学习模块二　船舶建造

【知识目标】

1. 了解船舶建造历史。
2. 熟悉现代船舶建造工艺。
3. 了解船舶制造技术的发展趋势。

【能力目标】

1. 能简单介绍船舶制造基本知识。
2. 能正确叙述现代造船流程。
3. 能正确叙述现代造船工艺。

【情感目标】

1. 严谨细实的工作态度。
2. 良好的职业道德意识。
3. 创新意识和创新精神。
4. 优良的学风和团队协作精神。

【任务引入】

船舶是复杂的水上建筑物,船舶建造是大型综合型工程,单件(船)生产形式,是技术密集、劳动密集、配套复杂、多工种立体的作业。船舶制造技术与一般机械产品的制造有很大不同。

那么船是怎么造出来的?船舶建造的流程及工艺又是怎样的呢?

任务一　船舶建造发展

一、古代木船建造

造船之前,先根据船的载重量,按传统方法来计算龙骨的长度,然后进行备料。安装龙骨是建造船舶过程中的一件大事,就像建造房子时上梁一样重要,必须举行隆重的庆祝仪式,如图 2-1-1 所示。开工要择吉日良辰,须用三牲福礼敬请天地神灵,并由造船师主祭,并将镜子、铜钱、五谷之类的吉祥物放进龙骨的接合处。

龙骨造好后,接下来的重要工序是装配隔舱板,如图 2-1-2 所示。根据船板弯曲的需要,先确定间隔距离,接着装上一根根弯曲的木条,钉上船尾板、船头板和船壳板,如此就组成了一个坚固的船体结构。然后是上甲板,在船体的各个部位,只要有夹缝的地方都要用麻絮填塞,用桐油灰捻缝,如图 2-1-3 所示。还要用火先烘烤一下木船的表皮再上漆,一艘新船就这样建造完成了。

图 2-1-1　造船取材、铺设龙骨

图 2-1-2　安装隔舱板

图 2-1-3　安装船壳板、甲板

新船下水时,船主揭去红布,称“启眼”。敲锣打鼓,鸣放鞭炮,由身强力壮、父母双全(有福气)的几十名青壮年将船体徐徐“赴水”(推入水中),谐音“富庶”,以示吉利。赴水时,东家站在船头上向船匠师傅和围观者分抛馒头,谓之“发福”。

二、近代钢质轮船的建造

中国是从西方引进新技术建造由蒸汽机推动的轮船的。中国早期建造的轮船,船体仍用木质。跟随世界逐渐建造铁肋木船的步伐,中国也在 19 世纪 70 年代开始建造铁肋木船。

清同治十三年(1874 年),江南制造局建造铁甲炮舰“金瓯号”时,首次采用铁甲材料和铆接技术,该技术沿用到 20 世纪 30 年代。铆接工艺通常由 4 名工人为一组,分别负责烧铆钉、送铆钉、撑铆钉及打铆钉的工序。铆接技术劳动强度高,工作效率低。为了保证船体的强度和水密性,有时外板的铆接采用双排或三排铆钉,铆钉的间距只有钉径的 4 倍,铆钉的最大直径达到 1 英寸(2.54 cm)。

进入 20 世纪,电弧焊技术逐渐发展。1918 年,英国南部的官办造船厂开始建造全焊接船舶。第二次世界大战期间,美国采用焊接技术得以在极短的时间内建成 2 160 艘“自由”型万吨级运输船。这一批运输船在战时和战后或因在波浪中折断,或因破裂而沉没,损失竟达 100 多艘。究其原因既有建造质量问题,也有焊接技术问题。二战时期“自由”轮的焊接实践,有力地推动了造船焊接技术。在 20 世纪的下半叶,铆接在造船业中基本上由焊接所取代。

在中国最先建成全焊接船舶的是大连造船厂。当时采用苏联的图纸,1947 年 12 月开工建造 110 kW 柴油机海上拖轮,首船于 1948 年 4 月建成交船,建造时未用一颗铆钉。为了迎接 1948 年“五一”国际劳动节,只用了 27 天就完成了 6 艘 100 t 电焊平底驳船的船壳建造任务。随着采用造船胎架和分段建造方法，至 1950 年，在大连造船厂，建造 1 艘 110 kW 柴油机海上拖船和 100 t 电焊平底驳船，分别只需要 5 天和 3 天时间。1949 年泊靠在码头的焊接船遭受强台风袭击，结果是船受损而焊缝不裂，由此使人们建立起对焊接质量的信心。

1957 年开工建造的 4 500 t 油轮“建设九号”，除船壳板顶部列板、甲板舷边角钢等少数部位采用铆接工艺外，主要是采用焊接技术。1958 年交船的大连厂建造的 5 000 t 货轮“和平 25 号”和江南厂建造的同型姐妹船“和平 28 号”，都是焊接船舶。

三、现代钢质船舶建造

现代船舶制造，是以统筹优化理论为指导，应用成组技术原理，以中间产品为导向，按区域组织生产，壳舾涂作业在空间上分道，时间上有序，实现设计、生产、管理一体化，均衡、连续地总装造船。

1. 成组技术

成组技术是将具有某些相似信息的事物集合成组进行处理，以使单件或中小批量生产获取大批量生产效益的高效的生产技术和管理技术。成组技术是一门包含工程技术、系统工程、经营科学、生产管理、劳动心理和社会学等许多学科内容的综合性的技术科学。

2. 中间产品

中间产品是从最终产品分解的层层部件和零件，按它们的相似性分类，组织专业化生产，以提高设备利用率。中间产品是船舶某一构成部分或某项造船任务，它是从管理角度提出的概念，核心在于以中间产品调集人员、物资和信息，组建相对独立的生产实体，即“成组生产单元”、“微型工厂”、“独立制造岛”、“中心”等。

3. 产品导向型工程分解

产品导向型工程分解是按船上区域、作业类型和施工阶段的相似性，将全船逐级分为各类“中间产品”，直至市场采购的物资。PWBS 旨在按“中间产品”的专业化生产来组建整个生产系统。

4. 船体分段建造

船体分段建造是按船体零件、部件、分段和总段的工艺过程的相似性组建各类生产线，达到均衡生产和生产资源的高效使用。同时采用“精度控制”技术，以减少、直至消除修整作业。采用“线加热”校正和成形技术，使船体零件和分段达到规定尺寸，且节省工时。

5. 区域舾装

区域舾装是在船舶产品设计之前即制定建造策略，最大限度地把舾装作业提前在施工条件较好的车间内完成，开展单元舾装和分段舾装，采用各类模块，严格按区域划清各个舾装阶段。在实施区域舾装时，应建立计算机辅助“物资采办系统”，确保舾装所需的物资准时抵达船厂；同时，建立厂内的“托盘集配系统”，把物资和“中间产品”准时送抵制造更高一级“中间产品”的现场。

6. 区域涂装

区域涂装是在设计阶段就严格规定涂装的区域和阶段，即原材料涂装、部件涂装、分段涂装和船上涂装，使涂装成为贯穿所有制造级的作业过程，从而提高涂装质量，并消除不同工种相互干扰。

7. 管件族制造（图 2 - 1 - 4）

管件族制造是把具有相似工艺过程的管子集聚为族，按“族”组织流水线生产，使管件安装的下一个循环期所需的各族管件,在本循环期完成,并以“托盘”形成集配,适时地提供给各个舾装现场。

图 2-1-4 管件族制造

8. 壳舾涂一体化(图 2-1-5)

壳舾涂一体化是在船体、舾装、涂装和管件加工 4 项技术实施并完善的基础上,运用统计控制技术分析生产过程,使各类造船作业实现空间分道、时间有序、责任明确、相互协调的作业排序;并由计算机全面辅助,这就是造船 CIMS。

图 2-1-5 壳舾涂一体化

半个世纪以来,铆接技术、焊接技术、成组技术和信息技术逐一促导了造船模式的发展,依次形成了船舶的“整体制造模式”、“分段制造模式”、“分道制造模式”和“集成制造模式”。此演绎过程是技术与经济紧密结合的创新过程,每一种模式的形成却是由于引进了某项新的主导技术,建立了一种新的生产函数,使生产要素和生产条件的新组合引入生产体系。即将形成的造船模式是大规模定制模式(敏捷制造模式),该模式的核心是“以人为中心”的智能化技术的发展。

任务二 现代造船工艺流程

船舶建造一般要经历船台上(或船坞内)的船体制造、码头上的舾装作业和航行试验等过程。目前的船舶建造通常要进行分段预舾装、区域组装或总装以及船台上(或船坞内)的船体制造、码头上的舾装作业和航行试验等过程。

在造船的各个历史阶段,各个造船厂都有一套按当时的工艺技术条件制定的造船模式。这些模式都是以缩短建造周期(特别是船台或船坞周期)为目标。

船舶建造是以船体制造为主线的船体制造、舾装和涂装三大作业系统。

一、船舶建造的主要流程

船舶造船合同签订生效后,图纸设计要经过有关方面确认后才能进行船舶制造。船厂无论采用哪一种造船模式,都要通过如图2-2-1所示的主要建造流程。

船体制造一般都采用分段制造的方式。即把船体分成若干个分段,在胎架或平台上制造。分段的数量要根据生产模式、场地的大小、起重和运输能力来决定。

现代的造船技术在分段制造阶段纳入部分舾装作业,称为分段预舾装。

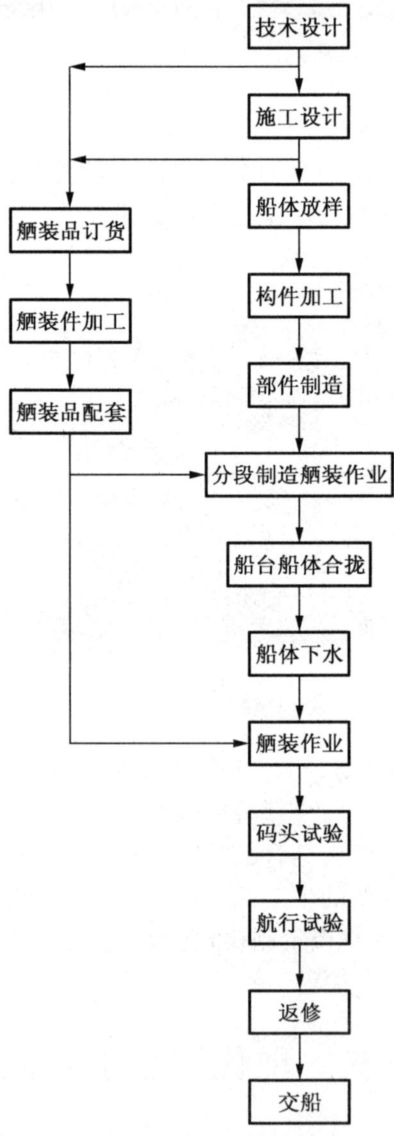

图2-2-1　主要建造流程图

1. 设计

施工图纸是根据技术规格书和所依据的标准、规范进行设计的。设计有方案性的初步设计和具体的详细设计以及生产所需的施工设计。作为技术设计的初步和详细设计一般由设计院承担。施工设计一较由造船厂的设计部门承担。

技术设计提供了船体的结构、舱室的划分、舱室的布置、各机械系统图、各电气系统图、生活设施布置、舱室绝缘布置以及各种技术要求、性能要求和试验要求的资料等作为建造的施工依据,但不能直接用来施工,如图 2 – 2 – 2 所示。船厂需要进行施工设计,把这些图纸转换成船厂可施工的图纸、资料。

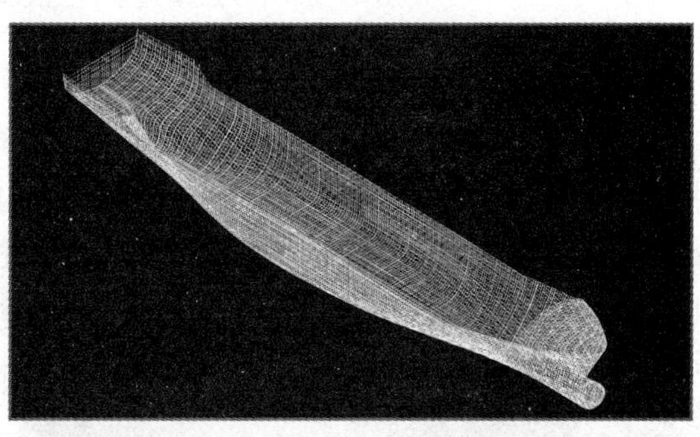

图 2 – 2 – 2　设计图纸

2. 放样和号料

(1)钢材预处理

钢材预处理是在号料前对钢材进行的矫正、除锈和涂底漆工作。船用钢材常因轧制时压延不均,轧制后冷却收缩不均或运输、储存过程中其他因素的影响而存在各种变形。为此,板材和型材从钢料堆场取出后,先分别用多辊钢板矫平机和型钢矫直机矫正,以保证号料、边缘和成型加工的正常进行。矫正后的钢材一般先经抛光除锈,最后喷涂底漆和烘干。这样处理完毕后的钢材即可送去号料。这些工序常组成预处理自动流水线,利用传送滚道与钢料堆场的钢料吊运、号料、边缘加工等后续工序的运输线相衔接,以实现船体零件备料和加工的综合机械化和自动化,如图 2 – 2 – 3、图 2 – 2 – 4 所示。

图 2 – 2 – 3　钢材预处理自动流水线

图 2-2-4 江南造船厂经技术改造后的钢板预处理流水线

(2)放样和号料

船体特别是上甲板以下的主船体,其外形是光顺的空间曲面。剪裁钢板之前要按三维投影线表示的船体外形图,制作成实际尺寸的样板(例如木质样板),样板上标注加工和装配可识别的记号。用手工按实际尺寸做样板和记号,称为放样和号料,如图 2-2-5 所示。现在利用计算机进行数学放样和号料,无需手工制作样板,如图 2-2-6、图 2-2-7 所示。这一工序仍称为放样和号料。

图 2-2-5 手工放样

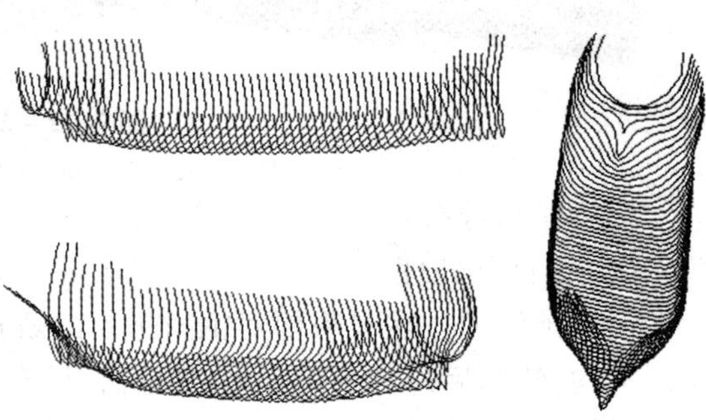

图 2-2-6 计算机放样

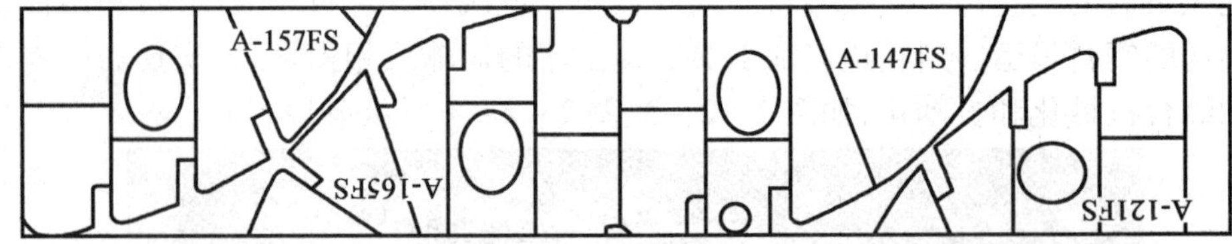

图 2-2-7 套料图

3. 构件加工制造

船体制造主要是钢板和型材的加工和焊接。加工成各种结构件和部件,加工包括剪、割、滚压、弯制和刨边坡口等。

钢板和型材的加工。简单地用手工在钢材上画线,用剪床、氧-乙炔气割或等离子切割进行剪、割;数学放样的可以直接控制机械,例如用光电切割机或数控切割机落料,如图 2-2-8、图 2-2-9 所示。边缘需要加工焊缝坡口的用刨边机加工。要求曲面形状的用弯板机、滚板机、肋骨冷弯机或火工加热等加工成形。

图2-2-8　大型数控切割机进行船体钢板下料

图2-2-9　WKQ系列数控等离子/火焰切割机进行船体钢板下料

4. 部件制造

加工成形的构件和小部件一般在车间平台上装配焊接成一个个组件式的部件，如图2-2-10所示。

5. 分段制造

“分段”造船的方法是为了缩短船台周期。即把船体分为若干个可以起吊的分段，这些分段可以同时制造，然后再到船台上合龙成整体。分段制造一般在室外（有条件的大车间则在室内）的装焊平台或胎架上进行。将加工成形的构件和部件装配焊接成分段。完整、大的分段称为总段或总组。例如整个上层建筑、船首和船尾等。船体结构和船厂的起重运输条件允许，采用大的分段和总段为分段的预舾装创造条件。

分段制造的船体可以翻转到任一有利于装配特别是焊接的位置。这种方式对采用预舾装工艺更显有利。焊装顶部的舾装件，可以翻转到底部作业，不必支撑物件，不必朝天焊接，如图2-2-11、图2-2-12所示。

6. 总装合龙

一般船舶在船台上进行分段的合龙总装。大型船舶则在船坞内，如图2-2-13、图2-2-14所示。

一般采用先吊装船中的底部分段，作为建造的基准，然后向船首、船尾和上层吊装分段焊装。船体总装完成后还要对船体进行密闭性试验，进行各项水下工程。例如艉部进行轴系和舵系对中，安装轴系、螺旋桨和舵等。

图 2-2-10　部件装配

图 2-2-11　分段舾装

图 2-2-12　分段制造

图 2-2-13　船坞搭载

图 2-2-14　船坞总装合龙

7. 下水

下水是船舶从陆地移入水里的过程。

船体总装和各项水下(水线以下)工程结束,船体制造在总体上已完成,可以下水,如图 2-2-15 所示。

图 2-2-15　船台下水

从船台下水,有纵向下水和横向下水:

(1)纵向下水的船体是搁在墩木上建造。下水前,将船体从墩木上移到滑板和滑道上,滑道向入水方有一定倾斜,松开设置于滑板与滑道间的制动装置,船舶由于自重连同滑板和支架一起滑入水中,然后靠自身的浮力浮于水面。为减少下滑时的摩擦阻力,滑板与滑道之间涂有一定厚度的下水油脂,减少滑动摩擦力。

(2)横向下水的船体是在轨道的一排小车上建造。下水前用机械的钢索纵向牵引船体到专用的下水道,搁置在下水道上的下水架上。下水架下有横向的轨道轮子,机械的另一组钢索再横向牵引下水架,缓缓进入下水池。轨道在下水处逐渐倾斜,下水架的一组轮子也倾斜,保证船体平衡。

船坞建造的船舶,下水是开阀放水,船体浮起后,开闸用拖轮将船拖出船坞、停靠码头,如图 2-2-16 所示。

图 2-2-16　船坞下水

8. 舾装作业

船停靠码头进行舾装作业，安装机械设备、管路；安装电气设备、敷设电缆；舱室木作、绝缘；油漆涂装以及各种船体舾装件的安装，如图 2-2-17 所示。

图 2-2-17　码头舾装

为配合施工、保证安全，码头配备的照明电源、电焊电源、压缩空气源、氧-乙炔气源、水源等用电线、电焊龙头线、气管、水管等悬挂上船，供各工种连接使用。各舱室内走道等悬挂临时低压照明。有高空作业的部位例如机舱等都安置脚手板、架。明火作业的部位安置灭火器。

9. 码头试验

码头试验也称系泊试验，如图 2-2-18 所示。在码头系泊（静止）的状态下对主机、电站、舵机、机舱辅机、甲板机械以及其他航行设备、安全设施、信号系统、通信系统等进行试验、调试、提交检验。

码头试验对各系统设计的合理性、安全性、可靠性等进行评估、确认；对系统设备的质量、安装质量、安装布置与图纸的符合性、运行的可靠性、环境的适应性、可操作性等进行调试、试验、确认。为航行试验做好准备。

图 2-2-18　码头试验

10. 航行试验

运输船舶和舰船的主要表现是航行。航行试验是对船舶的各项性能指标进行测定，各系统设备进行实效试验。例如测定航速、主机功率、回转半径、惯性、电站全负载运行、发电机并载运行、应急发电机转换试验、抛锚试验、航行灯灯光试验等，如图 2-2-19 所示。

图 2-2-19　船行试验

11. 返修

航行试验中出现的问题，船东、验船师以及有关检验部门提出返修项目清单，工厂检验部门汇总、分类，交各有关车间返修。每项返修结束，请有关人员检验认可。

12. 交船

所有返修项目验收合格后则可交船。

二、造船模式

对船厂来说，建造的最终产品是可以营运的船舶或可以服役的舰艇。造船模式是船厂组织造船生产所采用的方式。各家船厂造船的类型、工艺技术、工艺装备、生产条件不同，建造方式也不同。但在组织造船生产上都是根据自身的条件，确立一种有利于提高造船生产效率、确保建造质量和缩短造船周期的模式。

船舶是由多专业、多工种参与作业的产品。船厂经常提及的船、机、电就是船体、轮机和电气三个主要专业。油漆从舾装中分离出来成为独立的涂装专业。

船舶是一个复杂的组合体。组织造船生产是把作业任务分解成可操作的作业单元，然后再组合成整体。

1. 传统造船模式

传统造船模式的设计阶段分为初步设计、技术设计和施工设计。初步设计是船舶总体的方案设计。技术设计是用于施工的设计,其中包括电气各系统图、布置图、设备清单等施工依据。初步设计和技术设计一般由船舶总体设计部门(例如设计院)做出。施工设计由造船厂设计部门做出。

根据施工设计分别由工艺、计划和生产等部门分专业、按系统进行施工工艺设计。设计、工艺和管理三者分离。生产方式是按工艺路线以工艺项目分专业、分工种组织生产,"先船体、后舾装"。采用按专业、分系统的调度型管理方式。

(1)船体制造与舾装作业

船体制造的特点是加工制造每个构件、部件、分段、总段都有具体的尺寸、形状、位置和要求。工人制作必须保证在允许的误差范围内,没有随意性的余地。对每一个加工件,无论大小,船体的施工图线必须给出可参照的数据和编号。工人必须按图施工。

船体工人在分段制造和船体总装制造现场都对运送来的完整的构件、部件、分段进行装配制造。

舾装作业的特点是大量的舾装件的安装位置都带有随意性。某轮机系统的管路、某电气系统的电缆,图线上表示了艄艉终端的所在部位和所穿越的部位,工人安装要等到船体制造结束后,现场察看,找出合适的安装位置(即定位)。经常会发生一个工种安装好,另一个工种又在同一个位置安装。例如电工焊装好电缆支承件,钳工在同一位置又来安装管路。管路在内场弯制加工好,无法在现场重做,只好电缆改道,割去电缆支承件,另找位置装焊。

大型舾装件的安装位置和安装机座作为船体结构一部分,纳入船体制造。大量中小型舾装件的安装位置和安装紧固件都由安装工人自己考虑。紧固件、支承件有标准的可以领用,特殊的需要制作。安装工人除了现场的安装工作外,大量时间用于定位、安装件的制作,还要经常往返车间和船。

(2)舾装放样

舾装作业中轮机管路和电气电缆是贯穿全船的。工作和居住处所都有电气设备和日用电器。各工种在路径的选择和设备的布置上,经常发生重叠,造成返工。

在船舶建造任务增多、要求缩短建造周期的情况下,各个船厂开始采用管路和电气放样的工艺。把现场定位和安装件选用、设计的工作拿到图纸上来做。相关工种的技术人员和有经验的工人,汇集各个系统的图纸在船体图纸上布置、协调风管、管路和电缆的路径、具体位置,设备的具体位置,安装件的式样、规格和布置位置等。

采用放样工艺减少了管路和电缆路径选择和设备布置的重叠情况。安装件可以预制。采用放样工艺的船厂,在此基础上制定出各种安装件的工厂标准。各种管路包括风管可以预制、预弯。

舾装放样工艺沿用了很长一段时间,对缩短造船周期起到一定的作用。各船厂放样的深度和涉及面不尽相同,但仍保持先船体、后舾装的模式。各工种的生产计划是独立的。安装工人除了承担现场安装工作外,还要承担安装前的准备工作。

2. 现代造船模式

现代造船模式应用系统工程技术组织生产。把船舶建造作为一个大系统,再分解为壳(船体)、舾(舾装)、涂(涂装)三种作业系统,再按区域、阶段、类型逐一分类成组,形成各类作业的子系统。

现代造船模式的设计方式按设计阶段划分为初步设计、详细设计、转换设计、生产设计。初步设计是船舶总体的方案设计。详细设计即上面提到的技术设计。生产设计即上面提到的施工设计，但传统造船模式的施工设计，对舾装作业来说，舾装件的安装位置只是大概的。例如某系统的某条管路，途经某甲板的右舷走道，但没有具体的位置尺寸；某电气设备安装在某舱室，但没有具体的舱壁和位置尺寸。这种施工设计不能作为现场施工的依据。现代造船模式的设计要为现场施工提供确切的依据，这种施工设计称为生产设计。进行生产设计之前需要在详细设计的基础上把系统设计转变为区域设计。在生产设计前的设计称为转换设计。

造船厂根据详细设计由生产设计部门集中进行区域性设计。设计、工艺和管理三者融为一体。生产方式是按区域划分的中间产品，船体、舾装和涂装分道、有序、同步作业。

按区域划分的中间产品（分段或总段）是一个作业单元。称为“产品”是因为作业单元具有产品的特征。各工种有完成任务的作业计划、有明确的质量指标、有完成产品作业任务所需的全部生产资源（包括人、财、物）。

（1）生产设计

作为产品的作业单元除了船体有详细的装配图线外，舾装也必须有。

在传统造船模式中，船舶设计是解决“造怎样的船”，与工厂解决“怎样造船”的工艺性设计是分离的。

现代造船模式则需要把“造怎样的船”与“怎样造船”的设计融为一体。为此，纳入生产设计。

按目前的习惯，船舶建造分为船体、舾装和涂装三个部分。除船体结构和涂装油漆外，所有安装工程都归入舾装，例如所有机械装置、门窗构件、各设备安装件以及管路、电缆紧固件等。除大型机械设备的安装机座（例如主机、发电机组、锚机、舵机等）作为船体结构外，其他设备和安装件等都纳入“舾装”。

“造怎样的船”是在图纸上工作，“怎样造船”是在现场工作。生产设计是在图纸上进行（模拟）舾装件现场定位工作。把“造怎样的船”的设计延伸到“怎样造船”的“现场”。

生产设计是在图纸上“模拟造船”的过程。各个工种把现场的协调安装位置的工作，在图纸的“模拟现场”上进行。在图纸上确定各设备和安装件的具体位置、尺寸。舾装件安装的生产设计称为“舾装生产设计”。

既然在图纸上已有具体的安装位置尺寸，在分段制造时就可以进行舾装工程，不必等到船体合龙。现代的建造方法就是在船体分段制造完成后就进行各种设备和构件（舾装件）的安装。在分段上进行舾装称为“预舾装”。

舾装生产设计把船体分段划分成可以管理操作的“舾装分段”，把每个舾装分段或总段作为一个“产品”来设计，除了在图纸上绘制各种舾装件的安装位置、坐标尺寸外，还要按工艺阶段、施工区域和单元，汇总记入各种工艺技术资料和各种管理工作图表。

纳入生产设计的船舶设计，是提供生产需要的信息文件的一种设计过程，是将设计、工艺、管理三者融为一体的设计。

舾装生产设计按专业分为机舱舾装区（称机装）、甲板舾装区（称甲装）、住房舾装区（称房装或居装）。区域划分是以房装、甲装和机装为基础的。图 2－2－20 所示是散装货轮的专业区域划分。电气舾装区（称电装）和涂装区工作范围是全船性的。

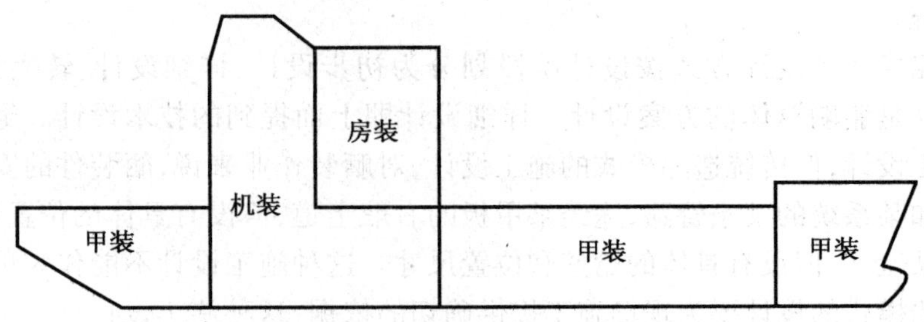

图 2－2－20　散装货轮的专业区域划分

(2)后勤支援

传统造船模式中也采用“预舾装”工艺。但安装工人除了现场安装工作外,还要承担大量属于生产准备的后勤辅助工作,例如安装件制造、器件领取、配套加工、装卸运输等。

安装工作的生产准备是安装工人根据安装对象来准备的。就电气安装来说,在某个安装区要安装多少设备、什么设备、各个设备安装件的型号、规格、数量、电缆支承件的型号、规格、数量和安装时间等,这些工作如果由对现场一无所知的辅助人员来做就必须提供详尽的生产准备资料。

现代造船模式中生产设计提供的工艺技术资料,例如电气安装的电缆支承件、设备安装件、电缆贯穿件、电缆备料清单、设备清册等,作为后勤辅助部门承担生产准备工作的依据。

安装工人到达现场就可以按计划安排,按图施工。

(3)统筹管理

现代造船模式把每个分段和总段作为一个个产品来制造。从制造该分段产品所需的图纸、器材、设备、辅料、各工种人员的配备到生产计划等,按该船舶的总建造计划,纳入生产统筹管理。

对一个舾装分段的安装,可以按工艺阶段、施工区域和单元,配套所需的舾装件,安放在一个个舾装“托盘”内,并按生产计划和节点送到该舾装分段安装。舾装分段设计把舾装件的安装纳入了对舾装件生产、计划、采购以及成本的管理。现在把舾装分段称为“舾装托盘”,把对舾装分段的生产管理称为“托盘管理”。

【思考与讨论】

1. 概述船舶建造发展历史。
2. 船舶建造的流程是怎样的?
3. 现代造船模式与以往相比有什么优势?
4. 分组讨论“话题”并汇报。

学习模块三　船体结构与设备

【知识目标】

1. 了解船体主尺度的含义。
2. 理解船体型线图的表达内容。
3. 理解船舶航海性能的含义及主要内容。
4. 掌握船体及上层建筑的基本组成。
5. 熟悉船舶机电设备的用途和类型。

【能力目标】

1. 能够利用船体主尺度、船体型线图和船型系数等参数了解船舶的几何形状。
2. 能掌握船舶结构基本知识。
3. 能识别船舶机电设备,并阐述其作用和特点。

【情感目标】

1. 严谨细实的工作态度。
2. 良好的职业道德意识。
3. 创新意识和创新精神。
4. 优良的学风和团队协作精神。

【任务引入】

船体通常是一个两头尖瘦、中间肥胖、左右对称的狭长几何体。船体几何要素包括船体的大小和形状,它对船舶的各项性能有怎样的影响?

各种船舶从事运输生产或执行特定任务,经常航行于惊涛骇浪的海洋或急流险滩的江河里,它们怎么能顺利完成预定的任务?除了可靠的船舶本身结构,与船舶的航行性能、机电设备有什么关系?

任务一　船舶主要量度与航海性能

一、船舶的主要量度

1. 船舶度量的基准和型线图

(1)船体型表面

型表面是指不包括船舶附体(主要包括舵、螺旋桨、舭龙骨、减摇鳍、艉骨架)在内的船体外形的设计表面。

金属船体的型表面是指船壳外板和上甲板的内表面或是船体骨架外缘的表面。其他则为船壳外板和上甲板的外表面。

(2)基准面(图 3－1－1)

基准面也称主坐标平面,有三个:

①中线面　是将船体分为左右舷对称的两部分,并垂直于基平面的纵向平面,是量度船体横向尺度的基准面。

②中站面　是位于垂线间长中点处,并垂直于基平面和中线面的横向平面,是量度船舶首尾方向尺度的基准面。

③基平面　是通过中站面与龙骨线的交点或船体型表面的最低点处,并平行于设计水线面的平面,是度量船体垂直方向尺度的基准面。

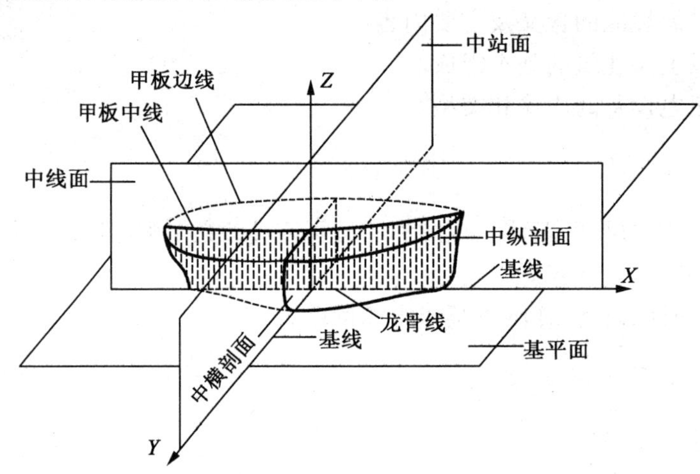

图 3－1－1　基准面、基线、直角坐标

(3)船体上的三个主要剖面

①中横剖面　是中站面与船体相截所得的船体剖面。

②中纵剖面　是中线面与船体相截所得的船体剖面。

③设计水线面　是设计夏季载重吃水处的水平面与船体相截所得的船体剖面。

(4)艏垂线、艉垂线和垂线间长(图 3－1－2)

①艏垂线是通过艏柱的前缘和设计夏季载重水线的交点所作的垂线;

②艉垂线是沿着舵柱的后缘或舵杆中心线所作的垂线;

③垂线间长是船舶艏垂线与艉垂线间的水平距离;通常用来代表船长。

(5)船体型线图

船体型线图是用船体型表面的剖切线和外形轮廓线的投影线表示的船体几何形状和尺寸的图,如图 3－1－3 所示,由三个视图(横剖线图、纵剖线图、半宽水线图)和一个型值表组成。

(6)船体几何形状的特征

除姊妹船外,几何形状完全一样的船体几乎是没有的。但是,各种运输船舶的船体形状有着共同的特点,这些特点主要表现在中纵剖面、中横剖面以及设计水线面的形状上。

①船首形状　船首形状系指在中纵剖面上船首轮廓线的形状,如图 3－1－4 所示。常见的船首形状有以下几种:

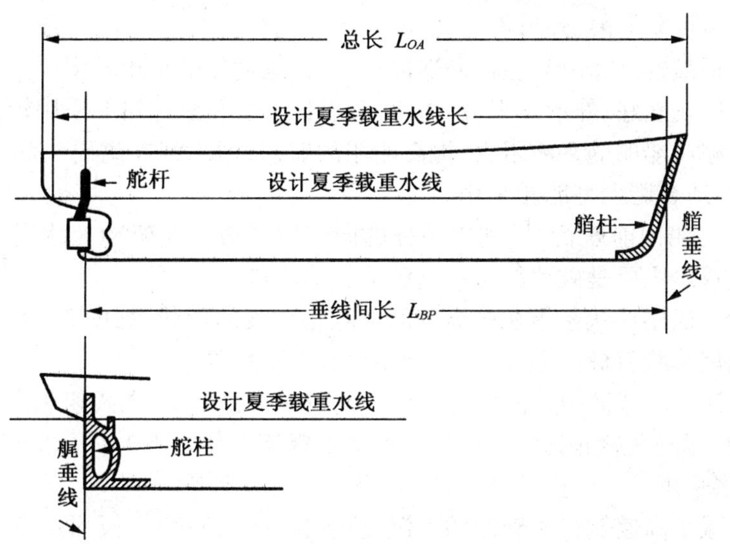

图 3－1－2　艏垂线、艉垂线和船长

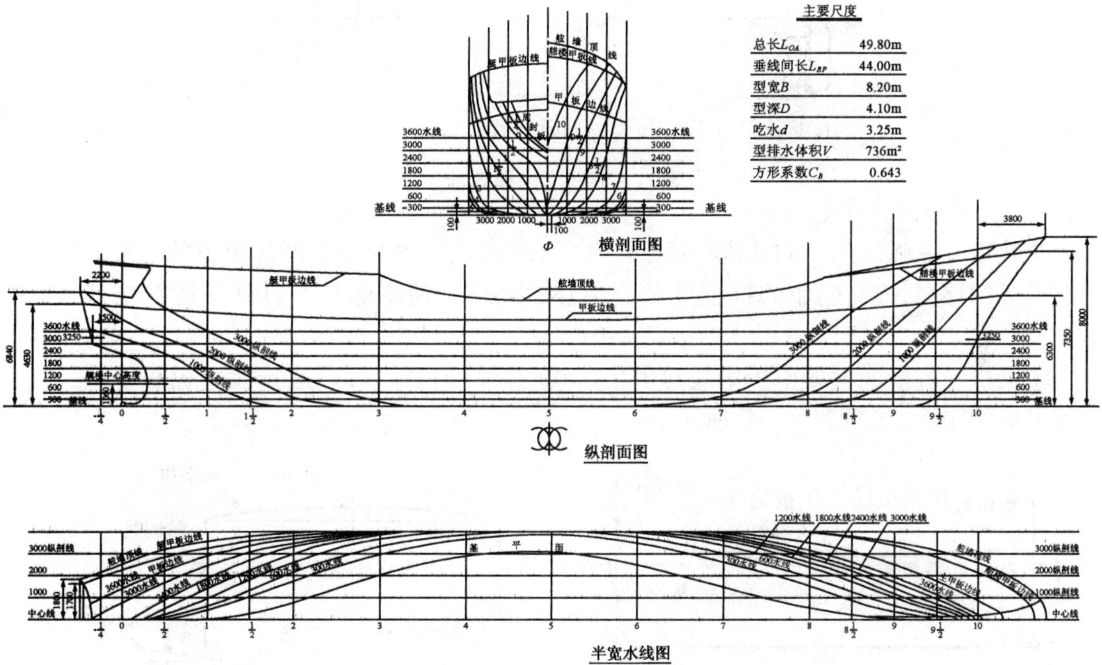

主要尺度

总长L_{OA}	49.80m
垂线间长L_{BP}	44.00m
型宽B	8.20m
型深D	4.10m
吃水d	3.25m
型排水体积V	736m²
方形系数C_B	0.643

横剖面图

纵剖面图

半宽水线图

图 3－1－3　船体型线图

(a)直立型　(b)前倾型　(c)飞剪型　(d)球鼻型　(e)破冰型

图 3－1－4　船首形状

a. 直立型　甲板易上浪，外形不美观，已不用。

b. 前倾型　适航性好，外形美观，制造简单，现代运输船舶采用较多。

c. 飞剪型　适航性好，外形美观，制造费工，现代客船和游览船舶采用较多。

d. 球鼻艏　减小船舶的兴波阻力，提高船舶的航速，但不利靠离码头和收放锚的操作，建造工艺较复杂，适合肥大型船舶采用。

e. 破冰型　当船向前航行时，利用艏柱的向前倾斜坡度使船冲上冰层，靠船身与压载水的重力破冰航行。主要是破冰船采用这种形式的船首。

②船尾形状　船尾形状系指在中纵剖面上艉轮廓线的形状，如图 3－1－5 所示。运输船舶常采用的船尾形状有椭圆型艉、巡洋舰型艉和方型艉等。

a. 椭圆型　建造工艺简单，外观不美观，不利提高推进效率，老式船舶多采用。

b. 巡洋舰型　降低船舶阻力，能压住螺旋桨的艉流不使之上升，提高推进效率，建造也不困难，现代船多采用。

c. 方型　可减小高速航行时艉部的下沉，改善快速性；艉部甲板面接近方形，建造工艺简单。但是，倒车时阻力大，且倒车的航向稳定性差。多用于快艇及游艇之类的船上。

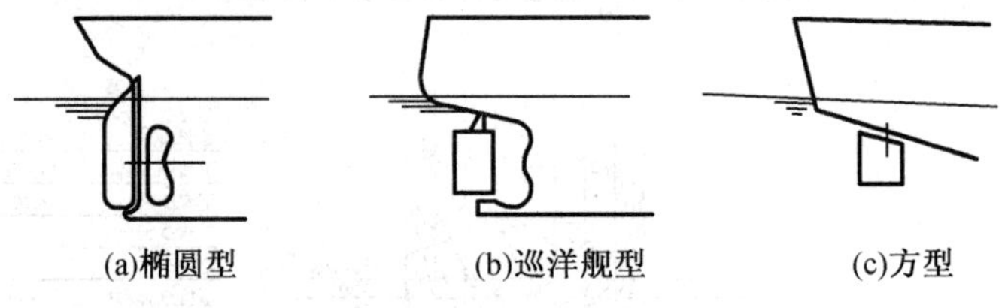

图 3－1－5　船尾形状

③舷弧　舷弧线的纵向曲度，如图 3－1－6 所示。减少船舶首尾部甲板的上浪，增加船舶前后部的浮力，提高船舶的抗沉性和稳性，减小纵摇，使船舶具有良好的适航性，且外形美观。

④梁拱　各横剖面处甲板中线与甲板边线的高度差值。可迅速排泄甲板积水，还可以增强甲板的刚性，如图 3－1－7 所示。

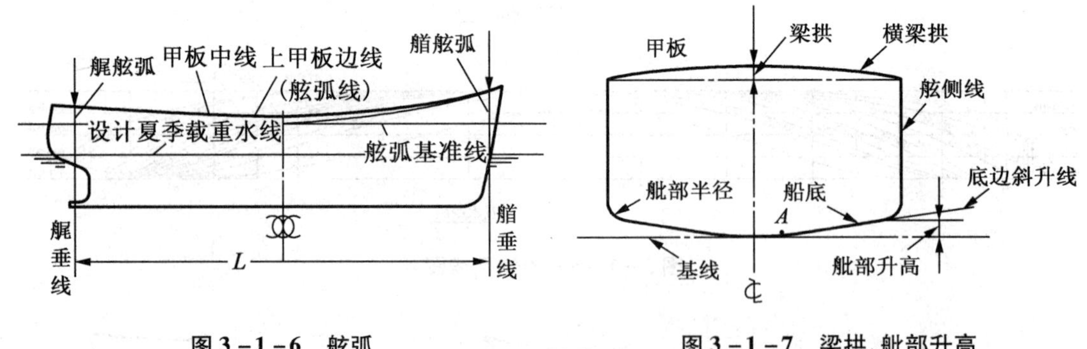

图 3－1－6　舷弧　　　图 3－1－7　梁拱、舭部升高

⑤舭部升高和舭部半径　船底斜升线与舷侧切线的交点距基线高度，称为舭部升高。最大横剖面处的舭部一般呈圆弧形，其圆弧半径斜升线称为舭部半径。舭部升高和舭部半径大的船，船形瘦削，船舶阻力小，航速高，航向稳定性好，有利于迅速排除舱底积水，但减小了舱容，影响载重量，适用于高速船。

⑥龙骨线　中线面与船体型表面底部的交线，如图 3－1－8 所示。一般运输船舶的龙

骨线为水平的直线。

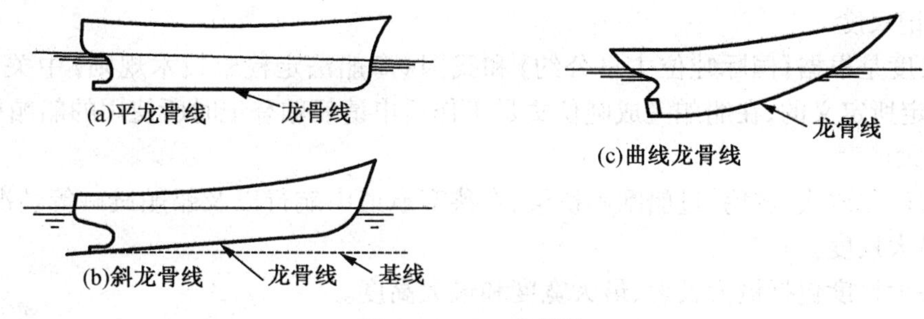

图 3-1-8　龙骨线

2. 船舶尺度

船舶尺度是对船体外形大小的基本量度。常按用途不同,分为主尺度、登记尺度和最大尺度三种。

(1)主尺度(图 3-1-9)

①船长 L　沿设计夏季载重水线,由艏柱前缘量至舵柱后缘的长度;对无舵柱的船舶,由艏柱前缘量至舵杆中心线的长度,即艏艉垂线间的长度。但均不得小于设计夏季载重水线总长的 96%,且不必大于 97%。

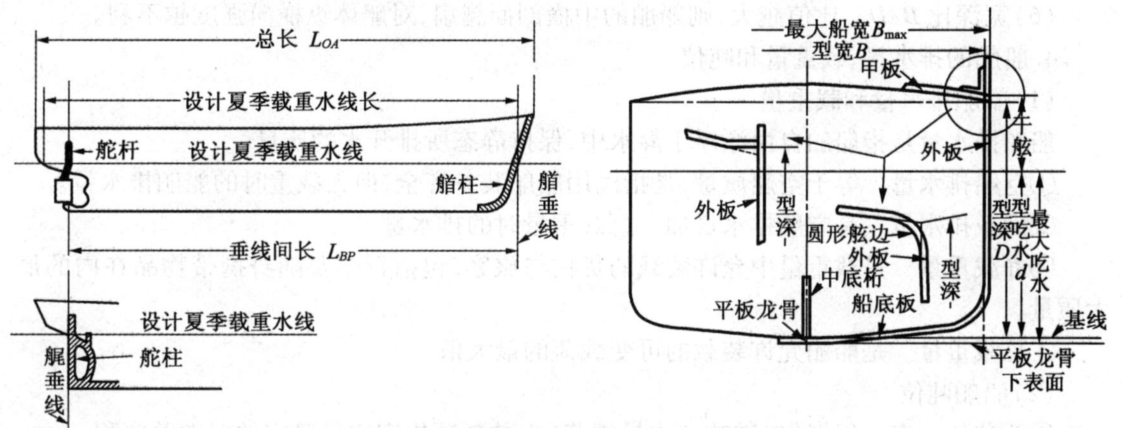

图 3-1-9　船舶主尺度

②型宽 B　在船体的最宽处,由一舷的肋骨外缘量至另一舷的肋骨外缘之间的水平距离。

③型深 D　在船长中点处,沿船舷由平板龙骨上缘量至上层连续甲板横梁上缘的垂直距离;对甲板转角为圆弧形的船舶,则由平板龙骨上缘量至横梁上缘延伸线与肋骨外缘延伸线的交点。

④总长　包括两端上层建筑在内的船体型表面最前端与最后端间的水平距离。

⑤设计水线长　设计夏季载重水线面与船体型表面艏艉端交点之间的水平距离。

⑥吃水 d　通俗地讲是指船舶在水面以下的深度。它包括型吃水、实际吃水(或外形吃水)、设计吃水(或满载吃水)、压载吃水、空船吃水、艏吃水、艉吃水、平均吃水(艏吃水与艉吃水的平均值)等。在船舶设计中,均用型吃水(在船长中点处,沿着船舷由平板龙骨上缘

量至夏季载重水线的垂直距离)。

(2)登记尺度

登记尺度是根据《国际吨位丈量公约》和我国《海船法定检验技术规则》中关于"吨位丈量"的规定所定义的,在船舶完成吨位丈量工作后申请船舶登记时所使用的船舶尺度。

(3)最大尺度

船舶在停靠码头、进坞、过船闸和桥梁、在狭窄航道中航行以及船舶避碰等情况下需要用到船舶最大尺度。

船舶最大尺度包括最大长度、最大宽度和最大高度。

3. 船舶主尺度比

(1)长度比 L/B　比值越大,船体越瘦长,其快速性和航向稳定性越好,但港内操纵不灵活。高速船的长宽比大于低速船。

(2)宽度吃水比 B/D　比值大,船体宽度大,船舶稳性好。但横摇周期小,耐波性变差,航行阻力增加。一般海船的宽度吃水比小于内河船。

(3)型深吃水比 D/d　该比值大,干舷高,储备浮力大,抗沉性好;船舱容积增大,重心升高。一般客船的型深吃水比大,油船的小。

(4)长深比 L/D　该比值大对船体的纵向强度不利。

(5)长吃水比 L/d　比值大,船舶的操纵回转性能变差。

(6)宽深比 B/D　比值越大,则船舶的中横剖面越扁,对船体纵横向强度越不利。

4. 船舶的排水量、载重量和吨位

(1)船舶排水量和载重量

船舶排水量是指船舶自由漂浮于静水中,保持静态所排开水的质量。

①空船排水量　等于空船质量,是指民用船舶装备齐全,但无载重时的船舶排水量。

②满载排水量　是空船排水量加上总载重量时的排水量。

③静载重量　是载重量中允许装载的货物与旅客,包括行李及随身携带物品在内的最大质量。

④总载重量　是船舶允许装载的可变载荷的最大值。

(2)船舶吨位

①总吨位　表示根据《船舶吨位丈量规范》中的各项规定丈量确定的船舶总容积。

用途:作为船舶的一些公约、规范、规则等的适用范围,设备的配置、性能要求等的依据;作为一个国家或公司统计拥有船舶的数量或比较船舶大小的依据;保险公司计算船舶的保险费用时的依据;验船机构向船舶收取船舶检验、丈量和登记等项工作费用的依据;国际劳工组织关于各种大小船舶人员的配备的依据。

②净吨位　表示根据《船舶吨位丈量规范》中的各项规定丈量确定的船舶有效容积。

用途:向船舶收费(港务费、引水费、灯塔费、停泊费等)的计算依据。

总之,涉及船舶尺度大小时,一般依据为总吨。当涉及船舶盈利等问题时,是以净吨为依据的。

5. 航速、续航力

(1)航速

航速也称船速。单位"节(kn)",一节等于每小时航行一海里(1n mile = 1 852 m)的距离。海船的航速用节表示是便于海图使用,因为地球的纬度的一分在海面上的距离等于一海里。

（2）续航力

续航力是指船舶一次装足燃料后在一般海况下以规定航速航行时所能达到的最大距离。远洋运输船的续航力一般都在12 000海里以上。

6. 载重线和吃水标志

（1）储备浮力和最小干舷

满载水线（设计水线）以上的船体水密部分的体积所具有的浮力，称为储备浮力。海船的储备浮力为船舶正常排水量的20% ~50%。

所谓干舷，通常是指船舶夏季最小干舷而言的，它是在船中处，沿舷侧从夏季载重水线量至干舷甲板上表面的垂直距离。干舷是用于衡量船舶储备浮力大小的尺度。干舷越大，载重水线以上的水密空间就越大，即储备浮力越大，船舶也就越不易沉没。

船舶在任何情况下，装载的质量都不得使其干舷小于所规定的最小干舷。

最小干舷高度的大小是由船舶的长度、型深、方形系数、上层建筑、舷弧、船舶种类、开口封闭情况以及船舶航行的区带、区域、季节期和航区决定的。

（2）载重线标志

载重线标志就是根据船舶在不同区域和不同季节航行时，应该有不同位置的满载水线的原则，由船舶检验机构根据载重线法规的规定，勘画在船长中部的两舷，并签发载重线证书。载重线标志如图3 -1 -10所示。

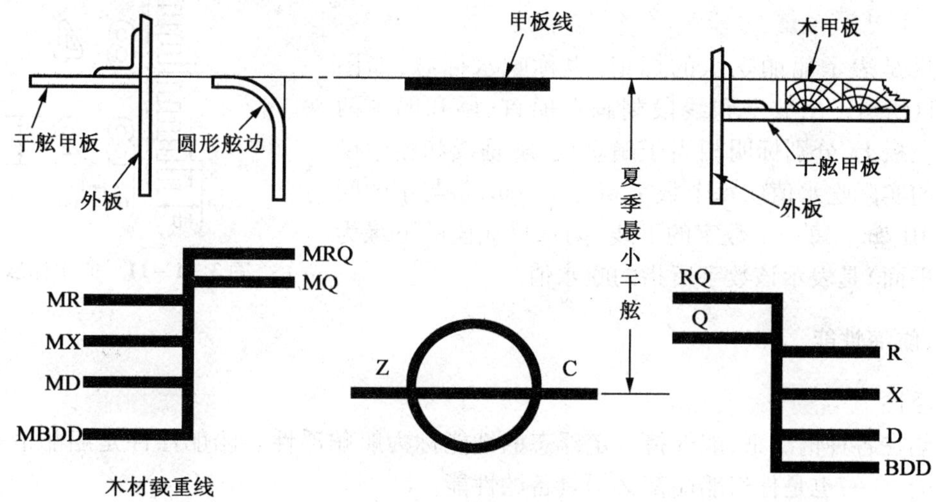

图3 -1 -10　载量线标志

勘画船舶载重线标志的意义在于，在保证船舶安全航行的条件下，又根据海上风浪情况，最大限度地利用了船舶的载重能力。

①国际航行船舶的载重线标志依据：《1966年国际船舶载重线公约》

国际航行船舶应勘绘载重线标志、载重线和甲板线。

a. 甲板线是一条长300 mm、宽25 mm，与干舷甲板上表面（有木铺板时，为木铺板的上表面）相切的水平线段。

b. 载重线圈由三部分组成，一是一个外径为300 mm、线宽为25 mm的圆圈，圆圈中心位于船中处，圆圈中心到甲板上边缘的距离为夏季最小干舷；二是一条长450 mm、宽

25 mm,其上边缘通过圆圈中心的水平线段;三是位于圆圈两侧的两个字母,代表核定和勘画干舷的验船机构。

c. 载重线分别用长 230 mm、宽 25 mm 的水平线段表示。各载重线与一根位于载重线圈中心向艏长 540 mm、宽 25 mm 的垂直线相垂直。

各载重线上的字母符号代表的意义如下:

X——夏季载重线(国际上采用 S),S——Summer loadline;

R——热带载重线(国际上采用 T),T——Tropical loadline;

D——冬季载重线(国际上采用 W),W——Winter loadline;

BDD——北大西洋冬季载重线(国际上采用“WNA”),对于船长大于 100 m 的船舶,不需勘绘北大西洋冬季载重线,WNA——Winter north atlantic loadline;

Q——夏季淡水载重线(国际上采用“F”),

F——Fresh water loadline;

RD——热带淡水载重线(国际上采用“TF’),

TF——Tropical fresh water loadline。

②国内航行船舶的载重线标志

国内航行船舶的最小干舷比国际航行船舶的最小干舷要小一些。另外,国内航行船舶无冬季载重线。

(3)水尺

水尺是表示船舶吃水的标记,也称吃水标志,如图 3-1-11所示。用数字和线段刻画在船首、尾和船中两舷的船壳板上,分别标明相当于艏垂线、艉垂线和船中横剖面处的实际吃水值。每个数字高为 10 cm,字与字的间隔也为 10 cm。每一个数字的下线(与水尺线段的下缘为同一水平面)是表示该数字所指的吃水值。

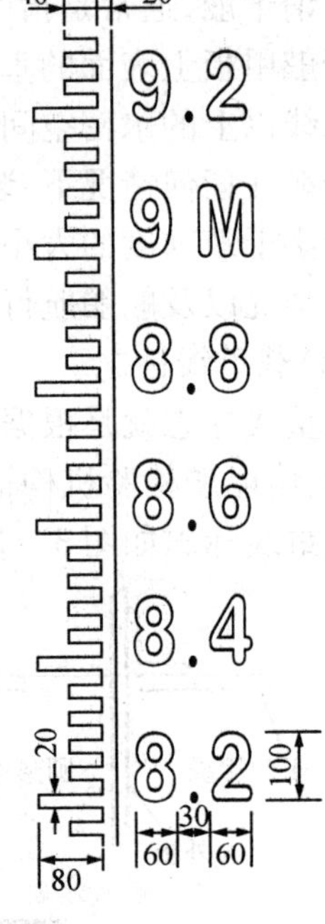

图 3-1-11 吃水标志

二、航海性能

1. 浮性

船舶在各种情况下,能保持一定浮态的性能称为船舶浮性。船舶浮性是船舶最基本的航海性能之一,也是任何船舶都必须具备的性能。

(1)船舶的浮力与重力

船舶在各种载重情况下,能保持一定浮态的性能称为船舶浮性。静水压力垂直方向分力的合力,称为船舶浮力。浮力作用中心,称为船舶的浮心 B。浮心就是水线下船体体积的几何中心。重力的作用中心称为船舶重心 G。

(2)船舶的浮态

船舶静止地浮于水中的平衡条件是,作用于船上的重力 W_g 和浮力 D_g,必须大小相等、方向相反,且作用在垂直于静水面的同一条垂线上。

船舶在水中的漂浮状态称为浮态,如正浮、横倾、纵倾、横倾加纵倾。

当船舶装卸货物、船内重物移动以及舷外水密度改变时,船舶的浮态都会发生变化。

2. 稳性

船舶受外力作用(如风浪等)发生倾斜,当外力消失后能够回到原来平衡位置的能力称为船舶稳性(Stability)。

船舶稳性按倾斜方向的不同分为横稳性和纵稳性;按倾斜角度的大小分为初稳性和大倾角稳性;按倾斜时有无角加速度和惯性量或按外力矩的性质不同分为静稳性和动稳性;按船舱破损与否分为完整稳性和破舱稳性。

船舶一般不会因为纵稳性不足而倾覆,因此船舶稳性主要是指船舶横稳性。判断船舶是否具有稳性和衡量稳性是否足够的基本衡准问题主要涉及船在水上的初始平衡状态、初稳性、大倾角稳性和动稳性等内容。

船舶稳性主要由船舶设计决定。提高稳性的措施主要是降低船舶的重心。另外,增加船宽、减小受风面积、加大型深等都可以提高稳性。

在同一个航次中,在出港、航行中途和到港,船舶的重心高度都不会完全相同,因此船舶的稳性也不会相同,所以船舶在出港时能满足稳性要求,而到港时不一定也能满足稳性要求。

3. 抗沉性

船舶抗沉性是指船舶在一舱或数舱破损进水,保证不沉、不翻的能力。即船舶在破损进水后仍有一定的浮性和稳性。

船舶航行发生碰撞、触礁或搁浅会引起破损,上甲板以下的部位会进水。

提高抗沉性的措施有设置水密舱壁和储备浮力。设置水密舱壁是将水线下的各部位用水密舱壁分隔,发生破损进水,将水限制在一定的范围内,不致漫延到其他部位甚至全船。另外设置足够的干舷也可以保证足够的储备浮力。

4. 耐波性

船舶耐波性是指船舶在风浪中遭受由于外力干扰所产生的各种运动以及砰击上浪、失速飞车和波浪弯矩等,仍能维持一定航速在水面安全航行的性能。

船舶经常会在风浪中航行。受风浪的影响会发生摇晃、航速降低、甲板上浪、船底砰击、螺旋桨部分出水使转速剧增(即飞车)等现象。

风浪的影响主要表现在船舶摇荡上。一般注意到的是横摇和纵摇摇摆的幅度和周期。减小横摇的措施有三种:在船中舭部装舭龙骨、设减摇水舱和在船中舭部装减摇鳍。

(1)舭龙骨

舭龙骨是在船中舭部两侧与外板垂直处安装的长条形板材。其长度为船长的1/3~2/3。船舶发生横摇时,舭龙骨产生与横摇方向相反的阻力矩,使横摇振幅减小。由于减摇效果较好,制造简单,几乎所有的船舶均装设舭龙骨。在结构上它不参与船舶的总纵弯曲,仅承受船舶横摇时的水动压力。

(2)减摇鳍

减摇鳍又称侧舵,是安装在两舷舭部的可转动的机翼形装置。船舶发生横摇,通过船内的操纵机构,调节鳍到一定的角度,使水流在鳍上产生作用力来减小摇摆。不使用时可以收入船内。减摇鳍需要有自动操纵系统,造价高,目前只有在大型豪华客船上或军舰上才设置。

(3)减摇水舱

减摇水舱是设在内部左右两舷的水舱,两舷水舱下部有水管相连,上部有空气管相通。

船在波浪上发生共振时，水舱内的水柱振荡落后于波浪振荡 180°相位角。因此，水舱内水柱所造成的减摇力矩与波浪的倾侧力矩方向总是相反的，使横摇振幅减小。

(4)减摇陀螺仪

高速旋转时具有保持原方向不变的特性。在船舶摇摆时，由回转惯性力产生一个与摇摆方向相反的减摇力矩，使船舶减摇。该装置的优点是减摇性能灵敏、显著，不受航速高低的影响。一般只用于军舰或大型客船上。

5. 快速性

船舶快速性是指在给定的推进机械的功率情况下，表征船舶航行速度快慢的性能。船舶要以一定的速度航行，需要主机带动推进器转动，克服水中航行所受到的阻力。因此，船舶的快速性由船舶所受的阻力和推进器的效率确定。

船舶在水中航行受到的阻力分为水阻力和空气阻力。水阻力是水对船体水下部分的反作用力；空气阻力是空气对船体水上部分的反作用力。为此，船舶设计时采用低阻力的型线，加装可以减少兴波阻力的附加体(如球鼻艏等)。

要改善船舶的快速性还必须配以性能良好、效率较高的推进器。目前大多数船舶都采用螺旋桨推进器。一般来说，螺旋桨的直径越大，转速越低，则效率越高。桨叶必须全部没水，螺旋桨直径的大小受到船舶吃水的限制。

主机带动螺旋桨旋转，桨叶的螺距方向决定推进船的方向。螺旋桨旋转把水推向后方，水的反作用力推船前进；旋转方向相反，则把水推向前方，水的反作用力推船后退。螺旋桨螺距角度固定的称为定距桨。船舶前进航行，主机旋转方向称为正车，主机反转称为倒车，船舶后退。桨叶的螺距方向和大小可以改变的称为可变螺旋桨或可调桨。主机以恒定的速度旋转，调节螺距的大小和方向，则改变航速和进退。

任务二　船体强度与船体结构

一、船体强度

船体强度是指船体结构抵抗各种内力与外力作用而不被破坏和变形的能力。根据作用于船体上力的性质，船体强度可分为总纵弯曲强度(亦称为纵向强度)、横向强度、局部强度和扭转强度四种。

1. 总纵弯曲强度

船体结构抵抗总纵弯曲力矩和剪力作用的能力，称为纵向强度。

船舶在下水、进坞和航行过程中都会产生总纵弯曲。根据总纵弯曲受力特点，船中处上甲板和底部应有较高的总纵强度。船舶在波浪中产生的总纵弯矩较静水时的大，因此远洋船舶的总纵强度要求较高。

2. 横向强度

横向强度是指船体结构抵抗横向作用力的能力。

承担船体横向强度的主要构件和结构有横梁、肋骨、肋板及由它们所组成的肋骨框架和横舱壁等。一般海船的船体横向强度是足够的，故变形不需进行详细计算。

3. 局部强度

局部强度是船体结构抵抗局部外力作用的能力。作用力较小可以忽略不计。对于较大的局部作用力，一般是不进行计算的，主要是根据经验采取局部加强的办法。

4. 扭转强度

扭转强度是指整个船体抵抗扭转变形和破坏的能力。

一般船舶由于舱口较小，均有足够的抗扭强度，都不进行扭转强度计算。对于集装箱船等，因甲板上货舱口较大，需要考虑船体结构的扭转强度问题。

二、船体结构

1. 船体结构构件形式

船体结构构件是指船体结构中的每一个加工单元，如一块钢板、一根角钢都是一个构件。

船体结构按其用途可分为主要构件和次要构件；按其在船体结构中所承担的不同强度作用可分为纵向构件和横向构件。

(1) 主要构件

在结构构件中支撑着其他构件的大型组合构件，这一类构件称为主要构件，如甲板纵桁、舷侧纵桁、强横梁、强肋骨等。

(2) 次要构件

在结构构件中，作为甲板、外板、舱壁板等板材的扶强材，这一类构件称为次要构件，如肋骨、横梁、纵骨、舱壁扶强材等均属于这一类。

(3) 纵向构件

纵向构件是指参与总纵弯曲，即承担着总纵弯曲强度的构件。必须符合下列条件：①布置在船长中部 0.4L 船长区域内；②在纵向是连续的；③构件的横向接缝是牢固的。纵向构件有甲板、甲板纵桁、甲板纵骨、船底纵桁、船底纵骨、内底板、纵向舱壁、船体外板等。

(4) 横向构件

横向构件是能承担横向强度的构件，属于这类构件的有横舱壁、横梁、强横梁、肋板、横梁肘板、舭肘板等。

在船体结构中，由组合型钢制成的大型构件统称为桁材。

2. 船体结构形式

船体结构按结构中骨架的排列方式划分，有横骨架式船体结构、纵骨架式船体结构和混合骨架式船体结构。

(1) 横骨架式船体结构（图 3－2－1）

支撑骨材横向布置较密，而纵向布置较稀。

优点：船体结构强度可靠，结构简单，建造容易；另外，舱内肋骨和甲板下横梁尺寸较小，结构整齐，不影响装卸货物。

缺点：船体的纵向强度主要是由甲板板和船体外板来承担，为了承担较大的纵向强度，必须把甲板板和外板做得较厚，增加了船体质量，故横骨架式船体结构适用于要求纵向强度不大的中小型船舶。

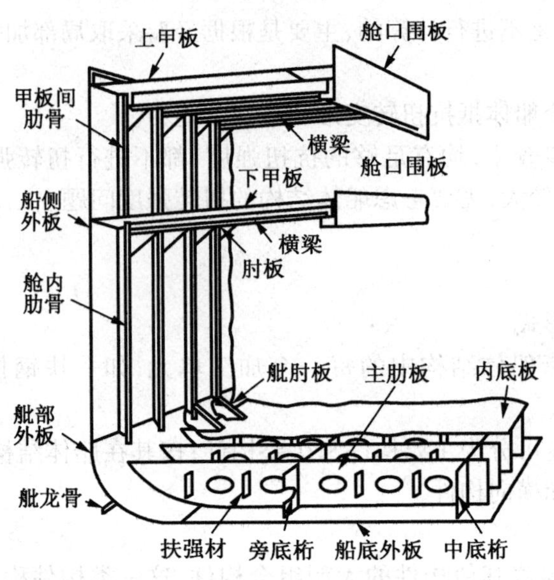

图 3-2-1 横骨架式船体结构

(2)纵骨架式船体结构(图 3-2-2)

支撑骨材纵向布置得较密,横向布置得较稀。强肋骨、强横梁和肋板组成大型肋骨框架。船体的横向强度主要是由大型肋骨框架及其附连的甲板和外板来承担。船的首尾端是采用横骨架式结构。

优点:船体的纵向强度大,甲板板和船体外板可以做得薄些,船体质量小。

缺点:货舱内布置着大型肋骨框架,有碍货物装卸,但不妨碍液体货物装卸,主要用在纵向强度要求较高的大型油船上。

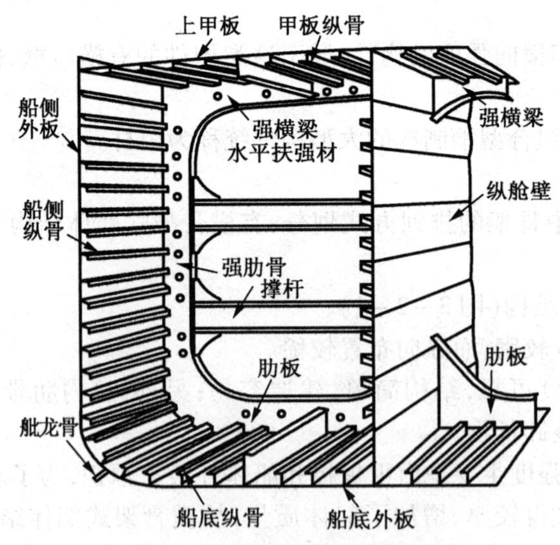

图 3-2-2 纵骨架式船体结构

(3)混合骨架式船体结构(图 3-2-3)

在主船体中段的强力甲板和船底采用纵骨架式结构,而在舷侧和下甲板上采用横骨架式结构,艏艉端采用横骨架式结构。

混合骨架式船体结构吸取了横骨架式船体结构与纵骨架式船体结构的优点，船体纵向强度大，并有足够的横向强度，建造也容易，货舱内突出的大型构件少，不妨碍货物装卸，目前在大、中型干货船上广泛采用。

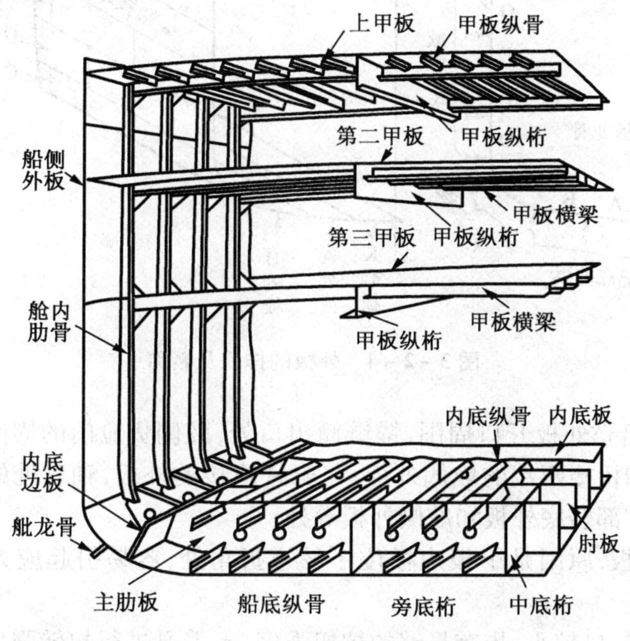

图3-2-3　混合骨架式船体结构

3. 船体结构

船体结构形式依据船舶的类型而定，一般来说船体大致可分为主船体和上层建筑两部分。主船体部分有船首、船中、船尾；上层建筑部分有艏楼、桥楼、艉楼及甲板室。

主船体是船体结构的主要部分，是由钢板和骨架组成的，船体的甲板板和外板（包括舷侧外板、舭部外板、船底外板）是由钢板制成的，形成一个水密的外壳。其内部空间又由水平布置的下甲板、沿船宽方向垂直布置的横舱壁和沿船长方向垂直布置的纵舱壁分隔成许多舱室。一般可划分为货舱区域结构、机舱区域结构、艏艉端区域结构、船底结构、舷侧结构、甲板结构、舱壁结构等。

(1)船体外板

船体外板又称船壳板。外板包括舷侧外板、船底板、舭部外板。

外板由许多块钢板拼接而成，钢板的长边都沿船长方向布置。许多块钢板逐块端接而成的连续长条板称为列板。

习惯上把全船外板的每一列钢板和每一块钢板都用字母和数字编成号。平板龙骨为K列板，其余依次为A，B…艉向艏排列号数，如图3-2-4所示。

外板的作用有：保证船体的水密性；承担船体总纵弯曲强度、横强度和局部强度；承担舷外水压力，波浪冲击力，坞墩的反作用力，外界的碰撞、挤压和搁浅等作用力。

在船体总纵弯曲变形时承担最大抵抗力的甲板称为强力甲板。

在船长方向的分布：船中0.4L船长区段之内外板厚度最大，而向艏艉两端逐渐减薄；平板龙骨从艏至艉厚度保持不变。

沿肋骨围长方向分布：平板龙骨和舷顶列板较厚。

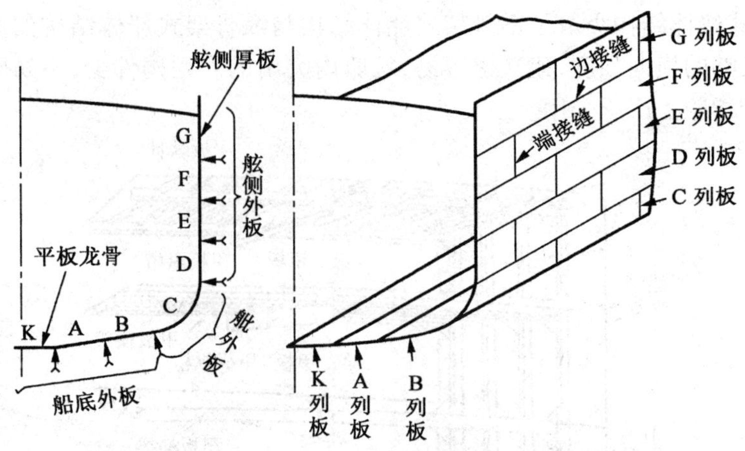

图 3-2-4 外板的排列及名称

局部加强:如船壳外板开口周围,锚链筒出口处,舷侧货舱门的周围;外板的连续发生突然变化的部位,如桥楼两端的舷侧外板;与艉柱连接的外板,轴毂处的包板,艉轴架托掌固定处的外板;船首部船底外板和舷侧外板等处。

舷边的一列钢板,原因是甲板边板位于舷边折角处,容易引起应力集中,且又经常积水,锈蚀严重。

一般由于船舶舱口较小,均有足够的抗扭强度,不需要进行扭转强度计算;而对于甲板货舱口较大的集装箱船,则需要采取一定的结构措施,例如采用双层船壳以提高抗扭强度。

(2)甲板板

在船体总纵弯曲时承担着最大抵抗力的甲板称为强力甲板。一般船舶的上层连续甲板(上甲板)均为强力甲板。甲板板的厚度:强力甲板板在各层甲板中是最厚的甲板;船体中部 0.4L 船长区域内的强力甲板板最厚,并向两端逐渐减薄;甲板边板是强力甲板中最厚的,舱口之间的甲板板较其他的甲板薄。甲板板的厚度分布和排列如图 3-2-5 所示。

甲板板一般纵向排列,地方狭窄的一般将钢板横向布置。

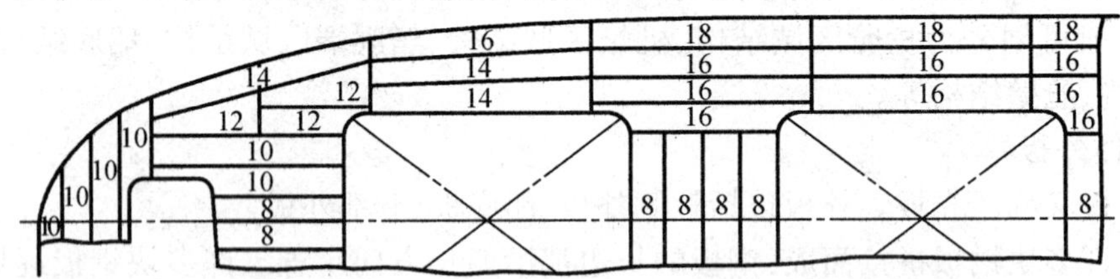

图 3-2-5 甲板板的厚度分布和排列

甲板舷边角钢铆接、圆弧形舷边连接和舷边直接焊接;甲板上的人孔、货舱口等矩形大开口处需加强。甲板舱口角隅处加强如图 3-2-6 所示。

(3)船底结构

船底结构有单层底和双层底结构,按骨架排列型式,有横骨架式和纵骨架式两种。因此船底结构可分为四种型式:横骨架式单底结构、纵骨架式单底结构、横骨架式双层底结构、纵骨架式双层底结构,如图 3-2-7 所示。

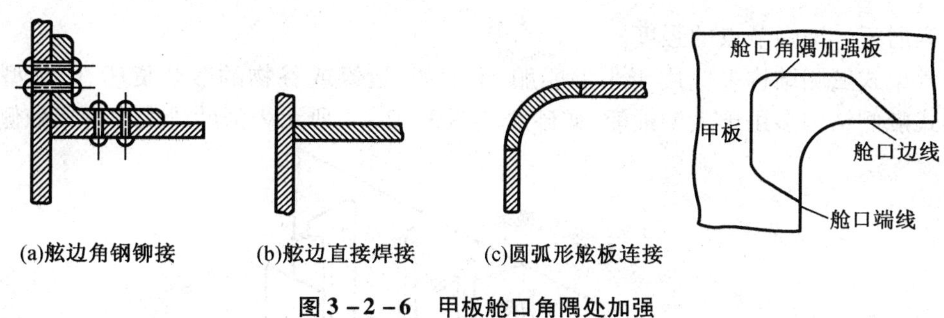

图 3-2-6　甲板舱口角隅处加强

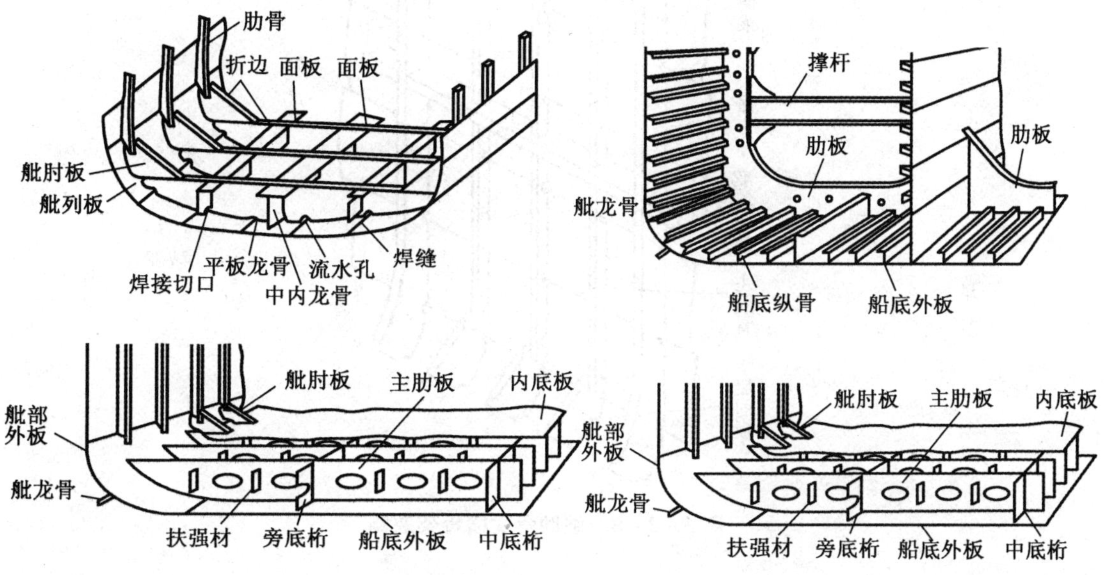

图 3-2-7　船底结构

①横骨架式单底结构　主要用于小型船舶上，结构简单，施工方便，但抗沉性差。

②纵骨架式单底结构　主要用在小型军舰及油船上；结构布置特点是在船底纵向布置许多间距较小的船底纵骨，而肋板是每隔 3 ~ 4 个肋位布置一道。

③横骨架式双层底结构　横骨架式双层底的作用是万一船底破损，内底板可以制止海水浸入舱内，保证船舶和货物的安全；增强船底强度；把双层底内部空间分隔成舱柜。

④纵骨架式双层底结构　双层底内纵向布置的构件较密，横向构件布置较稀。与横骨架的区别：纵骨架式双层底结构中，在内底板的下面和船底的里面布置有大量的纵骨，与船底纵桁、内外底板等一起承担总纵强度和局部强度，可使船底板减薄；纵骨架式双层底结构中，主肋板是每隔 3 ~ 4 个肋位布置一道，而在主肋板之间不设框架肋板。

(4) 舷侧结构

舷侧结构是指在舷侧处从舭肘板至上甲板这段区域的骨架结构，分为横骨架式和纵骨架式两种。主要构件有：

①肋骨　尺寸较小的骨材的统称，承担横向强度，分为主肋骨、甲板间舱肋骨、尖舱肋骨、斜肋骨、船底肋骨、中间肋骨和强肋骨等。

②舷侧纵骨　装在纵骨架式的舷侧结构中，如油船的舷侧。

③舷侧纵桁　多设在机舱和艏艉尖舱中。

④梁肘板 增强节点的强度。

横骨架式舷侧结构多应用于小型船舶、干货船、运煤或谷物的散装货船、中小型油船。纵骨架式舷侧结构多用于大型油船、矿砂船。图3－2－8所示为强肋骨式横骨架舷侧。

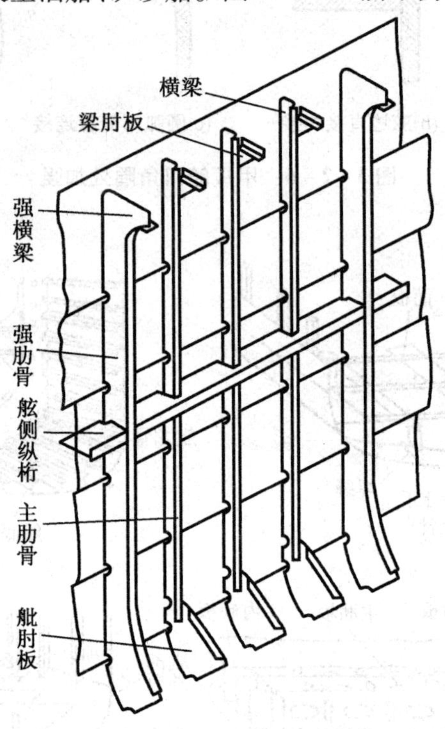

图3－2－8 强肋骨式横骨架舷侧

(5)甲板结构

甲板分为横骨架式和纵骨架式两种，如图3－2－9所示。

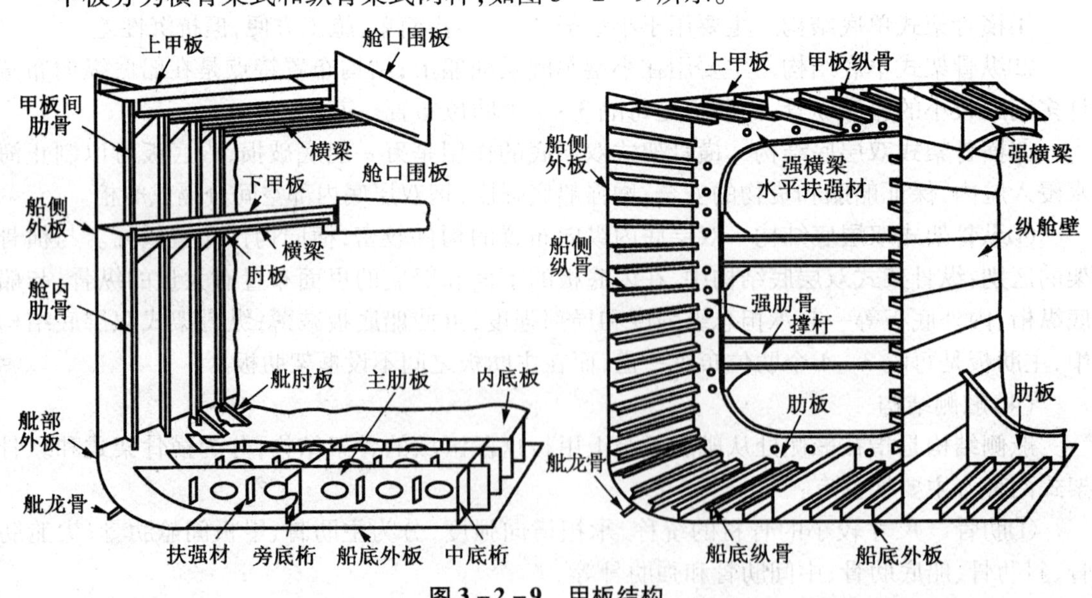

图3－2－9 甲板结构

横骨架式船体结构中的各层甲板，在纵骨架式的船体结构和混合骨架式的船体结构中，除了强力甲板以外的各层下甲板、强力甲板的舱口之间的甲板均采用横骨架式甲板结构。

纵骨架式甲板结构主要布置在纵骨架式船体结构和混合骨架式船体结构中强力甲板上。

甲板结构中主要的构件:①横梁是指设在甲板板或平台之下各肋位上的横向骨材的统称。根据尺寸的大小和位置分为普通横梁、强横梁、半梁、舱口端横梁、舱口悬臂梁等。②甲板纵骨是在纵骨架式甲板结构中,沿船长方向布置的尺寸较小的骨材。承担总纵弯曲强度和甲板上的载荷,保证甲板的稳定性。③甲板纵桁是在甲板下沿着船长方向布置的大型组合型材。作用是参与总纵弯曲,支承横梁减小横梁的尺寸。它是甲板结构中的重要构件。④舱口围板是为了保证人员安全、防止海水浸入、提高舱口区域结构强度而在货舱口的四周装设的围板。在露天干舷甲板上的舱口围板要在600 mm以上。

(6)支柱

支柱是支撑甲板和平台的柱子,可减小横梁、甲板纵桁等构件的尺寸,并将所受的力传递到下层较强的构件上。支柱的布置:若一个货舱设置4根支柱,布置在4个舱口角上;若设置2根支柱,在舱口两端的中线面上。各层甲板的支柱尽量装设在同一条垂线上,上下端要设有支座支承在较强的构件上。

(7)舱壁结构

舱壁的作用:分隔舱室;横舱壁承担横向强度,进行水密分舱和分隔防火区;纵向舱壁可减小自由液面对稳性的影响,并承担总纵弯曲强度。

舱壁按用途可分为:①水密舱壁,是在规定的水压下能保持不渗透水的舱壁;②油密舱壁,是在规定的压力下能保持不渗透油的舱壁;③防火舱壁,是分隔防火主竖区并能限制火灾蔓延的舱壁;④制荡舱壁,是在舱壁上开有流水孔,用来减小舱内液体摇荡所产生的冲击力的舱壁;⑤轻型舱壁,是一种无密性、强度和防火要求的轻型结构舱壁,只起简单的隔离作用。

舱壁按结构形式分为平面舱壁和槽形舱壁两种类型。

(8)舷墙与栏杆

沿着露天甲板边缘装设的围墙,称为舷墙,如图3-2-10所示。主要作用是减少甲板上浪,保障人员安全和防止甲板上货物及物品滚到舷外。不参与总纵弯曲,舷墙和栏杆的高度不小于1.00 m,最低一挡开口应不超过230 mm,其余不超过380 mm。

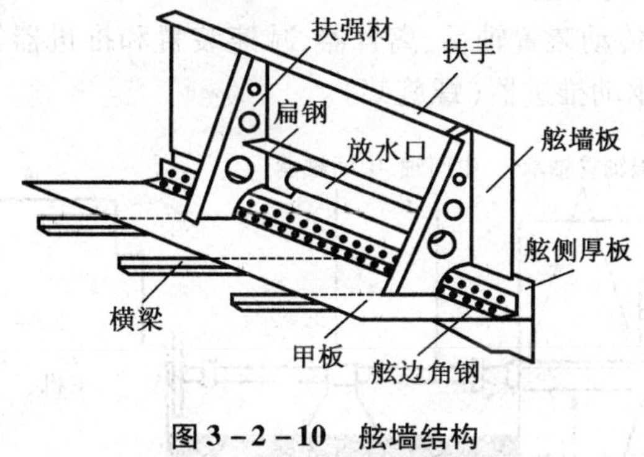

图3-2-10　舷墙结构

(9)船体首尾端

船舶首端是指上甲板以下、防撞舱壁以前的部分。

船舶尾端是指艉尖舱壁以后、上甲板以下的船体结构,包括艉尖舱和艉部悬伸端,结构较为复杂。

(10)机舱结构的加强

机炉舱的特点:局部负荷大;船体的振动大;在甲板上开口大,不设二层甲板,尽可能不设支柱;机炉舱内易腐蚀。

结构形式与货舱基本相同,但要求采取加强措施。

机炉舱内结构的加强:

①双层底内结构的加强:短底纵桁;设主肋板;内底板要增厚1~2 mm。

②甲板和舷侧结构的加强:在甲板和舷侧要求每隔3个肋位至少应设置一道强横梁和强肋骨,而且强肋骨与强横梁位于同一肋位上;当机舱内的主肋骨的跨距大于6 m时,要设置舷侧纵桁。

机炉舱棚一般布置在上层建筑中。当无上层建筑保护时,机舱棚的门必须是风雨密的,门槛要高出露天甲板600 mm以上。机炉舱棚的主要作用和布置要求:保护机舱的安全不受风浪的侵袭;减少机舱的噪音和热气对舱外的影响;布置某些设备;保证维修的空间高度;机舱的通风和采光,顶部一般通至露天艇甲板上,在艇甲板上设置整体可拆式天窗供通风采光用,并且要保证风雨密;四周壁板的内侧设置扶强材。

(11)轴隧

轴隧形式有平顶和拱顶两种。前者便于装货,后者强度较好。单桨船上,轴隧的中心线是偏离船舶中心的一侧,一般偏向右舷。作用:保护轴系和便于工作人员对轴系进行检查、维修;存放备用艉轴;设有滑动式水密门、应急出口和通风口。

任务三　船舶机械设备

一、主要动力装置

船舶动力装置是指为保证船舶正常航行、停泊、作业和作战性能以及船员、旅客正常工作和生活所需的各种机械设备与系统的综合体。

推进装置是主要的动力装置。

推进装置包括主机、传动装置轴系、离合器、减速装置和推进器等。图3-3-1表示主机通过传动装置(轴系)驱动推进器(螺旋桨)。

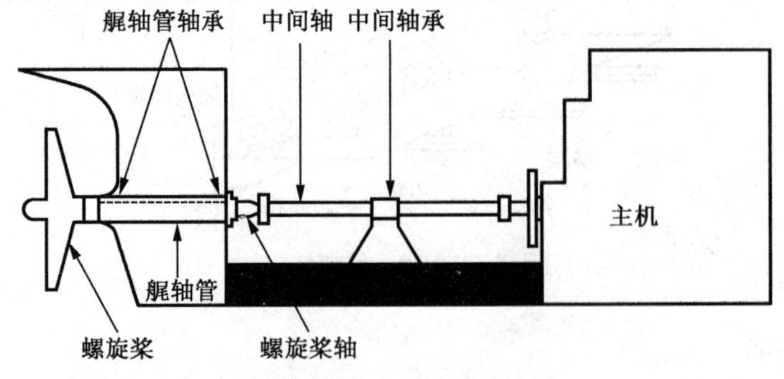

图3-3-1　推进装置

推进器是推动船舶前进的机构。推进器是把一种能量(例如自然力、人力或机械能)转换成船舶推力的“能量转换器”。推进器按作用方式可分为主动式和反应式两类。靠人力或风力驱使船舶前进的纤、帆等为主动式;桨、橹、喷水推进器、螺旋桨等为反应式。现代船舶大多采用反应式推进器,应用最广的是螺旋桨。

船舶主机是一种热力机械,其作用是将燃料的热能转变成机械能。

船舶动力装置按主机类型分为柴油机动力装置、汽轮机动力装置、燃气轮机动力装置和核动力装置等基本型式。

1. 柴油机

柴油机自 1897 年由 Rudolf Diesel 发明以来,历经了百年的发展,是目前最安全、最可靠和最经济的动力机械。当前,世界上以柴油机驱动的船舶在数量上占有率为 98% 以上。

柴油机属于往复式内燃机。燃料油在气缸内燃烧、膨胀、压缩推动活塞做上下往复运动,通过连杆与曲轴连接,直线运动转换成旋转运动,实现输入燃料的热能转换成机械能输出。

柴油机动力装置除主机和传动设备外,其他附属设备较少,总质量较轻。

柴油机输出功率过去以马力(匹)为单位,现在多以千瓦为单位。功率范围从数十千瓦至数万千瓦。

柴油机的转速分为低、中、高三种。以每分钟转速计量,300 r/min 以下为低速,300 ~ 1 000 r/min为中速,1 000 r/min 以上为高速。

高速柴油机质量小,体积小,但油耗高,对燃料要求高。因转速高,振动、噪音和磨损都大,寿命较短。一般用于小型船舶的主机。

低速柴油机质量小,体积大,但磨损小,振动、噪音也相应小,寿命长。可以使用劣质燃油,例如渣油。可以直接驱动螺旋桨。民用船舶特别是大吨位的一般采用低速,舰船采用中速或高速。

柴油机的类型很多,在柴油机中可用活塞的两个行程或四个行程完成一个工作循环,相应称为二冲程或四冲程柴油机。

二冲程与四冲程柴油机的工作过程中,两者不同点如下:

①二冲程柴油机两个行程即曲轴一转完成一个工作循环,由此可提高柴油机功率。两台气缸尺寸与转速相同的四冲程与二冲程柴油机,二冲程柴油机的功率为四冲程机的 1.6 ~ 1.8 倍。

②二冲程柴油机曲轴每一转完成一个工作循环,因而它的回转要比四冲程机均匀,可使用较小的飞轮。

③二冲程柴油机的换气机构较简单,便于维修保养。

④二冲程柴油机的换气质量较四冲程机差。

⑤二冲程柴油机的工作循环比四冲程机多一倍,所以二冲程机的热负荷比四冲程机高。

总之,在提高功率方面二冲程柴油机比四冲程机优越,而在提高柴油机的强化程度方面四冲程机较二冲程机优越。

图 3 - 3 - 2 所示为典型的二冲程柴油机。

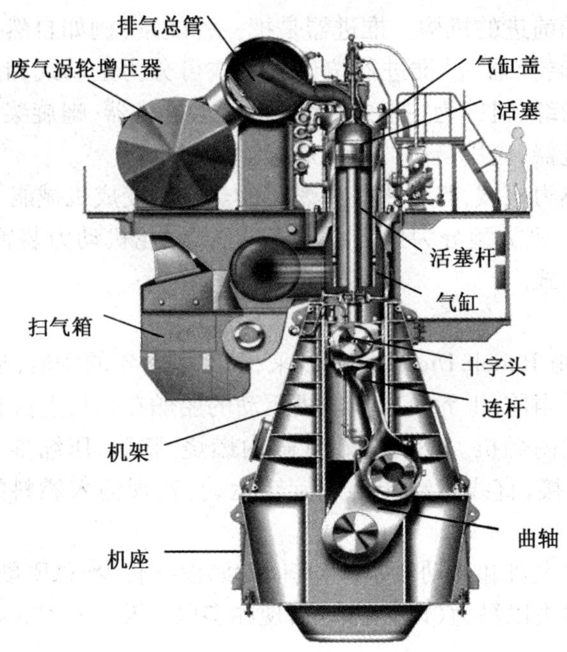

图 3-3-2 二冲程柴油机

活塞在两个行程内完成一个工作循环的柴油机叫作二冲程柴油机。在二冲程柴油机中没有单独的进气与排气过程,其进气与排气过程几乎同时在下止点前后 120 ~150 ℃A 同时进行。在结构上,二冲程柴油机必须在气缸套下部开设气口,采用气缸套扫气口-排气口或采用气缸套下部扫气口-气缸盖上排气阀的换气机构,而且还必须提高进气压力,使进气能从扫气口进入气缸并将废气扫出气缸。提高进气压力可以由机械驱动的扫气泵或由废气涡轮驱动的增压器来实现。这样,进、排气过程(换气过程)就可以缩减到下止点前后的部分行程中完成。

船舶柴油机的结构是由许多机构和系统组成的。尽管各种柴油机的结构、型号各异,但从工作原理和总体结构上则有很多共同之处。柴油机主要由以下主要部件和系统组成。

(1)主要部件

①主要固定部件　柴油机的主要固定部件由机座、机架、气缸和气缸盖等组成,如图 3-3-3 所示。对于中小型柴油机常将气缸体和机架做成一体,称为机体,并省去机座代之以轻便的油底壳,如图 3-3-4 所示。它们构成了柴油机的骨架,支撑运动件和辅助系统。

②主要运动部件　柴油机的主要运动件由活塞、连杆组件及曲轴组成,对于大型低速柴油机还有十字头组件。活塞与气缸及气缸盖构成燃烧室,保证柴油机工作过程的进行,同时通过连杆将活塞的往复运动变为曲轴的回转运动,使燃气推动活塞的动力通过曲轴以回转的方式向外输出。

(2)配气机构及换气系统

配气机构由进排气阀、气阀传动机构、凸轮轴及凸轮轴传动机构组成。换气系统即进排气系统,由空气滤器、进排气管和消音器组成,对于增压柴油机还有增压器及空冷器。它们的作用是按照工作循环的需要,定时地向气缸内供应充足、清洁的新鲜空气,并将燃烧后的废气排出气缸。

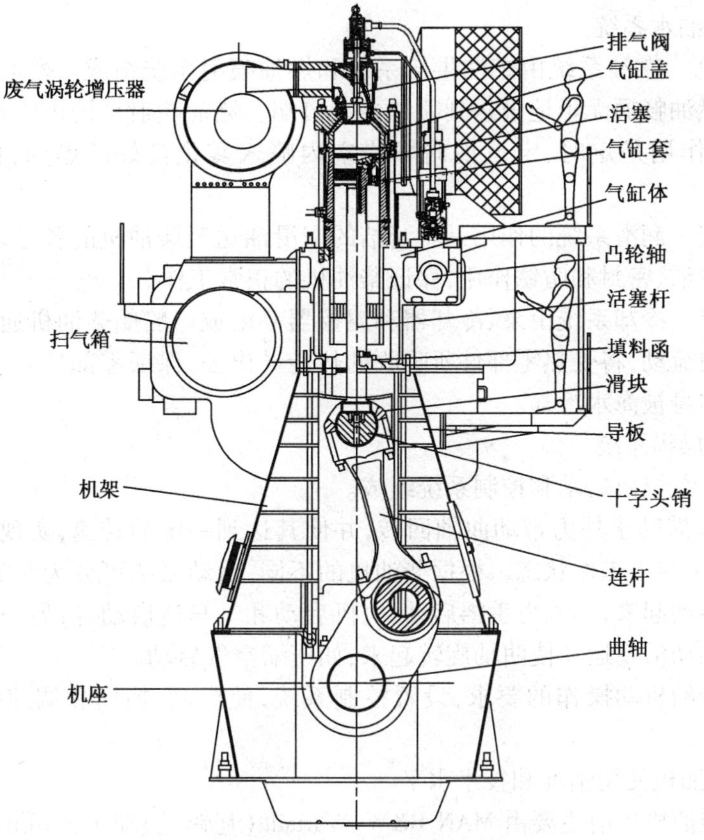

图 3－3－3　二冲程柴油机

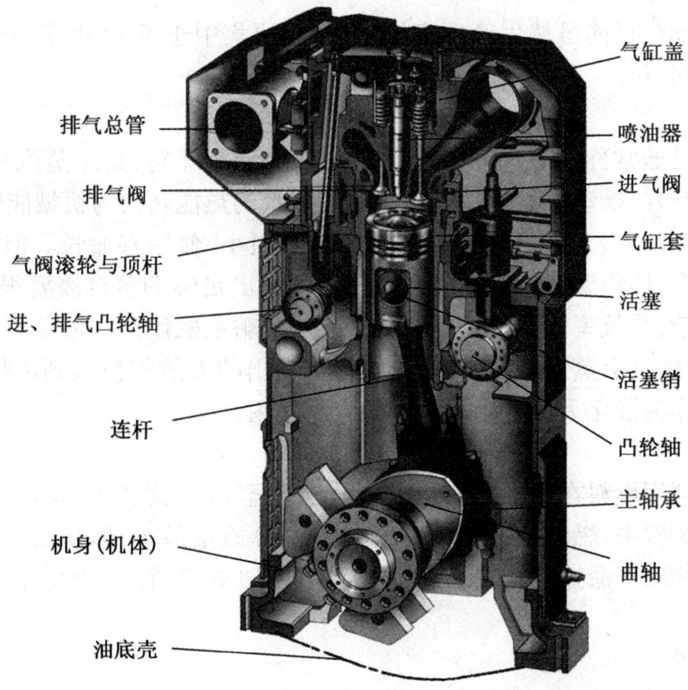

图 3－3－4　四冲程柴油机

(3)柴油机油水系统

①燃油系统　燃油系统由燃油供给系统和燃油喷射系统组成。燃油供给系统是把符合使用要求的燃油畅通无阻地输送到喷油泵入口端。燃油喷射系统由喷油泵、喷油器和高压油管组成,其作用是定时、定量地向燃烧室内喷入雾化良好的燃油,保证燃烧过程的进行。

②润滑系统　润滑系统的作用是将清洁的润滑油送至柴油机的各运动件摩擦表面,起到减磨、冷却、清洁、密封和防锈作用,保证柴油机的正常工作。

③冷却系统　冷却系统由泵、冷却器和温控器等组成。船舶柴油机通常以淡水和滑油为冷却剂在机内流动,将受热零部件所吸收的热传导出去,保证零部件有正常的工作温度。而淡水和滑油本身被海水冷却。

(4)柴油机操纵系统

柴油机操纵系统由启动和控制系统组成。

启动系统是借助于外力带动曲轴回转,并使其达到一定的转速,实现柴油机的第一次着火燃烧,由静止转入工作状态。根据柴油机的不同,启动系统可分为两类,一类是借助于外力矩使曲轴转动起来,如人力手摇启动、电机启动和气马达启动等;另一类是借助于加在活塞上的外力推动活塞运动使曲轴旋转起来,如压缩空气启动。

为了满足船舶机动操作的要求,设置控制系统,使启动、换向和调速等各种装置联合动作。

(5)船舶柴油机使用情况和技术水平

船用低速柴油机目前主要由 MAN B&W、Wärtsilä(瓦锡兰)瑞士公司和日本三菱三家公司生产。据近几年来统计,MAN B&W 公司占市场份额 64.54%,Wärtsilä 瑞士公司占市场份额 27.6%,日本三菱不足 8%。

船用中速柴油机目前虽然生产厂家较多,但主要集中于 Wärtsilä 瑞士公司、MAN B&W 公司、Mak 等几家公司。

2. 汽轮机

汽轮机也就是通常称的蒸汽轮机。汽轮机轴上装有叶轮,高压蒸汽从喷嘴喷入,产生的高速气流冲向叶片,推动叶轮使轴旋转将输入蒸汽的热能转换为机械能输出。

汽轮机单机功率大,工作可靠,振动、噪音和磨损小,使用寿命长。但需要锅炉提供蒸汽。附属设备较多,体积庞大。锅炉从点火燃烧到产出足够的蒸汽需要很长的时间。由于热量转换过程复杂,热效率较低,现在已较少作为船舶主机使用。液化天然气船在航行运输过程中,液化天然气会蒸发。为了减少损失,蒸发出的天然气被送到锅炉中去燃烧,制造水蒸气。汽轮机作为液化天然气船的主机被广泛采用。

3. 燃气轮机

燃气轮机是利用燃料在燃烧室内燃烧产生的高温气进入燃气轮机推动叶片转动。

在船舶动力装置中,燃气轮机的单位功率(千瓦)质量最小,体积最小,启动迅速,工况改变容易,但油耗高,寿命短。随着工艺技术的发展,油耗下降,寿命提高,舰船的主机已逐步推广使用。

4. 核动力装置

核动力是以核能(即原子能)作为动力。核动力装置是以原子核的裂变反应所产生的巨大热能转换成动力能的装置,像燃油燃烧产生的热能,加热水产生蒸汽推动汽轮机转动,把燃料的热能转换成机械能一样。

二、船舶辅助机械

船舶辅助机械(船舶辅机)是指除用作船舶推进装置的船舶主机以外的所有辅助机械和设备。

船舶辅机范围广泛,种类繁多:为用作船舶航行动力机的主机服务的;为船舶航行和安全服务的;为船舶货运服务的;为船员和旅客生活服务的;为船员防污染服务的。为便于系统学习,归纳为以下几种:(1)船用泵;(2)气体压送机械;(3)制冷与空调装置;(4)甲板机械;(5)船用辅助锅炉;(6)油水净化和防污染装置。

(一)船用泵

泵是用来输送液体或提高液体压力的设备。

船用泵是保证船舶正常运行的重要设备。据资料统计,一艘柴油机货船,需要 36 ~ 50 台各种类型的泵,其数量占船舶机械设备总量的 20% ~30%,总功率消耗占全船总消耗的 5% ~15%,造价为全船设备费用的 4% ~8%。

1. 往复泵

往复泵是一种容积式泵,它是靠工作部件运动造成工作容积周期性地增大和缩小而吸排液体,靠挤压使液体压力能增加,从而得以吸排液体。

图 3 -3 -5 所示为国产 2DSL 型电动双缸四作用往复泵。它是往复泵的典型结构。

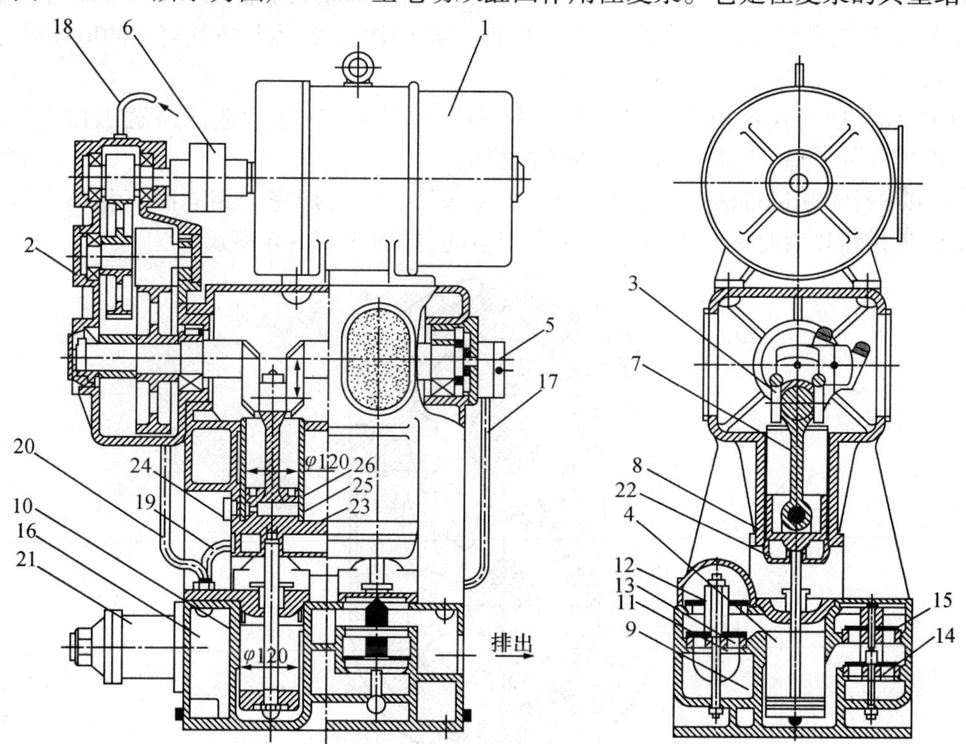

图 3 -3 -5　电动往复泵结构实例

1—电机;2—减速器;3—曲轴;4—泵缸套;5—滑油泵;6—联轴节;7—连杆;8—十字头;9—活塞;10—泵缸体;11,14—吸入阀;12,15—排出阀;13—固定螺栓;16—滑油箱;17,18,19,20—油管;21—安全阀;22—油盘;23—锁紧螺母;24—螺栓;25—定位弹簧圈;26—十字头销

电动机 1 采用防滴式交流电动机，它通过挠性联轴节 6，经两级圆柱齿轮减速器 2 减速后，带动曲轴 3 回转。拆卸曲轴时必须拆卸减速器的壳体，才能将曲轴经减速器侧的圆孔取出。曲轴由三个滚柱轴承支承，两个曲拐的夹角为 90°，以减少流量和功率的脉动。连杆 7 的大端轴承与曲柄销相连，小端经十字头 8 与活塞杆相连。通过曲柄连杆机构即可将曲轴的回转运动转变为活塞 9 的往复运动。

泵缸体 10 由灰铸铁或黄铜浇铸而成，内镶青铜或不锈钢缸套 4，以防海水腐蚀。活塞由青铜或不锈钢制成，用螺母固定在活塞杆上。

泵阀的阀箱分成两组，位于泵缸前后，上下被隔成三层，分别与泵的吸、排管路相通。吸、排阀皆为盘阀。泵采用强力润滑，由曲轴直接带动安装于曲轴右端的齿轮滑油泵 5 回转。滑油自油箱 16 经管 17 吸入，排油一路经曲轴和连杆中的孔道润滑曲轴轴承和大、小端轴承；另一路经油管 18 去润滑减速齿轮，并分别由油管 19，20 流回油箱。滑油一般采用 40 号机油。工作时滑油和轴承温度不应超过 70 ℃，压力保持在 0.08 ~ 0.12 MPa 为宜。

泵出口有安全阀 21，限制排出压力过高。调整安全阀弹簧张力即可改变其开启压力。GBll034—89 规定安全阀的开启压力应为泵额定排出压力的 1.1 ~ 1.15 倍。

泵缸、缸盖、安全阀阀体、阀箱等受压零件在工厂应进行水压试验，试验压力为前述安全阀排放压力的 1.5 倍。试验时间不少于 5 min，且不应有渗漏现象。电动机的转向必须与机体上的标号一致，以防自带的齿轮油泵反转不能供油。

往复泵流量相同时比其他泵笨重，造价较高，管理维护比较麻烦，在许多场合已被离心泵取代。但舱底水泵和油轮扫舱泵等工作中容易吸入气体，需要自吸能力好，仍常采用往复泵；此外，要求流量小、排压高的泵，如柴油机喷油泵、气缸注油器等，也是按往复泵的原理设计的。

2. 齿轮泵

齿轮泵属于回转式容积泵。它是利用泵壳内齿轮的回转运动造成泵缸工作空间的容积变化，形成内外压差，从而达到吸排液体的目的。

齿轮泵本身无须进排液阀，结构紧凑。主要部件通常就是完全相同而互相啮合的一对齿轮，泵的吸排作用就是通过这对齿轮啮合产生的，如图 3 - 3 - 6 所示。

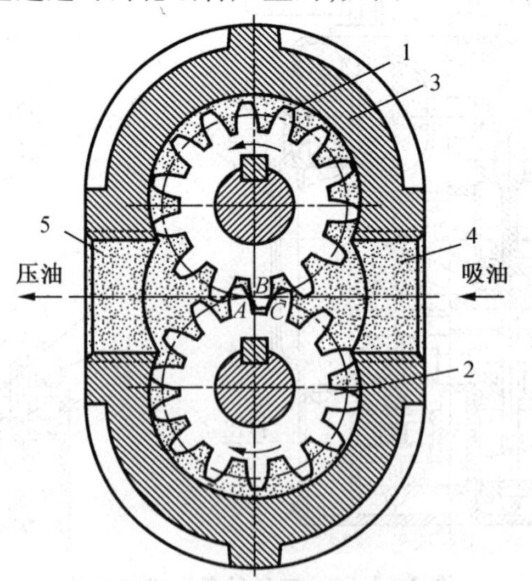

图 3 - 3 - 6 齿轮泵的工作原理图

1—主动齿轮；2—从动齿轮；3—泵体；4—吸入接管；5—排出接管

图 3－3－7 为典型结构齿轮泵。在泵体内装有主、从动齿轮。主动齿轮 2,3 分别为右螺旋齿轮和左螺旋齿轮,它们用平键安装于主动轴上,合成一人字齿轮。从动齿轮同样为一人字齿轮。从动齿轮 5 用平键固定在从动轴 7 上,而从动齿轮 4 则空套在从动轴上。各齿轮的轴向位置由轴上凸肩、固定螺母以及止退垫圈加以固定。在齿轮两端面外侧,设有配合良好的盖板。泵轴都支承在单列向心球轴承上。

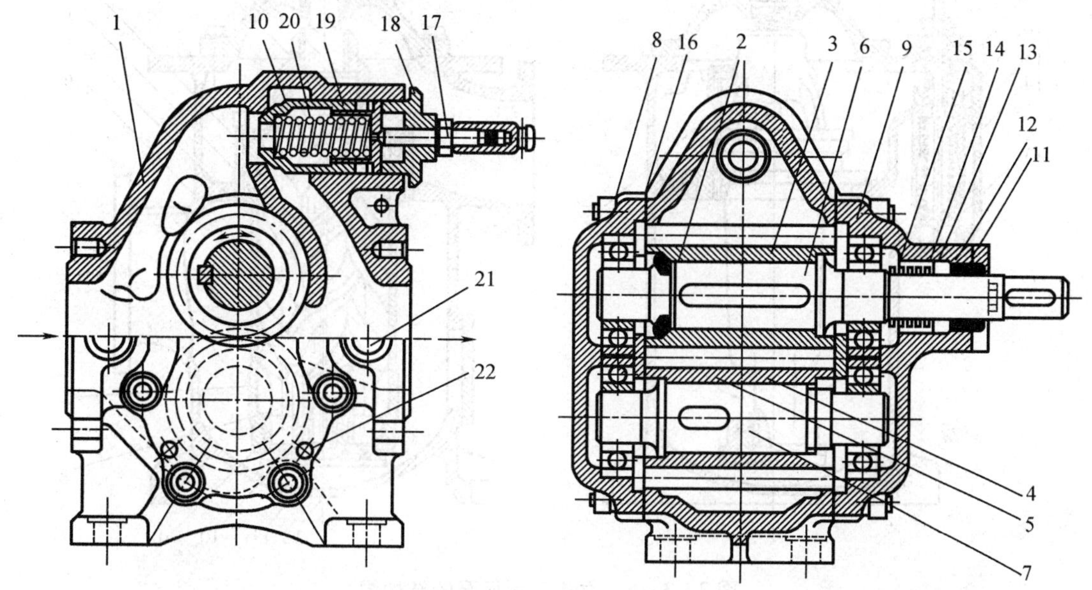

图 3－3－7　外啮合齿轮泵

1—泵体;2,3—主动齿轮;4,5—从动齿轮;6—主动轴;7—从动轴;8,9—端盖;10—安全阀;11—静密封环;12—动密封环;13—密封圈;14—弹簧座;15—弹簧;16—垫片;17—锁紧螺母

为了防止油液沿主动轴外滑,在主动轴的出轴处设有机械密封装置。机械密封主要由静密封环 11、动密封环 12、密封圈 13 和弹簧等组成。动、静密封环经过良好的研配,这样可防止油液沿泵轴径向和轴向漏泄。

为了防止工作时压力过高,还设有安全阀装置。

由于齿轮泵摩擦面较多,一般只用来排送有润滑性的油液。船上广泛用作轻/重油驳运泵、燃油增压泵、随机滑油泵等。

3. 螺杆泵

螺杆泵是利用螺杆的回转来吸排液体的。根据螺杆内工作螺杆数目,有单螺杆泵、双螺杆泵、三螺杆泵和五螺杆泵之分。其中以摆线式三螺杆泵使用最广,它在船上被广泛用为主机的滑油泵、燃油泵、货油泵和液压甲板机械中的动力油泵等。

(1)三螺杆泵

属密封型螺杆泵,是船上使用较多的一种螺杆泵,其结构如图 3－3－8 所示。为保证泵密封性,螺杆的最小工作长度不小于 1.09t(t 为导程),而衬套的最小工作长度不小于 0.932t,对于高压泵应适当增加泵的密封长度,以利于提高泵的容积效率。

(2)单螺杆泵

螺杆是由一圆柱体旋转而组成,为单头螺杆,泵缸由橡胶制成,泵缸截面以二倍于螺杆的螺距旋转而成,即双头泵缸,其结构如图 3－3－9 所示。螺杆轴线相对泵缸轴线存在一个偏心距，螺杆在运行过程中有摆动现象，故驱动轴与螺杆间设有一万向联轴器，万向轴的销轴靠润滑脂（Grease）润滑。

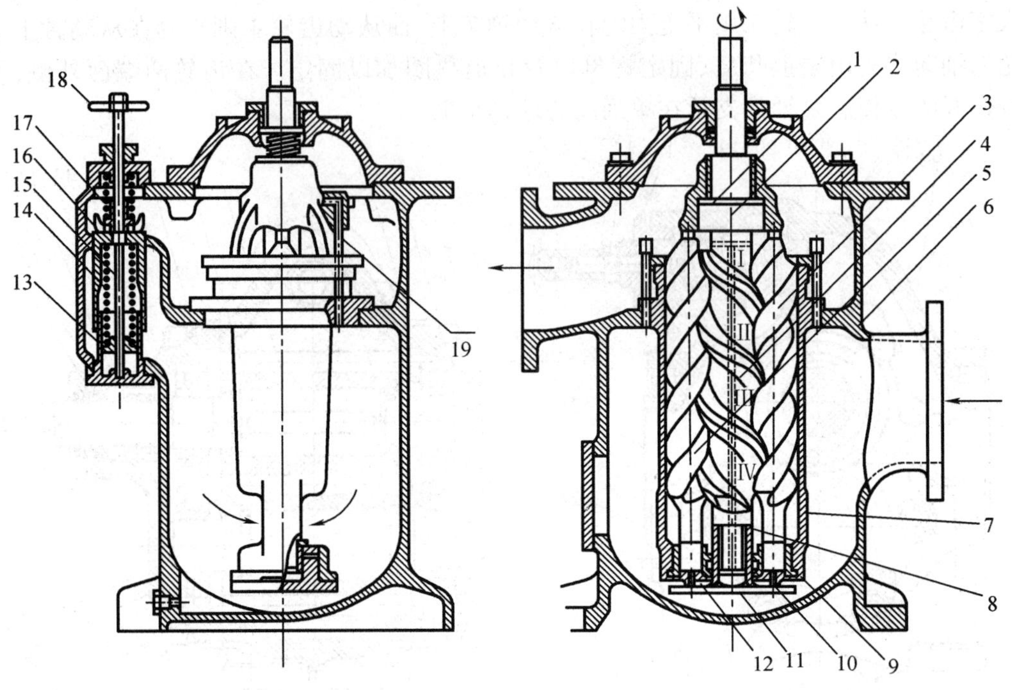

图 3－3－8 立式三螺杆泵的结构图

1，8—推力垫圈；2—平衡活塞；3，5—从动螺杆；4—主动螺杆；6—泵体；7—缸套；9，10—平衡轴套；11—盖板；12—推力垫块；13—端盖套筒；14，17—弹簧；15—调节螺杆；16—调压阀阀体；18—调节手轮；19—泄油管

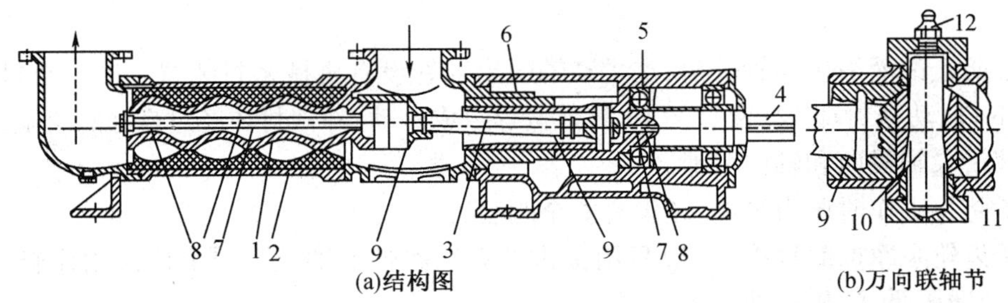

(a)结构图 (b)万向联轴节

图 3－3－9 单螺杆泵的结构图

1—螺杆；2—泵缸；3—万向轴；4—传动轴；5—轴承；6—填料函；7—小活塞；8—弹簧；9—挠性保护套；10—销轴；11—销轴套；12—注油口

在船上常作为污水、污油输送泵使用。该泵的排出压力不大，故由排出端与吸入端之间的压力差造成的轴向力不大，常由轴承承担。

（3）双螺杆泵

作低压泵使用，双螺杆泵不能满足传动条件，故需在主、从螺杆间设置同步齿轮。常用结构对称来消除轴向力。其结构如图 3－3－10 所示。

（4）工作原理

在固定物体中旋转螺钉，螺钉将被物体扭入物体内。反之，在固定螺钉的轴向位置的情况下，旋转螺钉，则套在螺钉一端的物体将随螺钉转动而沿螺钉做轴向移动直至被排出。

同样,在一充满液体的筒子内,旋转螺钉,即可使筒内液体顺着轴向流动。

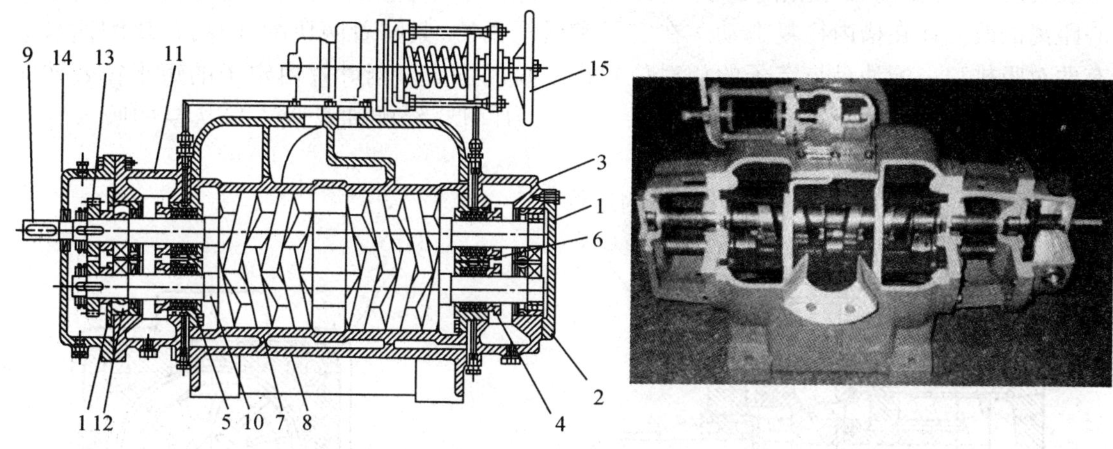

图 3-3-10　双螺杆泵

1—压盖;2,12—滚动轴承;3,11—填料函;4—填料压盖;5—填料;6—填料函本体;7—衬套;8—泵体;9,10—主、从动螺杆;13—同步齿轮;14—齿轮箱;15—安全阀

4. 叶片泵

叶片泵属于容积式泵。其结构紧凑,外形尺寸小,价格较柱塞泵低,排量和压力的适用范围广。它运转平稳、噪声小,使用的耐久性好、寿命长,一般可达 7 000 ~ 8 000 h。按其构造原理可有多种型式,通常用在舵机系统的动力油泵和润滑油的输送泵等。

叶片泵由传动轴、转子、定子、叶片、配油盘和泵体组成。

(1)单作用叶片泵

当泵轴带动转子 1 旋转时,叶片 3 在离心力及叶片底部的油压力作用下由槽内伸出,使叶片顶部始终紧贴在定子 2 内壁上。由于转子与定子的偏心,在转子、定子和配油盘间形成了月牙形内腔室,并被叶片分隔成若干个封闭的容积。当转子逆时针回转时,两叶片间的工作空间在右半圈容积不断增大,而转到左半圈则容积不断减小。因此,能分别从配油盘上相应的配油口吸入和排出。

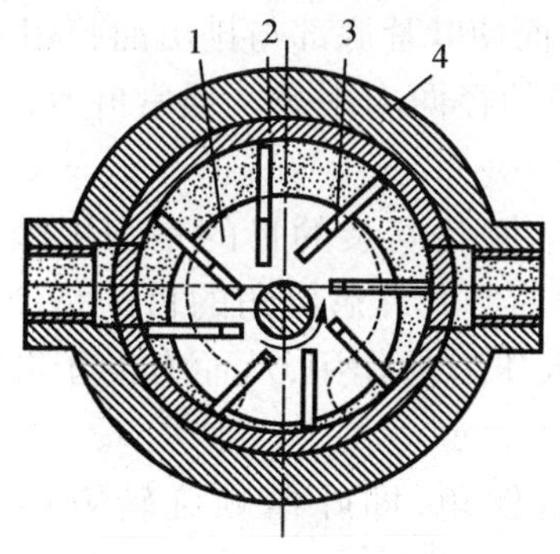

图 3-3-11　单作用叶片泵

1—转子;2—定子;3—叶片;4—泵体

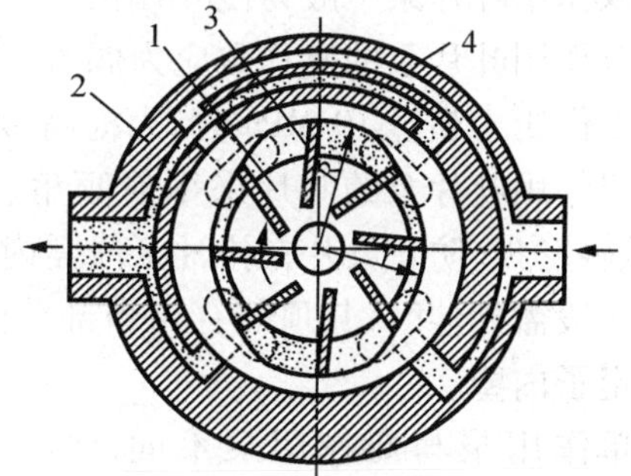

图 3-3-12　双作用叶片泵

1—转子;2—定子;3—叶片;4—泵体

(2)双作用叶片泵

定子内腔的型线是由两段长半径圆弧和两段短半径圆弧及连接它们的四段过渡曲线组成的。装在转轴上的圆柱形转子与定子同心,其上开有若干叶槽,槽内装有叶片。当转

子旋转时,叶片受离心力及液压力作用,向外顶紧在定子内壁上,并可随定子内壁与转子中心距离的改变而在槽内往复滑动。在定子和转子两侧,紧贴着两块配油盘,每块配油盘上有两对吸排口。配油盘与定子的相对位置由定位销固定。当叶片由定子的短半径处转向长半径处时,两叶片间的容积逐渐增大,其中压力降低,经配油盘吸入口从泵的吸入管吸油;反之排油。

图 3-3-13 为典型双作用叶片泵的结构。

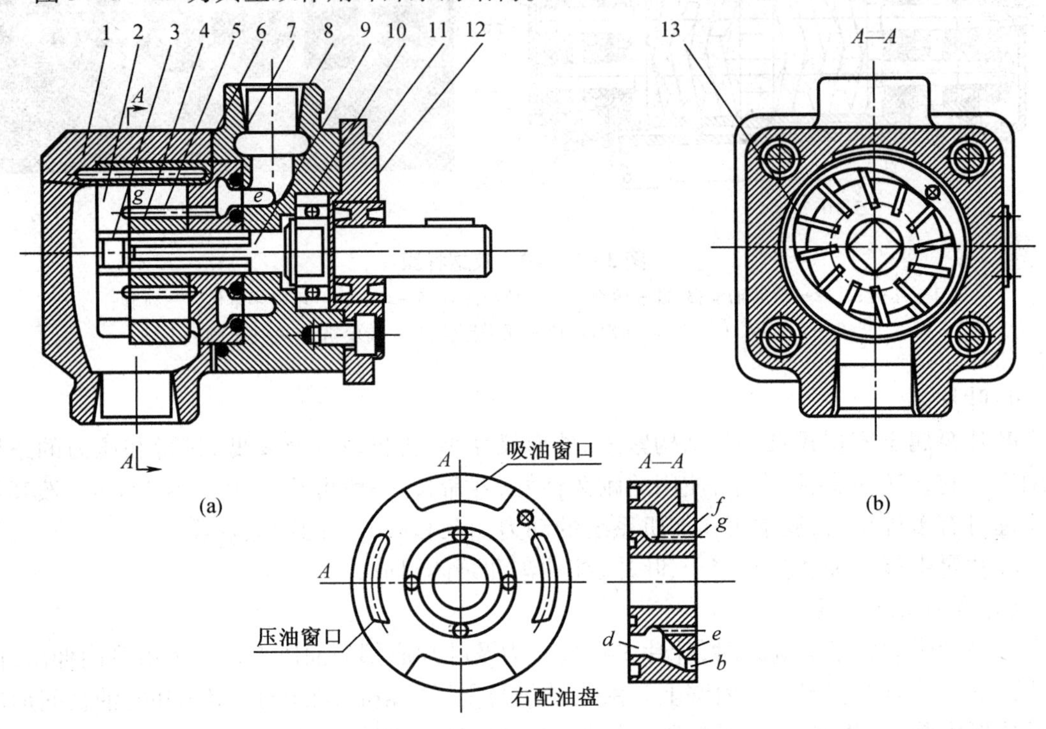

图 3-3-13 典型双作用叶片泵的结构

1—滚针轴承;2—左配油盘;3—泵轴;4—转子;5—定子;6—左泵体;7—右配油盘;8—球轴承;9—右泵体;10—叶片

双作用叶片泵一般为使叶片在吸入区能紧贴定子,而使叶片底部与排出油腔相通。

双作用叶片泵的叶片数应为偶数,以保证转子所受的径向力平衡。通常叶片数为 12;但当工作压力超过 10 MPa 时,为提高转子强度,则多为 10。

双作用叶片泵的叶片采用前倾角、后倒角。叶片前倾角安装的目的是为了减小侧向力,减轻磨损,防止叶片在排油区段需内缩时被卡住、折断。叶片后倒角的目的是使叶片在吸油区段需外伸时,其顶部有相当部分的面积只受吸入压力的作用,从而有助于叶片顶部紧贴定子内壁。

单作用泵与双作用泵不同,叶片采用后倾角、后倒角,即叶槽顺旋转方向朝后倾斜20°~30°。

5. 水环泵

水环泵有单作用式和双作用式两种。单作用式在船上较为常见(如图 3-3-14 所示)。

水环泵主要由叶轮、侧盖和泵体组成。叶轮必须偏心安装,其上装有叶片,叶片采用前弯叶片(也可采用径向叶片)。侧盖上开设有吸排口,吸入口较大,排出口较小。

向泵内充水后,当叶轮旋转时,液体被带动而构成紧贴泵体的与泵体同心的水环。水环内表面与叶轮轮毂表面及两侧盖端面之间形成一个月牙形的工作空间。该空间被叶片分割成若干个互不相通的腔室。这些腔室的容积随着叶轮的回转将会周期性地变大和变小。显然腔室容积变大时将吸入流体,腔体容积变小时将会挤压和排出液体。吸入、压缩和排出三个工作阶段便构成了水环泵的一个工作循环。

水环泵在船上多用作真空泵或离心泵的引水泵。

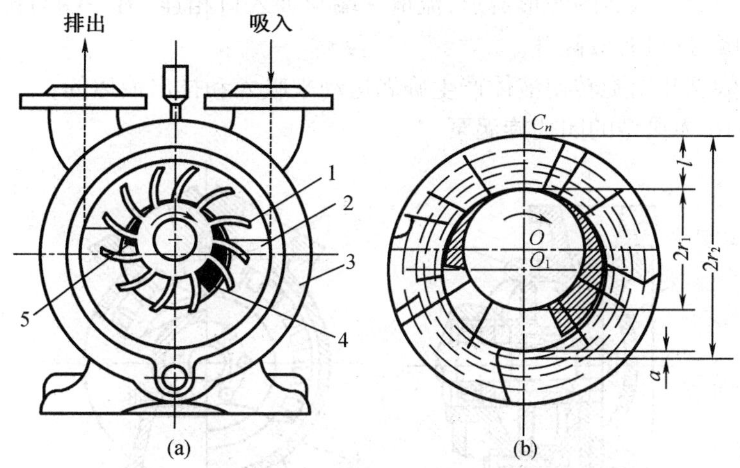

图3-3-14　单作用水环泵及其工作原理

1—叶轮;2—侧盖;3—泵体;4—吸入口;5—排出口

6. 离心泵

如图3-3-15所示,泵的主要工作部件是叶轮1和泵壳3。叶轮通常由5~7个弧形叶片2和两侧圆盖板所构成。叶轮用键和螺母(通常为左旋螺母)固定在泵轴6的一端,轴的另一端穿过泵壳的填料箱由原动机带动高速回转。泵壳呈螺线形,吸入接管4和排出接管5则分别接在泵壳中心和螺壳出口上。

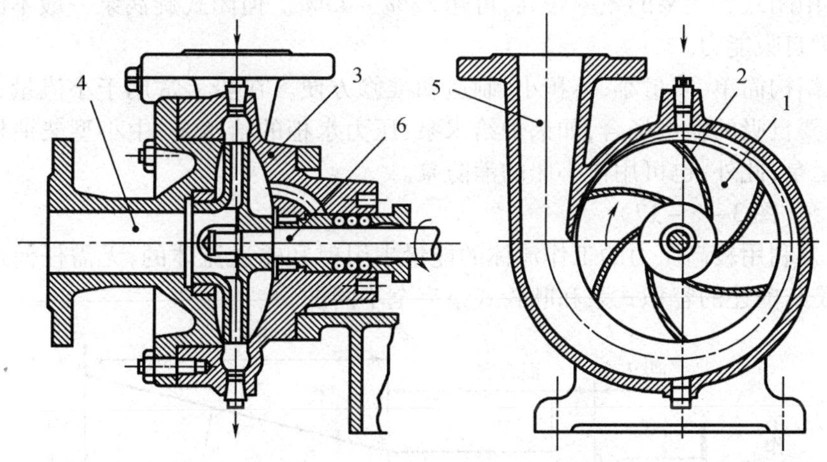

图3-3-15　离心泵基本结构

1—叶轮;2—叶片;3—泵壳;4—吸入接管;5—排出接管;6—泵轴

泵工作时,预先充满在壳内的液体在高速旋转叶轮作用下一起回转,产生一定的离心力而向泵壳四周甩出,并汇集于螺壳,从扩压管(出口)流出。显然,由叶轮中心甩出液体后将造成一定的真空，于是液体在吸入液面压力作用下，从吸水池经滤网，顶开底阀，再经吸入接管进入叶轮中心补充，这就是吸入。只要泵轴能连续均匀回转，离心泵即可连续均匀地吸排液体。

离心泵目前广泛应用于船用水泵、货油泵、压载泵等。

7. 旋涡泵

旋涡泵主要由叶轮、泵体、泵盖等基本部件组成。在泵体和泵盖的侧面和外边缘组成一个与叶轮同心的等截面的环形流道，流道一端与吸入口相连，另一端与排出口相连，隔舌将流道两端及吸、排口有效隔开。

旋涡泵是依靠叶轮旋转使液体产生旋涡运动来吸入和排出液体的。

图 3－3－16 为典型的闭式旋涡泵。

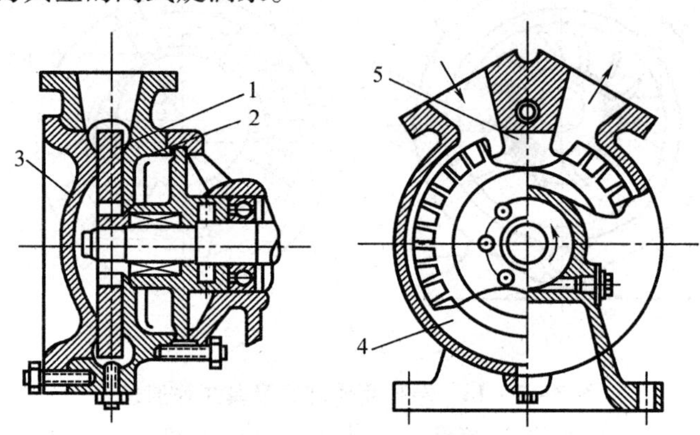

图 3－3－16 闭式旋涡泵

1—叶轮；2—泵体；3—泵盖；4—流道；5—隔舌

闭式旋涡泵采用圆盘形的闭式叶轮，叶轮外缘带有 20～60 个径向短叶片。所谓闭式叶轮是指其叶片部分设有中间隔板（或端盖板），泵体和泵盖以很小的间隙紧贴叶轮，而在它们与叶片相对应的部位则形成等截面的环形流道。

旋涡泵中闭式旋涡泵的效率较高，可达 35%～45%。但闭式旋涡泵一般不能抽送气液混合物，也无自吸能力。

旋涡泵结构简单，质量小，体积小，制造和维修方便。在船上常用于小流量、高扬程、功率较小和需要自吸的输水场合，如锅炉给水泵、压力水柜的给水泵、中小型柴油机的冷却水泵、汽油驳运泵；此外，也可用作小船的消防泵。

8. 喷射泵（图 3－3－17）

喷射泵是利用较高压力的工作流体的能量来引射和输送流体的，无需任何运动部件传递能量，这是与前述的容积式泵和叶轮式泵完全不同的。

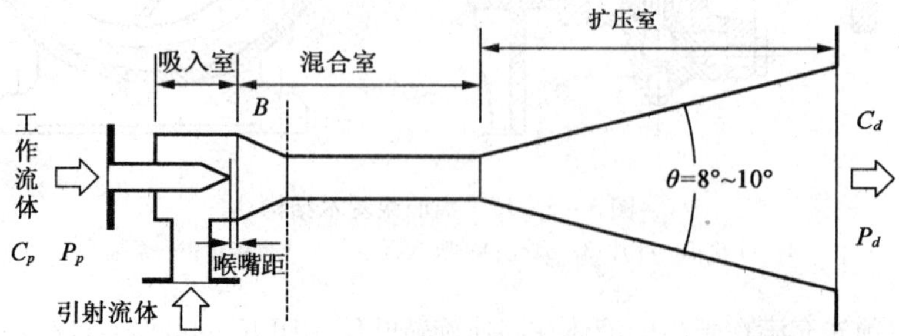

图 3－3－17 喷射泵

喷射泵一般由喷嘴、吸入室、混合室和扩压室组成。其主要是利用高压(0.3～1.5 MPa)工作流体经喷嘴产生25～50 m/s的高速射流(喷);在吸入室形成低压,引射被输送的流体(吸);工作流体裹带被引射流体共同进入混合室进行充分混合与能量交换(混);再经扩压室将动能转换成压力能排出(扩)。

在船上,水喷射泵常用作应急舱底水泵及各种真空泵,例如自吸式离心泵自带的真空引水泵、海水淡化装置冷凝器的真空抽气泵和该装置蒸发器的排污泵等。而蒸汽喷射泵在汽源充足的情况下可用于引射流体流量较大的场合,例如蒸汽动力装置主冷凝器的真空泵等。

(二)气体压送机械

1. 空气压缩机

空气压缩机是用来压缩与输送空气并使之具有较高压力的机械,简称空压机。

在海船上压缩空气主要用于主柴油机的启动、换向和发电柴油机的启动;同时也为需要压缩空气的辅助机械设备(如压力水柜、汽笛、离心泵自吸装置等)和气动工具供气;或在检修工作中用来吹洗零部件、滤器等。柴油机船一般设有2～3台空压机,两个以上有足够容积的压缩空气瓶。空气瓶中的压缩空气,俗称"冷气"。主空气瓶最大工作压力多为3 MPa左右(柴油机启动空气压力一般不应低于1.5 MPa),而其他那些需要较低压力空气的场所则由主气瓶经减压阀供气。此外,通常还设有一台柴油机驱动的微型应急空压机设在机舱外面,作为瘫船时的原始动力。

船用空压机种类很多,图3－3－18所示为典型的CZ60/30型船用空压机。

CZ60/30型船用空压机,转速为750 r/min;额定排压一级为0.64 MPa,二级为3 MPa;额定流量前者为20 m^3/h,后者为60 m^3/h。

CZ60/30型空压机为立式、二级压缩、单列双作用、级差式筒状活塞、封闭型飞溅式润滑、水冷式电动空压机。空气经滤清器,以保持空压机内部清洁并可降低噪声,通过吸气阀2被吸入一级气缸;经压缩后由排气阀5排出至中间冷却器冷却后,再经吸气阀7进入二级气缸,经两级压缩后通过排气阀15排出至后冷却器,经过冷却降温后流至气液分离器10;从气液分离器出来的具有一定压力的洁净的压缩空气被送往贮气瓶以备使用。

电动机通过弹性联轴器带动兼作飞轮的单拐曲轴12旋转,经连杆、活塞销带动活塞在气缸内上下往复运动。活塞上段有6道活塞环,下段有6道活塞环和一道刮油环。在活塞下部以全浮式活塞销与连杆小端轴套相连。第一级吸排气阀装在气缸盖3上,安全阀设在第二级吸入口处,开启压力为0.7 MPa。第二级吸排气阀分别装于气缸中部的左、右阀室内,安全阀装在该级排气阀室出口处,开启压力为3.3 MPa。

2. 船用通风机

机舱内众多机械设备发出大量热量、水蒸气和油气等,致机舱温度升高、空气污浊,不但影响管理人员的健康,而且也妨碍动力设备(如柴油机、电气设备)的正常运转。为此,必须对机舱进行通风换气,把新鲜空气以较高流速的气流送至机舱,并进行合理的排气。

机舱通风主要采用三种方式,即强力通风(机械通风)、自然排风(或者自然通风)、强力抽风。

船舶机舱通风机大都采用立式轴流风机,它既可作为向机舱送风,也可作为由机舱抽风之用。在立式轴流风机机壳内筒装有电动机,电动机借机座上的螺孔与通风机机壳内筒法兰连接,其叶轮直接装在电动机的轴上。图3－3－19所示为轴流通风机结构。

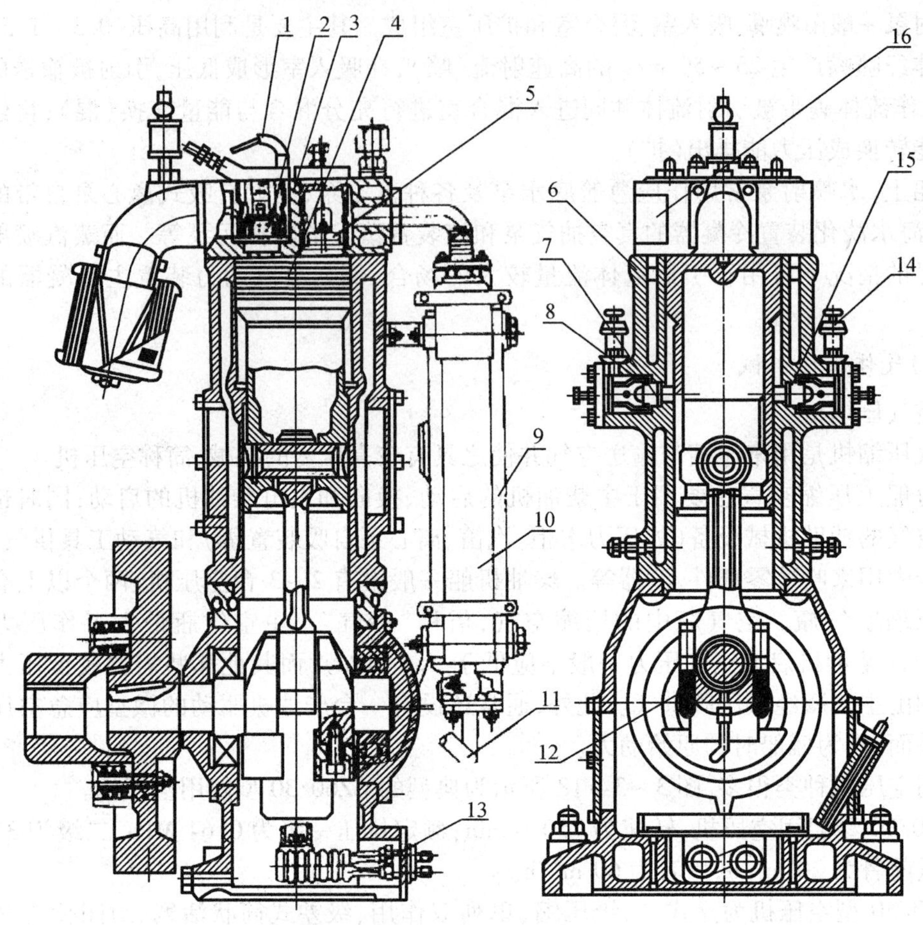

图 3-3-18 CZ60/30 型空压机

1—卸载阀;2—一级吸气阀;3—气缸盖;4—活塞与连杆;5—一级排气阀;6—气缸与曲轴箱;7—二级吸气阀;8—一级安全阀; 9—冷却器; 10—气液分离器;11—管系;12—曲轴与飞轮;13—润滑油冷却器;14—二级安全阀;15—二级排气阀;16—铭牌

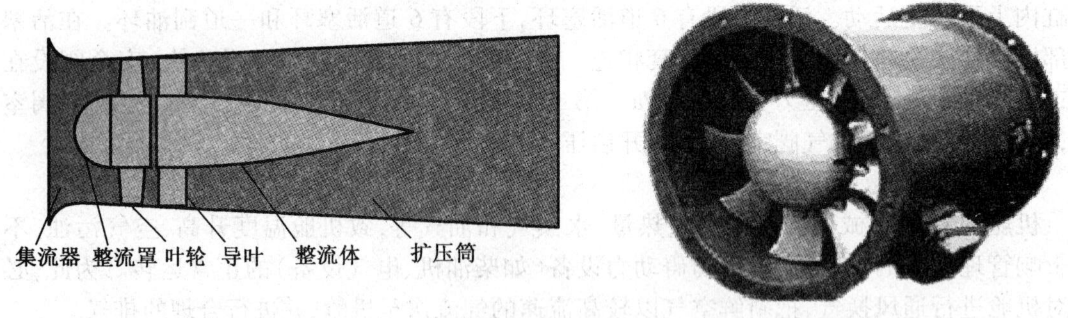

图 3-3-19 轴流通风机结构简图

工作时,转动的叶轮上的叶片借空气动力的作用把气流由吸入端压向排出端,从出口视之,叶轮的转向为顺时针方向。

船用立式轴流风机,主要是由叶轮、电动机、前后机壳、扩压器和整流器组成。

叶轮由叶片、轮盘及衬套组成，叶片和轮盘为铸铝，衬套为铸铁，铸结在轮盘上。电动机装在机壳内筒内，为便于检修，在风机机座壳上的相应部位开有窗口，机壳的进出口均设法兰，以便与通风管连接。

为提高风机效率，在进风口装有整流器，出风口装有扩张器，材料均为玻璃钢。

(三)制冷装置

制冷就是用人为的方法从被冷却对象(物体或空间)中移出热量，使其温度降低到环境温度以下并保持这个低温。

制冷技术在海船上应用于伙食冷库、空气调节、冷藏运输等方面。

船上广泛应用的制冷技术是蒸汽压缩制冷。它是利用液体蒸发(汽化)时吸收汽化潜热的原理来制冷的。图 3-3-20 所示就是这样的装置。

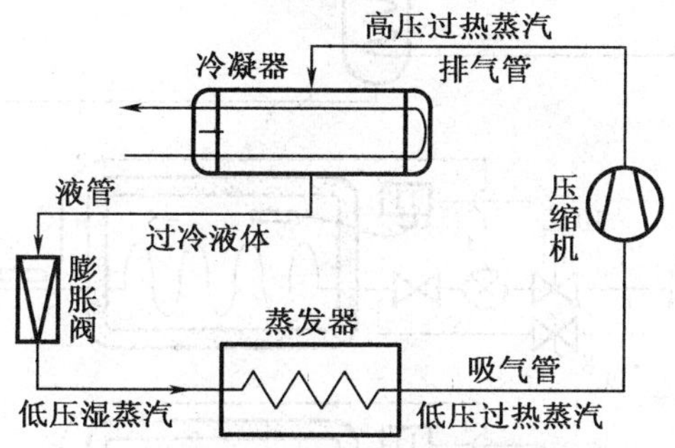

图 3-3-20　蒸汽制冷装置示意图

冷凝器内有一定量的常温高压下的冷剂液体。冷剂液体通过膨胀阀的节流降压作用后流入蒸发器，在蒸发器中流过时不断从盘管外吸收热量而汽化，当流出蒸发器时恰好蒸发完毕。然后由压缩机将冷剂气体抽出，经压缩后成高温高压状态送入冷凝器。冷凝器是一个热交换器。在壳体内的另一空间不断有水或空气流过，将高温高压的气态冷剂冷凝为液体。如此不断循环，冷剂由液态变为气态，又从气态变为液态，不断在蒸发器内吸热，将冷库内的热量移出。

1. 压缩制冷装置

制冷装置基本组成除压缩机、冷凝器、膨胀阀、蒸发器这四个主要元件外，还有相应的辅助元件及一些自动化元件。图 3-3-21 所示为典型的自动化伙食冷库氟利昂制冷装置的典型系统简图。

(1)制冷压缩机

制冷压缩机的功用是将冷剂气体从蒸发器中抽出，经压缩后成高温高压状态送入冷凝器。船舶制冷压缩机常用的是往复式压缩机。制冷压缩机也有螺杆式、滑片式和离心式等几种型式。

往复式压缩机效率较高，制造、管理和维修的经验都较成熟，但因活塞往复运动产生惯性力使其转速的提高受到限制，单机排量大时显得笨重，所以多用于中小规模制冷。

图 3-3-22 所示为典型的 2F10 型往复式压缩机。

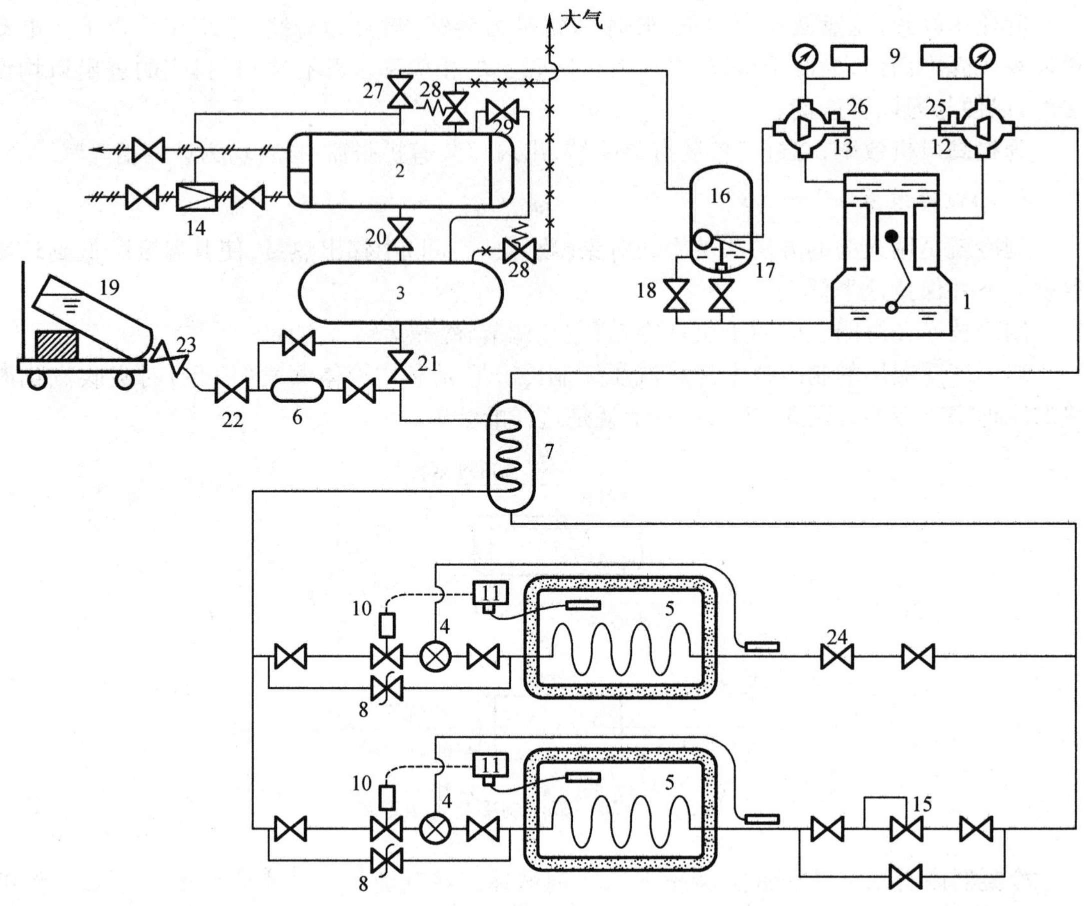

图 3-3-21 船舶伙食冷库氟利昂制冷装置的典型系统简图

1—压缩机;2—冷凝器;3—贮液器;4—热力膨胀阀;5—蒸发器;6—干燥器;7—回热器;8—手动膨胀阀;9—压力继电器;10—电磁阀;11—温度继电器;12—吸入截止阀;13—排出截止阀;14—水量调节阀;15—蒸发压力调节阀;16—滑油分离器;17—浮球式自动回油阀;18—手动回油阀;19—冷剂钢瓶;20—冷凝器出液阀;21—贮液器出液阀;22—充剂阀;23—冷剂钢瓶阀;24—单向阀;25,26—多用通道;27—冷凝器进口;28—安全阀;29—平衡管

(2)冷凝器

冷凝器的功用是将压缩机排出的高温高压气态冷剂冷却并凝结为液态,以便供系统循环使用。

图 3-3-23 所示为典型的船舶卧式壳管水冷式冷凝器。

(3)热力膨胀阀

热力膨胀阀(图 3-3-24)除了对冷剂起节流降压作用外,还能根据蒸发器出口处冷剂气体过热度的大小,自动调节供入蒸发器的制冷剂流量。

(4)蒸发器

蒸发器的功用是让制冷剂在其中蒸发吸热,从而产生制冷效果。

目前船舶伙食冷库中广泛使用的是冷却盘管式蒸发器。它是将蒸发盘管直接敷设于冷库内的墙壁或顶棚,管壁周围空气被冷却降温后密度增大而下沉,引起库内空气自然对流,从而使库内空气和贮藏物受到冷却。

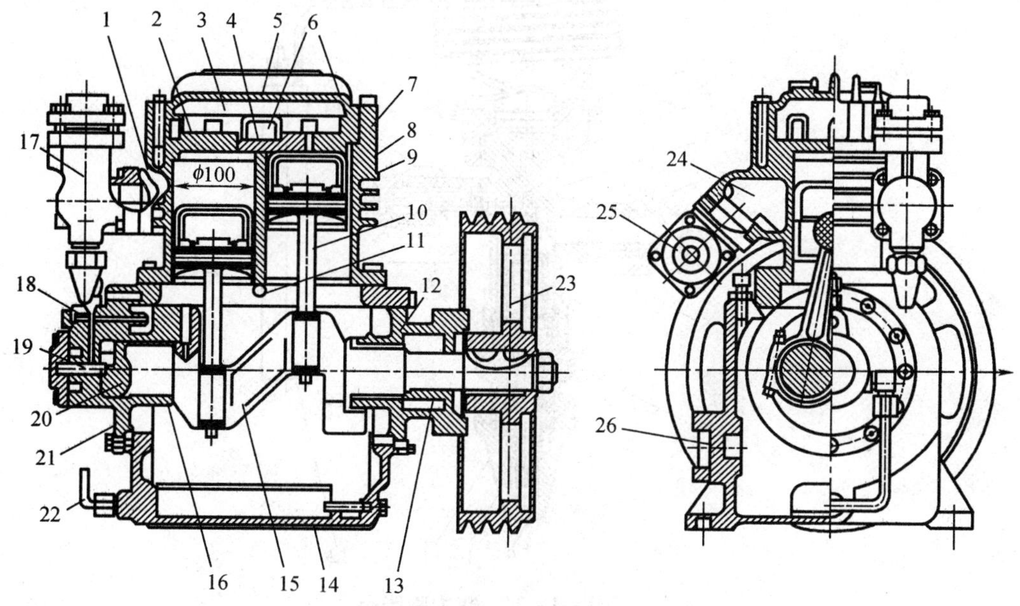

图3-3-22　2F10型压缩机

1—吸气滤网;2—排气阀;3—排气空间;4—阀板;5—缸盖;6—吸气空间;7—吸气阀;8—活塞;9—缸体;10—连杆;11—回油嘴;12—前主轴承座;13—轴封;14—曲柄箱;15—曲轴;16—止推圈;17—吸入截止阀;18—油压调节螺丝;19—油泵;20—油泵传动销;21—后主轴承座;22—滑油泵吸入管;23—皮带轮;24—排气总管;25—排出截止阀;26—视油镜

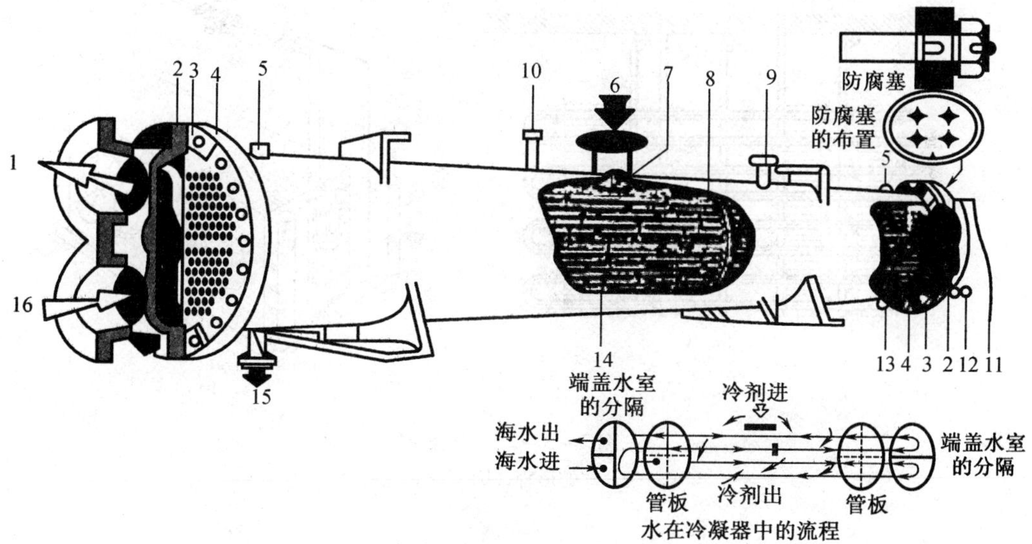

图3-3-23　卧式壳管式冷凝器

1—海水出口;2—端盖;3—垫片;4—管板;5—放空气阀接头;6—气态制冷剂进口;7—挡气板;8—管架;9—平衡管接头;10—安全阀接头;11—水室放气旋塞;12—水室放水旋塞;13—泄放阀接头;14—冷却管;15—液态制冷剂出口;16—海水进口

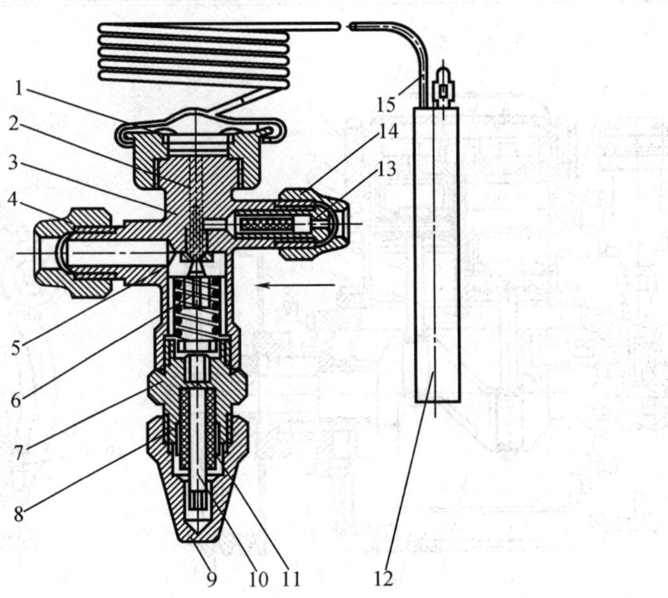

图 3－3－24　热力膨胀阀

1—波纹管(或膜片);2—顶杆;3—阀体;4,14—螺母;5—阀座;6—针阀;7—调节杆座;8—填料;9—帽罩;10—调节杆;11—压盖;12—感温包;13—过滤器;15—传压杆

图 3－3－25 所示为蒸发盘管示意图。

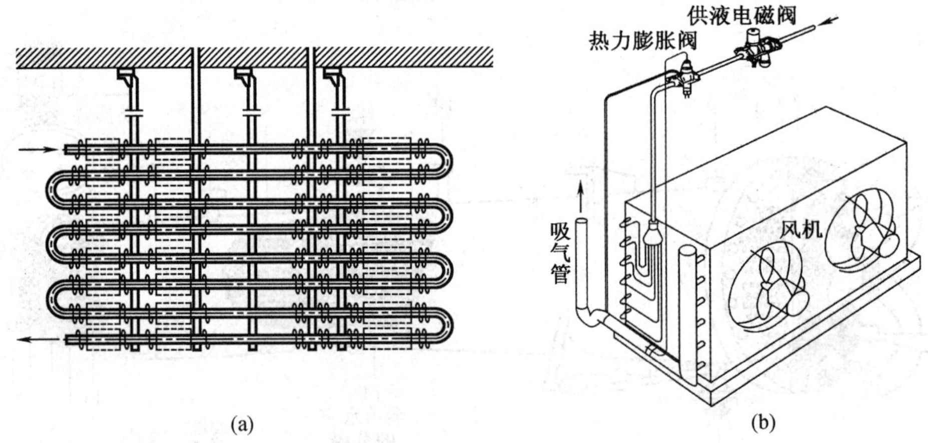

图 3－3－25　蒸发器

(a)绕片式蛇形管;(b)套片式蛇形管

蒸发盘管结构简单,不需要其他辅助设备,因而无附加热负荷。所以直接蒸发盘管在小型伙食冷库中应用较普遍。

(四)船舶空气调节装置

所谓空气调节,就是把经过一定处理之后的空气,以一定方式送入室内,使室内空气满足人们对工作和生活环境舒适的要求。

船舶空调属舒适性空调。室内空气条件应符合以下要求:

①温度　一般人感到舒适的温度条件:冬季为 19 ~ 24 ℃;夏季为 21 ~ 28 ℃。我国船舶

空调舱室设计标准是:冬季室温为 19 ~22 ℃;夏季室温为 24 ~28 ℃。室内各处温差不超过 3 ~5 ℃;夏季室内外温差不超过 6 ~10 ℃。

②湿度 相对湿度在 30% ~70% 的范围内人都不会感到不适。如果湿度太低,人呼吸时会因失水过多而感到口干舌燥;湿度太高,汗液难以蒸发,也不舒服。夏季空调采用冷却除湿法,室内湿度一般控制在 40% ~50%。冬季室内湿度以 30% ~40% 为宜,以便减少送风加湿量,并防止靠外界的舱壁结露。

③清新程度 指空气清洁(少含粉尘和有害气体)和新鲜(有足够的含氧量)的程度。如果只从满足人呼吸对氧气的需要出发,新鲜空气的最低供给量为 2.4 m^3/(h·人)即可。然而要使空气中二氧化碳、烟气等有害气体的浓度在允许的程度以下,则新风量就需达到 30 ~50 m^3/(h·人)。

④气流速度 要求空气能有轻微的流动,以使室内温、湿度均匀和人不感到气闷。室内气流速度以 0.15 ~0.20 m/s 为宜,最大不超过 0.35 m/s,否则人会感到不舒适。舱外气候条件是确定空调负荷大小的重要依据。

1. 船舶空调装置

船舶空调装置一般都将空气经过集中处理再分送到各个舱室,这样的空调装置称为集中式或中央空调装置。有的船舶空调装置能将集中处理后送往各舱室的空气进行分区处理或舱室单独处理,这种称为半集中式空调装置。只有某些特殊舱室,例如机舱集中控制室,才单独设专用的空气调节器,称为独立式空调装置。

(1)中央空调器

中央调节器是集中式和半集中式空调装置对空气进行集中处理的设备。在货船上,通常置于上层甲板后部的专门舱室——空气调节站里;在客船上空调器数目较多,故多分布在全船各处。图 3 -3 -26 示出了空调器的各组成部分及其工作情况。

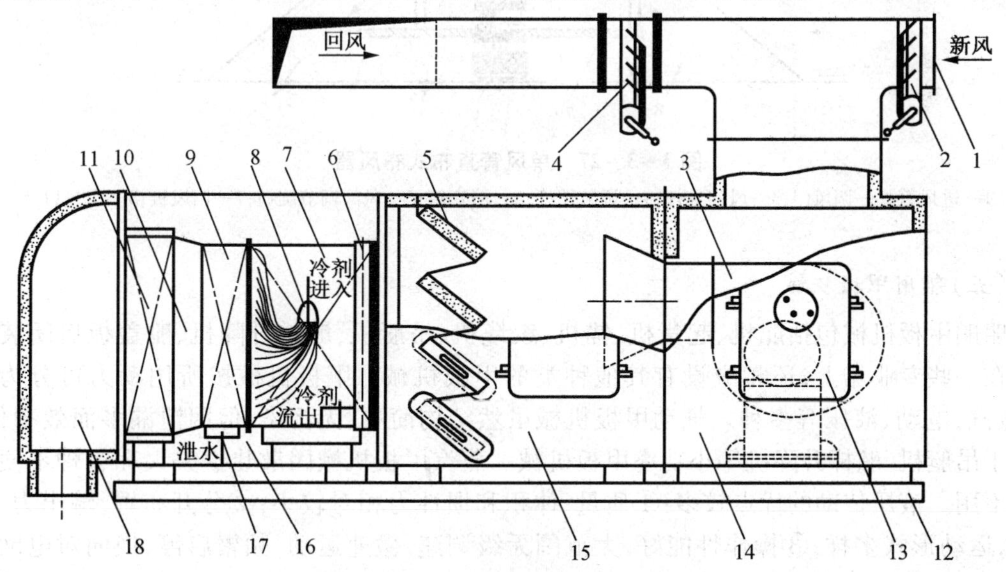

图 3 -3 -26 单风管系统的中央空调器

1—新风进口;2—新风调风门;3—风机;4—回风调节门;5—空气滤器;6—冷剂回气集管;7—空气冷却器;8—冷剂分流器;9—挡水板;10—加湿器;11—空气加热器;12—底架;13—检查门;14—进风混合室;15—消音室;16—空气处理室;17—承水盘;18—送风分配室

新风和回风按比例经新风进口 1 和回风进口被风机 3 吸入，经过风机出口消音室 15 使气流低频噪声消减，通过空气处理器 16 滤除空气中的灰尘，以净化舱室送风，并保持空气换热器表面清洁。

当外界气温高于 25 ℃时，就应使空调装置按降温工况运行，由空气冷却器和挡水板来完成空气的冷却和除湿。结露产生的凝水则沿管外肋片下流，汇集在底部承水盘中，然后沿泄水管排走。

当外界气温低于 15 ℃时，应使空调装置按取暖工况运行，由空气加热器和加湿器完成加热和加湿。

（2）供风设备

供风设备主要有供风管道与布风器。

①风管　供风管一般设于天花板中，由镀锌铁皮制成，表面有隔热层，以防散热与结露，风管的截面有矩形和圆形两种，矩形管占据空间的高度小，常用于中、低速空调系统，圆形管制造、安装和维修相对方便，常用于高速空调系统。

②布风器　舱室的送风是通过布风器送入的，布风器应满足以下要求：能使送风与室内空气很好地混合，使室温均匀；能保持人的活动区内风速适宜；能单独进行调节；阻力和噪声较小；结构紧凑，外形美观，价格较低。图 3－3－27 所示为单风管直布式布风器。

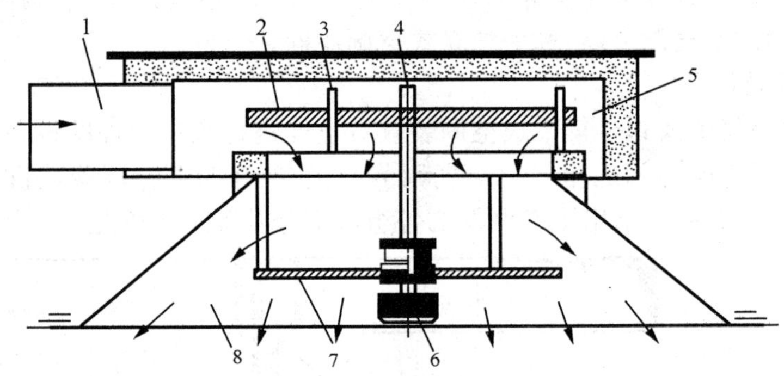

图 3－3－27　单风管直布式布风器

1—进风管；2—调风门；3—风门导杆；4—调节螺杆；5—消音箱；6—风门调节旋钮；7—挡风板；8—出风口

（五）船用甲板机械

船舶甲板机械包括舵机、起货机、锚机、绞缆机、吊艇机、舷梯升降机、舱盖板启闭装置等。在一些专业船上，还相应设有其他种类的甲板机械。甲板机械按所用动力可分为气动、蒸汽、电动、液压等多种。气动甲板机械虽然结构简单、无污染，但因泄漏多而效率低，仅用于吊艇机、舷梯升降机等小功率甲板机械。蒸汽甲板机械因散热损失大和管理不便已基本不用。液压传动的优点较多：①质量、体积和惯性力相对较小；②分开布置，输出力/力矩大，运动形式多样；③操作性能好，大范围无级调速，微速运动，频繁启停、换向对电网的冲击也很小；④启动扭矩可达额定扭矩的 98%，便于带负荷启动；⑤液压油防锈，润滑，抗冲击，吸振；⑥系统设安全阀可实现过载保护。

在现代船舶上液压甲板机械作为电动甲板机械的主要竞争对手，应用日益广泛。

液压传动是根据液压静压力传递原理发展起来的，它是以液体的压力能进行能量与信息传递。

图3－3－28示出一种液压机械的液压系统原理，在实践中被广泛应用。

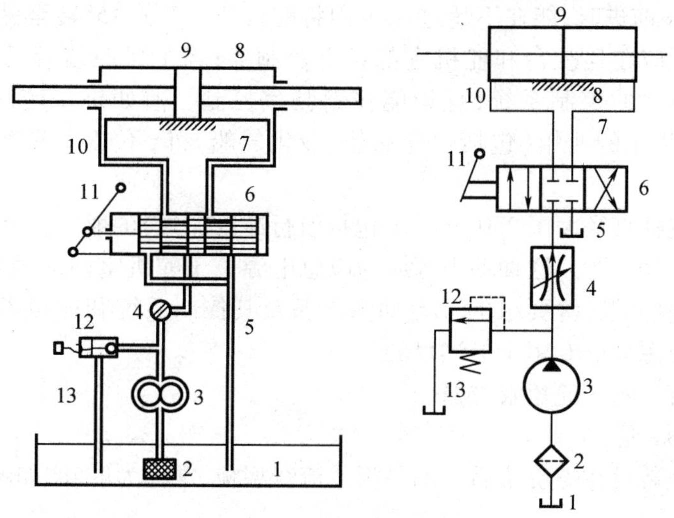

图3－3－28　液压机械的液压系统原理图

1—油箱；2—吸入滤器；3—液压泵；4—可调节流阀；5，13—回油管；6—换向阀；7，10—工作油管；8—油缸；9—活塞；11—手柄；12—溢流阀

从中可以看出液压传动系统是由四个主要部分组成的，即：

①动力元件　液压泵，其功用是将泵的机械能转换为液压油的压力能（液压能）；

②执行元件　液压缸或液压马达，其功用是将液压能转换成机械能以带动工作部件运动；

③控制元件　如方向控制阀（单向阀、换向阀、电液换向阀、低压选择阀、梭阀等）、流量控制阀（节流阀、调速阀等）、压力控制阀（溢流阀、减压阀、顺序阀、平衡阀等），其功用是控制液压系统中的液压油的流动方向、流量大小和压力高低，以满足工作部件的运动方向、速度和所需力的要求；

④辅助元件　如油箱、滤器、蓄能器、油管、压力表、热交换器等。

船用液压甲板机械的液压传动系统的组成形式千变万化，但大体上都是按油液在油泵与油马达（或油缸）之间循环进行能量和信息传递的。

1. 液压舵机

船舶要能迅速、安全到达预定泊位，除依靠主机推进外，还必须具有良好的方向控制。舵机（操舵装置）的功用就是根据驾驶人员的意图来确定船舶在航行中的方向并实现转向，使船舶具有航行所必需的操纵性。

为此，我国《钢质海船入级与建造规范》（1996）根据《国际海上人命安全公约》（SOLAS公约）的规定，舵机必须具备以下基本技术要求：

①必须具有一套主操舵装置和一套辅操舵装置；或主操舵装置有两套以上的动力设备，当其中之一失效时，另一套应能迅速投入工作。

主操舵装置应具有足够的强度并能在船舶处于最深航海吃水，并以最大营运航速前进时将舵自任一舷的35°转至另一舷的35°，并且于相同的条件下自一舷的35°转至另一舷的30°所需的时间不超过28 s。

辅操舵装置应具有足够的强度，且能在船舶处于最深航海吃水，并以最大营运航速的一半但不小于 7 kn 前进时，能在不超过 60 s 内将舵自任一舷的 15°转至另一舷的 15°。

②主操舵装置应在驾驶台和舵机室都设有控制器；当主操舵装置设置两台动力设备时，应设有两套独立的控制系统，且均能在驾驶室控制。但如果采用液压遥控系统，除 10 000 t(载重吨)以上的油船(包括化学品船、液化气船)外，不必设置第二套独立的控制系统。

③对舵柄处舵杆直径大于 230 mm(不包括航行冰区加强)的船应设有能在 45 s 内向操舵装置提供的替代动力源。这种动力源应为应急电源位于舵机室内的独立动力源，其容量至少应能向符合辅操舵装置要求的一台动力设备及其控制系统和舵角指示器提供足够的能源。此独立动力源只准专用于上述目的。

④装置应设有有效的舵角限位器。

(1)舵的工作原理

舵即是垂向地装设在螺旋桨后方的平板或流线型板，常称为舵叶，如图 3-3-29 所示。

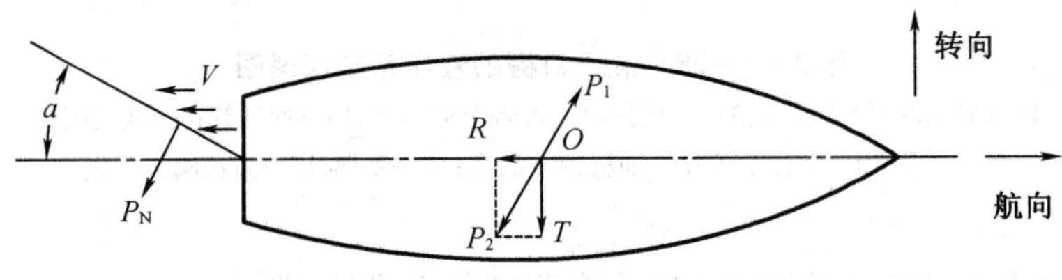

图 3-3-29 转舵原理图

船舶航行时，当舵叶处于正舵(舵角为零)时，舵叶两侧水流压力相等，作用在船体上的力对称，船舶做直线航行。当驾驶台根据需要进行操舵，使舵叶向一舷偏转时，舵和水流之间就会形成某一冲角(称为舵角)，于是在舵面上会产生一法向水压力 P_N。假设在船舶重心 O 处加一对与 P_N 平行且方向相反的两个力 P_1，P_2，且大小与 P_N 相等。那么水压力 P_N 与力 P_2 就形成一对力偶矩，使船舶绕自己的重心回转，称为转船力矩 M_s。另将 P_2 分解为 R 与 T 两个分力，R 使船舶阻力增加，T 使船舶产生横移。此外由于 P_N 与船舶重心 O 并不在同一水平面上，因此船舶在转向的同时也会产生横倾与纵倾现象。显然，要转动舵叶操纵船舶航向，还必须有转舵力矩 M_a。为克服转舵力矩，船上就需设置舵机。

(2)液压舵机系统

目前，船舶几乎都采用液压舵机，只有小型船舶采用电动舵机。液压舵机是利用液体的不可压缩性及流量、流向的可控性来达到操舵目的。

图 3-3-30 为一典型的泵控型液压舵机系统图。

泵控型液压舵机为双向变量泵组成的闭式系统。主要由两套电机-油泵机组、撞杆式转舵机构、远操机构及相应的补油、冷却等辅助系统组成。

对转舵机构尺寸既定的舵机来说，转舵速度取决于油泵流量，所以船舶机动用车时，舵机常采用双泵工作，转舵速度几乎提高了一倍。

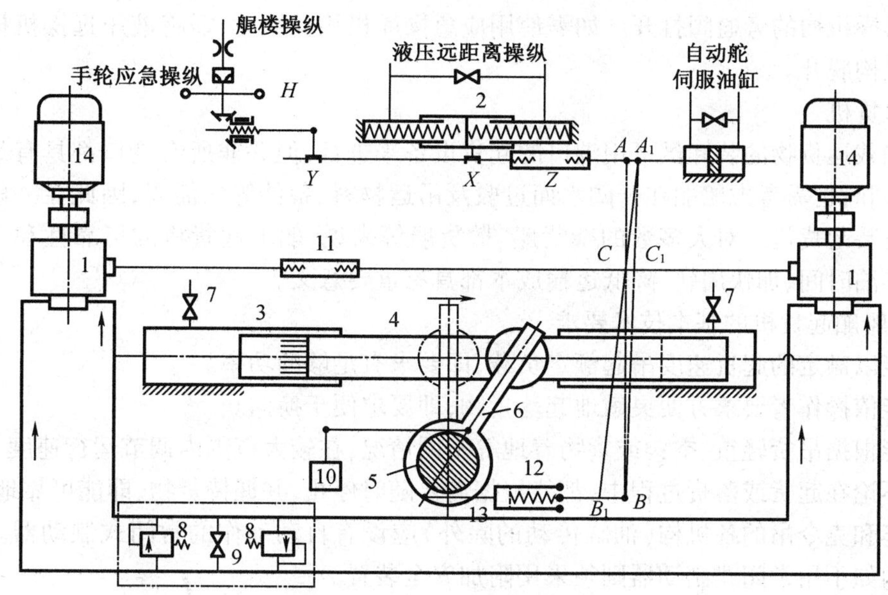

图 3-3-30　泵控型液压舵机

1—变向泵；2—液压远操机构受动器；3—油缸；4—撞杆；5—舵柱；6—舵柄；7—放空气阀；8—防浪阀；9—手动旁通阀；10—舵角指示器；11—调节螺母；12—储存弹簧；13—反馈杆；14—电动机

双向变量油泵 1 设于舵机间，由电动机 14 带动做单向持续运转。油泵的流量和吸排方向则由驾驶台通过液压远操机构 2 或自动操舵系统控制。舵机的转舵机构为双油缸单撞杆转舵机构，中间通过十字头与舵柄相接。当油泵向右侧油缸排油而从左侧油缸吸油时，则撞杆带动舵柄向右摆动，进而带动舵叶偏转。为了保证舵叶转至给定舵角时变量油泵的变量机构恰好回到零流量位置，系统使用三点浮动杠杆式追随机构。操纵点 A 由远操机构控制，B 为追随点，通过杆件及弹簧连接到舵柄上，在舵转动时起反馈追随作用。C 点通过杆件连接于两变量油泵的变量机构。由于 C 点偏离中位的距离受变量泵变量机构最大位移的限制，因此大舵角操舵无法一次完成，这就给操舵者带来不便，同时降低了油泵的效率和转舵速度。为解决这一问题，在 B 点与舵柄连接杆处中间加一个储存弹簧。由图可见，储存弹簧为一双向受压弹簧。设计时使某一小舵角对应于泵的最大流量。在大舵角操舵时，首先是 A 点移到对应的较小舵角时 C 点位移即对应于泵的最大流量。A 点继续向前移动，C 点不动，B 点开始移动。由于舵柄没有转动，则储存弹簧受压。当舵柄开始转动时，B 点不动，只有储存弹簧恢复到原始状态时 B 点才开始随舵柄的转动而移动，实现反馈追随过程。因而储存弹簧的存在可使大、小舵角时，舵叶均能以较快的速度转舵。

系统中空气可在两侧油缸上的放空气阀 7 驱出。为防止舵叶受海浪冲击使舵杆上负荷过大，在主油路中设置防浪阀 8。当一侧油压超过调定压力时，其中一个防浪阀 8 开启，使两油缸旁通，舵叶相应偏转。由于舵叶偏转主要是由海浪冲击造成的，A 点不动，B 点有一定位移，因而油泵即有流量，很快使舵叶停在原来位置上。系统的旁通阀 9 是在需要时（如充油时）人为地使两缸油路旁通。

此液压舵机系统具有三种操纵方式，即液压远距离操纵、自动舵操纵和手动应急操纵。在使用液压远操机构操纵时，将操纵杆与应急操纵机构连接处 Y 的插销拔掉，将 X 处插销插入，将自动舵伺服油缸旁通阀打开即可。在转成自动舵时，将自动舵油缸旁通阀关闭，再将液压远操机构的旁通阀打开。如需使用应急操舵机构操纵时,需将液压远操机构及自动控操舵机构脱开。

2. 起货机

船舶载运货物的装卸虽可用港口的起货设备来进行,但并非所有港口都具有足够的吊货机械,同时也需考虑船舶在开阔水面过驳及吊运物料、备件等的需要,因此在一般干货船上仍需安装起货机。对大多数的杂货船、散货船等来说,船上起货机的可靠性和工作效率对缩短港泊时间、加快周转、降低运输成本都具有重要意义。

(1)船舶起货机的基本技术要求

①能以额定的起货速度吊起额定负载,即要求有足够的功率。

②能依操作者要求方便灵敏地起落货物,即要求便于换向。

③能根据吊货轻重、空钩或货物着地等不同情况,在较大范围内调节运行速度。

④不论在起货或落货过程中,都能根据需要随时停止,并握持货物,即能可靠地制动。

绞车和克令吊的各机构(油缸传动的除外)应设有自动动作的常闭式制动器。行走和回转机构如不用常闭式制动器则须采用附加安全装置。

(2)典型船用起货机

船用起货机设备有多种,图3-3-31所示为回转式起货设备(克令吊)。

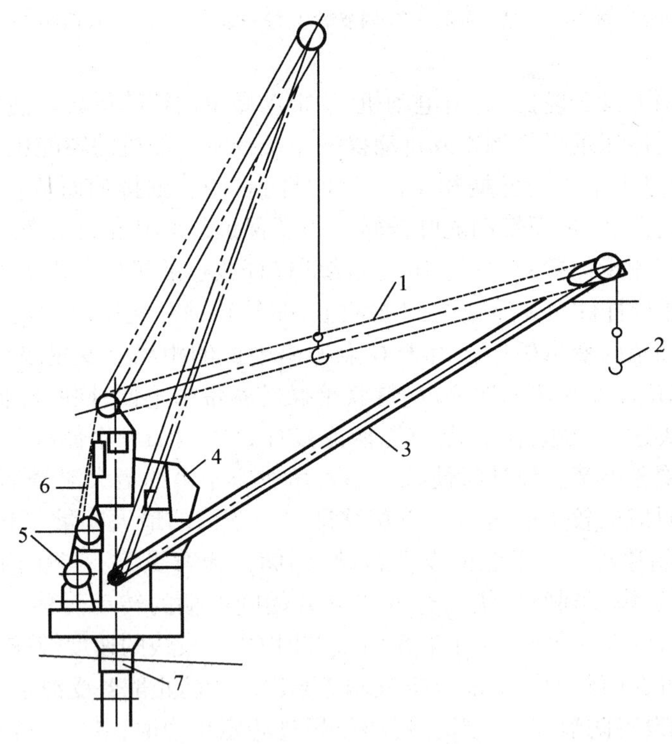

图3-3-31 回转式起货机

1—钢丝绳;2—吊货杆;3—巴杆;4—操纵室;5—油马达;6—回转柱;7—桅杆

回转式起货设备中,起重绞车、变幅绞车、回转绞车以及吊杆和索具等都已被组装在一个共同的回转座台上,作业时所有各组成部分均可随转台一起回转,故习惯上常称之为回转式起货机或克令吊。

克令吊主要由巴杆(吊臂)3、回转柱6、油马达5、吊货钩2、钢丝绳1和操纵室4等组成。

货物的起落靠起货机卷筒卷绕吊货索来完成。吊货索则由起货机卷筒用油马达带动,可实现正转、反转、高速和低速。巴杆的变幅多采用绕卷变幅索的方法来实现(也有利用液压油缸升降柱塞来实现)。变幅索一端固定在变幅索卷筒上,然后在回转柱顶端和巴杆顶端之间折回3~4次,再固定到回转柱顶端或巴杆顶端上。回转机构利用一油马达带动一小齿轮与固定底座上的大齿圈相啮合。当油马达带动小齿轮回转并绕大齿圈滚动时,整个塔架也就绕回转柱回转。与其他吊杆式起货机相比,回转式起货设备有质量小,占地少,操作灵便,装卸效率高,能准确将货物放到货舱各处,并能迅速地投入工作等优点。

3. 锚机

船舶在抵达港口前经常停在港外的锚地。船舶停泊时会承受水流力、风力以及因船舶纵倾和横倾产生的惯性力。要保持船位,就必须使用锚设备。此外锚设备还能够帮助船舶实现紧急制动和迅速靠离码头。

锚设备主要由锚、锚链、锚链器、掣链器和起锚机等组成,如图3-3-32所示。

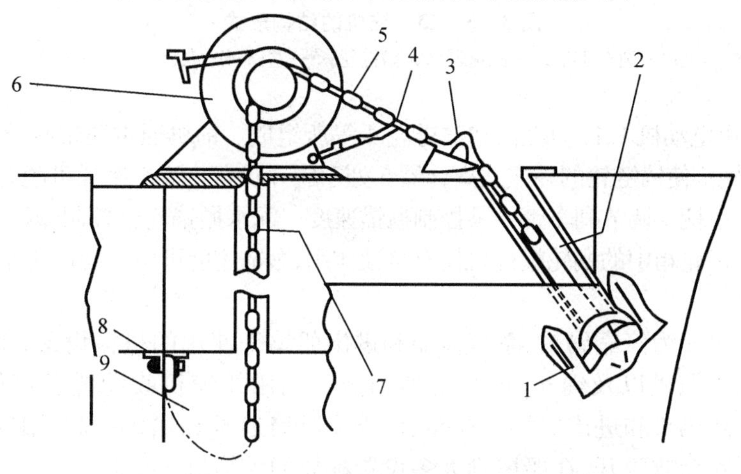

图3-3-32　锚设备的组成

1—锚;2—锚链筒;3—掣链器;4—锚链;5—起锚机;6—锚链管;7—锚链舱

锚置于船头两侧的锚链筒中,锚链与锚上卸扣相连。锚链通过固定在甲板上的掣链器而与锚机的链轮相连,然后经甲板锚链管进入锚链舱。锚链的末端装有一段脱钩链节,其一端与固定在船体上的眼板相连,另一端用滑钩与普通链环相连。为了使整根锚链解下,在锚链与船体连接处尚装有卸扣。当所有锚链放尽时,滑沟应露出在甲板锚链管之上,解开滑沟即可迅速弃掉锚链。

锚设备的核心为锚机,即用以收绞锚和锚链的机械。它主要由原动机、传动机构和锚链轮等组成。由于一般锚机也用于系缆,故也装有系缆卷筒。

锚机应满足下列要求:必须有独立的原动机或电动机驱动;在船上试验时,锚机以平均速度不小于9 m/min将1只锚从水深82.5 m处(3节锚链入水)拉起至27.5 m处(1节锚链入水);在满足以上规定的平均速度和工作负载时,应能连续工作30 min,能在过载拉力(不小于工作负载的1.5倍)作用下连续工作2 min,此时不提速度要求;链轮与驱动轴之间应装有离合器。

整体式电动锚机典型的结构如图3-3-33所示。

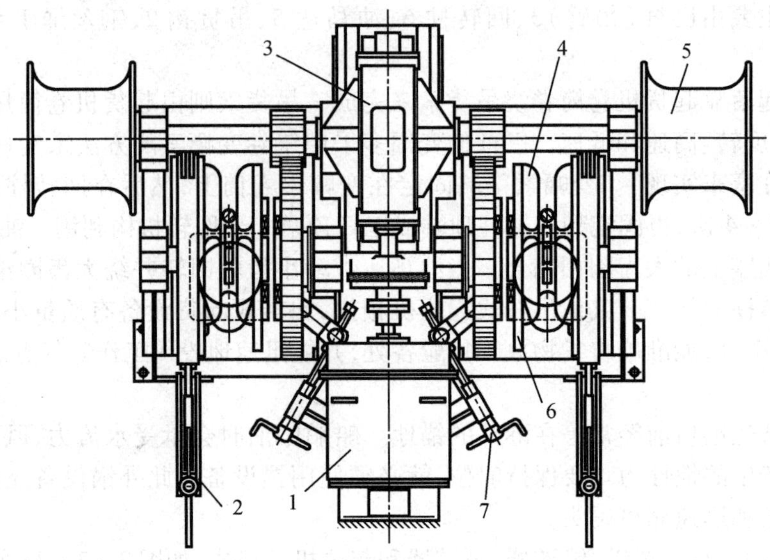

图 3－3－33 锚机的结构形式

1—电动机;2—刹车手柄;3—减速器;4—锚链轮; 5—卷筒;6—离合器;7—离合器手柄

其结构主要由电动机 1、传动机构和锚链轮 4 等所组成。锚机通常还带有绞缆卷筒 5,当用于绞缆时可借手柄 7 使锚链轮的牙嵌式离合器 6 处于脱开状态。浅水抛锚可脱开离合器靠锚链自重进行,用刹车手柄 2 调节刹车带松紧控制抛锚速度。深水抛锚为了控制抛锚速度,可将离合器合上,由于减速齿轮箱中的蜗轮蜗杆机构有自锁作用,抛锚速度可由原动机转速来控制。

4. 绞缆机

系缆设备是船舶为停靠码头、系带他船和进出船坞等使用的机械设备,主要由系缆索、带缆桩、导缆孔、绞缆机以及绳车、碰垫等所组成。利用绞缆机收绞缆索可使船舶停靠码头、系带浮筒、靠离码头和进出船坞。在船首,绞缆卷筒通常和锚机一起,用同一动力驱动,并可通过离合器啮合或脱开,在船尾则大多设置独立的绞缆机。

对绞缆机的基本要求是,应能保证船舶在受到 6 级风以下作用时仍能系住船舶。其拉力大小应该根据船舶的尺寸,按《钢质海船入级与建造规范》所推荐的数字选取。绞缆速度一般为 15 ~ 30 m/min,最大可达 50 m/min,达到额定拉力时速度取下限值。

图 3－3－34 所示为变量泵式自动绞缆机工作原理图。

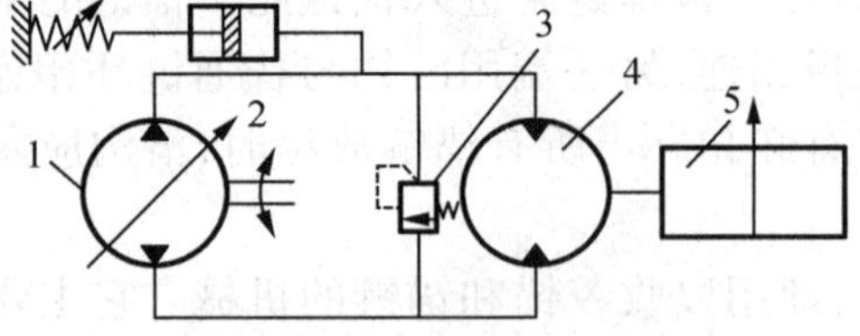

图 3－3－34 变量泵式自动绞缆机工作原理图

1—变量油泵;2—压力伺服器;3—压力调节阀;4—油马达;5—卷筒

这种系统中,可以由压力伺服器控制的变量泵与一个压力调节阀组成自动系缆系统,系统工作压力越高,压力伺服器控制油泵的排量越小。因此,当收缆时,缆索张力越大,油马达的转速越低,在最大收卷缆索张力下,油马达停止转动,并保持缆索的长度不变。当缆索受外界影响而松弛时，油压降低，油泵排量增大，油马达进行收缆，油压越低，收缆速度越快；当缆索张紧时，张力增大使压力调节阀开启溢流，油马达则反转放缆，所受张力越大，放缆速度越快。随着缆索的放出，张力得到缓解，直至降低到调定张力时，重新达到平衡，油马达停止转动并保持缆索不变。

（六）船用辅锅炉

锅炉是将水加热，使之产生蒸汽的装置。作为船舶动力装置的重要组成部分，锅炉在船舶中有着十分广泛的应用。锅炉的作用也随着船舶主机的型式和种类的不同而有所变化。在蒸汽动力装置船舶中，产生过热蒸汽用以推进船舶前进的锅炉称为主锅炉。而在现代柴油机船舶动力装置中，锅炉产生的饱和蒸汽用于加热燃油、滑油、主机暖缸和满足日常生活取暖、蒸饭、加热水等，有些用来制造淡水，这样用途的锅炉称为辅锅炉。一般柴油机干货船装一台压力为0.5～1.0 MPa、蒸发量不超过2.5 t/h的小型燃油辅锅炉。在油船和客船上，特别是大型油轮，因用汽量较大，通常装两台压力不超过2 MPa、蒸发量较大（20 t/h以上）的燃油辅锅炉。

船用辅锅炉的型式很多，图3－3－35所示为典型的立式横烟管燃油锅炉。

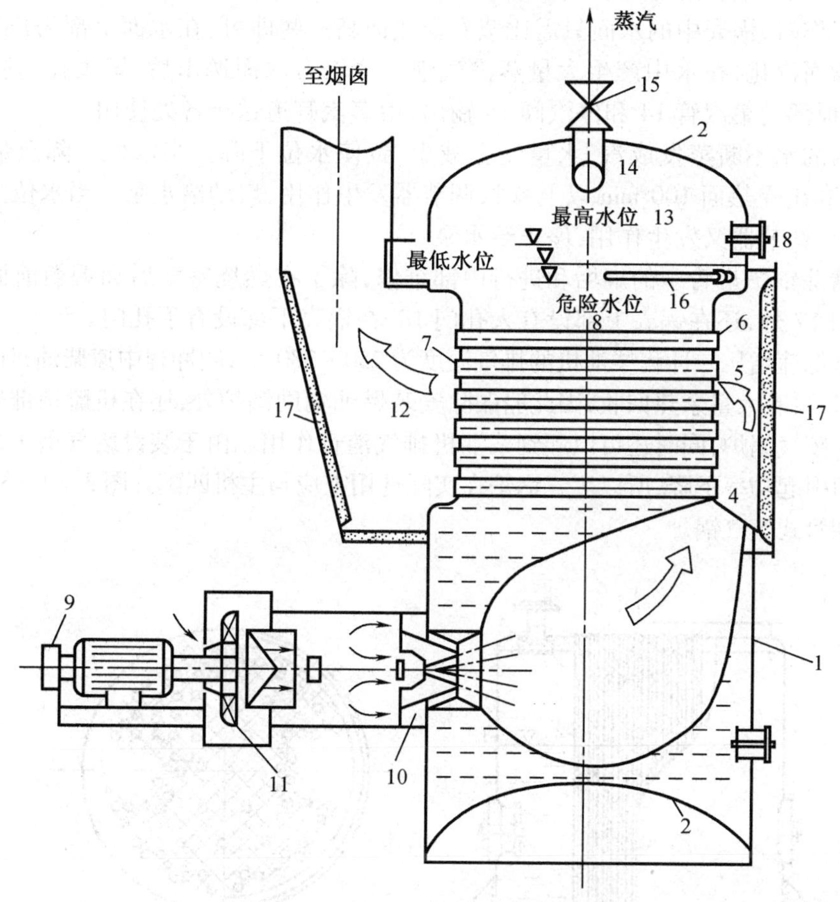

图3－3－35　立式横烟管燃油锅炉

1—锅壳；2—封头；3—炉胆；4—出烟口；5—燃烧室；6—后管板；7—前管板；8—烟管；9—电动油泵；10—燃烧器；11—鼓风机；12—烟箱；13—汽空间；14—集汽管；15—停汽阀；16—内给水管；17—检查门；18—人孔门

锅炉整体结构为一个直立的圆筒形锅壳1，由20G或15G卷制焊接而成。为能较好地承受内部蒸汽压力,其顶部和底部均为椭圆形封头2。在锅壳中的下部设有一由钢板压成的球形炉胆3,炉胆顶部靠后有一圆形出烟口4,与上面的方形燃烧室5相通。在燃烧室5与烟箱12之间,设有管板6和7,两管板之间装有数百根水平烟管8。烟管与管板采用扩接或焊接相连。

炉胆和烟管将整个锅壳内部分成两个互相隔绝的空间,其里面是烟气,而外面则充满着水。燃油和空气分别由喷油嘴和鼓风机送入炉膛。油被点着后,在炉胆内燃烧,未燃完的油和烟气经出烟口向上流至燃烧室继续燃烧,然后顺烟管流至烟箱,最后从烟囱排入大气。烟管锅炉中的炉胆、燃烧室和烟管都是蒸发受热面,只是烟管部分虽占锅炉总受热面积的90%,但其传热效果较差,传热量不到总量的一半,一般蒸发率仅为25~40 $kg/m^2 \cdot h$,而炉胆和燃烧室仅占整个锅炉受热面的10%左右,但其传给炉水的热量却占总吸热量的一半以上。这是因为该处烟气温度为1 300~1 400 ℃,炉胆受火焰直接辐射,传热十分强烈,炉壁温度较高,所以是火管锅炉最易损坏的部位。而烟气管的传热方式以对流为主,属于对流受热面。烟气在烟管中流动时,其温度在进口处为600~700 ℃,流入烟箱时已降为300 ℃左右,以致烟气与炉水之间的温度差不是很大,又由于烟气在烟管内沿纵向流动,流速也小,因此烟气对烟管的对流换热效果不佳。

锅炉在工作时,锅壳中的水面只需比蒸发受热面高一些即可,在水面上部为汽空间13。炉水吸热沸腾而汽化,在水中产生大量蒸汽气泡。蒸汽自水面逸出后,聚集在锅壳上部的汽空间中,经顶部的集汽管14和停汽阀15输出,由蒸汽管道送至各处使用。

由于炉内的水不断蒸发成汽,水量便会减少,致使水位下降。当水位下降至最低工作水位(至少应高出受热面100 mm以上)时,调节器发生作用,启动给水泵。当水位上升到最高工作水位时,调节器又发生作用,停止给水泵。

为便于清除锅炉烟管中的烟垢和进行内部维修,除了在燃烧室背后和烟箱前面都有可开启的检查门17外,还在锅壳上部设有人孔门18,在锅壳下部设有手孔门。

一般大型低速增压二冲程柴油机的排气温度为250~380 ℃,四冲程中速柴油机的排气温度可达400 ℃,具有大量余热回收,因此船舶除安装燃油辅助锅炉外,还在机舱顶部柴油机排气管中安装了废气锅炉,同时还可以起到柴油机排气消音作用。由于装设废气锅炉后会增加主机的背压而引起功率下降,所以废气锅炉在实际选用上应与主机匹配。图3-3-36所示为典型的立式烟管式废气锅炉。

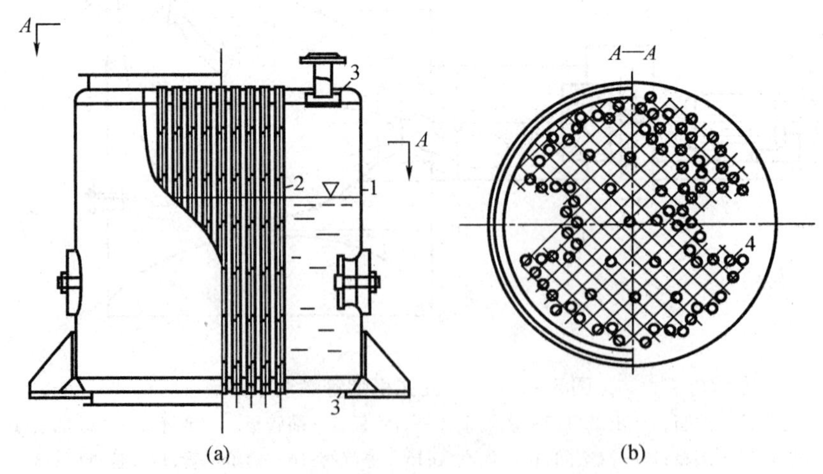

图3-3-36 立式烟管式废气锅炉

1—锅壳;2—烟管;3—封头;4—牵头

(七)油水净化和防污染装置

船舶动力装置所用的燃油和滑油含有水分和固体杂质,将严重影响柴油机的运转和使用寿命。因此对油类必须进行净化处理。燃、滑油净化处理的方法有三种,即过滤器过滤(只能净化油中粗粒杂质,故只作为辅助净化之用)、重力沉淀(虽能将水和杂质分离出来,但速度慢,历时长,在船舶摇摆时净化质量无法保证)、分油机分离净化(净化程度高,速度快,受船舶摇摆影响小)。

1. 分油机

船用分油机类型很多,以离心式分油机为主。

离心式分油机实际上是一种加速沉淀设备。对于混有杂质的油料,在离心力场中实现油、水和杂质的沉淀要比在重力场中沉淀的速度、效率大数千倍,其沉淀净化的质量也更高。这种分油机的核心部件是分离筒,净化油料的作用主要由它完成。把油料送入转速达6 000 r/min以上的高速旋转的分离筒内,由于油料随容器一起高速旋转,且转筒的转速愈高,则油、水和杂质的分离就愈彻底,效率也愈高。正由于离心分油机油料分离量大,分离质量高,所以已被船舶广泛采用,为船舶必备的辅助设备。

为净化含水和杂质不同的油料,分油机的工作有分水机和分杂机之分。净化含有大量水分(大于2%)和少量杂质(小于0.03%)的油料时,分油机可装成以除水为主的分水机;净化含有大量杂质(大于0.2%)和少量水分(小于0.3%)的油料时,可装成分杂机。当含有大量水分和大量杂质的油料时,可先经分水机清除油中的水分和大颗粒杂质,然后用分杂机清除油中较小颗粒杂质。对于使用轻柴油机的小型船舶,分油机一般按分水机工作。

分水装置就是将分离机的分离筒组装成能除去污油中水分和大的固体杂质的一种分离装置。在盘架距外边缘约1/3径向长度的地方有一圈分配孔,这一圈孔正好与分离盘上的分配孔相对,含水分的油料就是从分离筒底部经由这些分配孔进入分离盘之间实现分离。大颗粒杂质和水滴在进入分离盘空间后,立即在离心力作用下被甩向外边;部分杂质和水滴被油料液流带向转轴中心,经过分油盘空间后,沿分离盘的下表面被分离出来;干净的燃油则沿分离盘的间隙流至转轴中心处,再由净油排出口流出分离筒。这样在高速旋转的分离筒中,由于油和水的密度不同,油和水分层时有一个油水分界面,分界面以内的空间为被油占据,分界面以外的空间为水和杂质。随着油料的不断送入,油、水经各自的通道分别被引出分油机,污渣则被留在分离筒内。通过分油机的排渣操作,经排渣口排出污渣及少量水,从而达到油料净化的目的。

以除去污油中杂质为主的分离筒装置称为分杂装置。因盘架的底部为无孔的分杂下盘,这样被分离的油料只能绕过分离盘架外边缘进入上面的各分离盘之间。由于外边缘半径较大,离心力亦大,分离效果可提高2% ~3%。这种装置不加水封水,亦不存在油水分界面,在颈盖上部环形槽内必须装上分杂密封圈,以防油料从出水口排出。

2. 船舶海水淡化装置

船舶每天都需要消耗相当数量的淡水,以满足船员、旅客和动力装置的需要。一般淡水含盐量应在1 000 mg/L以下。远洋船舶设有海水淡化装置(俗称造水机),可以减少向港口购买淡水的费用,并增强船舶的续航能力。

目前,海水淡化的方法主要有蒸馏法、电渗析法、反渗透法和冷冻法等。船用海水淡化绝大多数采用蒸馏法。

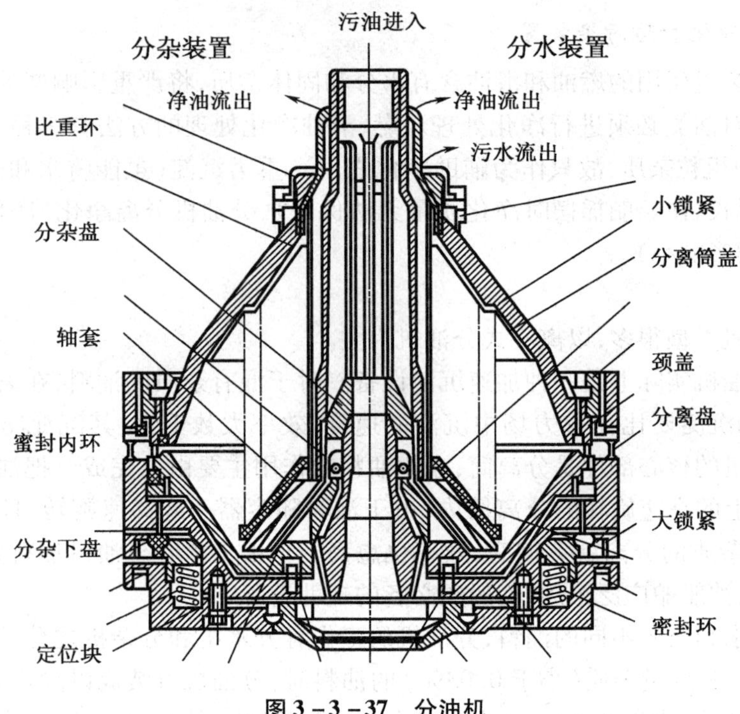

图 3-3-37　分油机

(1)蒸馏式海水淡化装置

船用蒸馏式海水淡化装置一般都采用真空式,即海水的蒸发和水蒸气的冷凝都在高真空度下进行。因为真空度高则水的沸点低,便于利用船舶动力装置的废热,目前的海水淡化装置真空度皆大于 80%,沸点不高于 60 ℃。可利用柴油机的缸套冷却水作加热介质,以海水作冷却介质使产生的蒸汽冷凝。另外,保持较低的加热温度能使换热面上结垢减少并便于清除。

图 3-3-38 示出带竖蒸发器的真空沸腾式海水淡化装置的系统实例。

在蒸发器管板的上方设有拱形的汽水分离挡板 20,飞溅的盐水在碰撞挡板后即会返落下来。而蒸汽则绕过挡板继续向上,再通过波纹板汽水分离器 13,除去蒸汽所夹带的大部分水珠,从上部进入冷凝器。冷凝水经出口 33 被凝水泵抽走,不凝性气体则经空气抽出口 15 由水射真空泵抽除。

整个装置配有供水、加热、冷却、排盐、抽气和凝水(淡水)等系统。

海水自舷外由海水泵 10 吸入,一小部分经减压阀 14 和给水流量计 13 进入蒸发器,供生产淡水用,其流量由给水调节阀 15 调节。其余海水则用作真空泵 12 和排盐泵 11 的工作水,工作水压一般不应低于 0.35 ~0.4 MPa。在喷射泵抽吸管上装有止回阀 31,以防止喷射泵失去抽力时,海水倒灌。在喷射泵排出管上设有止回阀,用以在泵停止工作时防止海水倒灌。

加热介质由主机缸套冷却水系统来,其流量由加热水调节阀 2 调节。冷凝器冷却水系统大多与主机的冷却海水系统串联,冷却水量由阀 8 调节。

装置所产淡水由凝水泵 16 抽出,经淡水流量计 21 排入淡水舱柜。凝水泵位置较低,以造成必要的流注高度。为防止空气漏入泵内,泵的轴封处设有水封环。凝水泵吸入口上有通冷凝器汽空间平衡管 17,使泵内的存气能及时排入冷凝器,从而防止失吸。

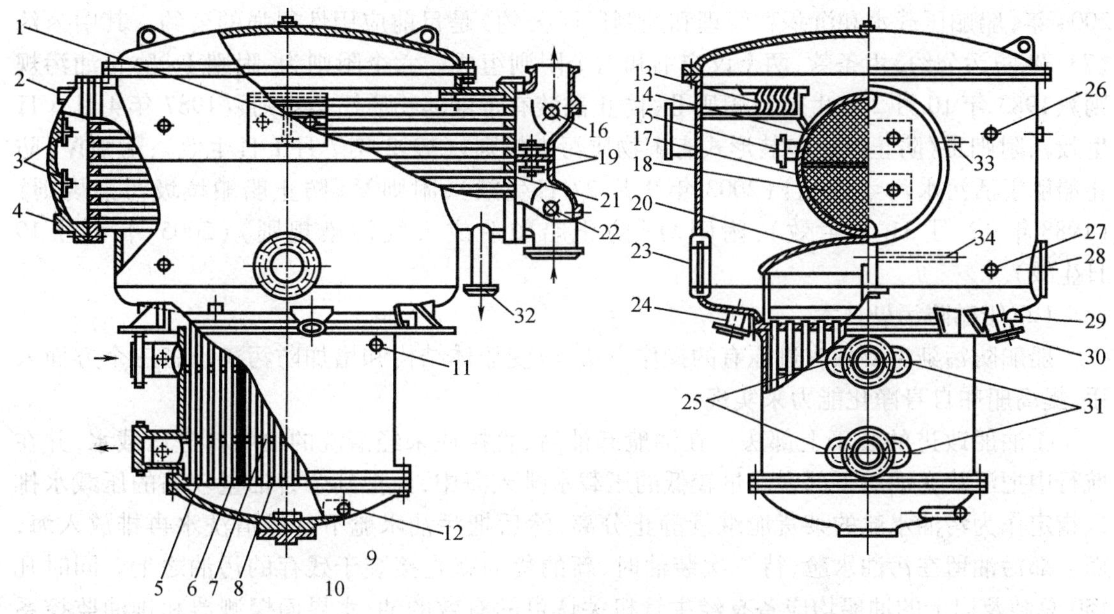

图3-3-38　带竖管蒸发器的真空沸腾式蒸馏器

1,16,22,31—温度计坐标;2,11—放气旋塞接头;3,9,19—防蚀锌块;4—放水旋塞;5—蒸发器传热管;6—隔水板的定位套管;7—隔水板;8—管板;10—泄水阀接头;12—给水进口;13—汽水分离器;14—冷凝器管束;15—空气抽出口;17—挡板;18—空气冷却管束;20—汽水分离挡板;21—冷凝器管板;23,28—观察窗;24—排盐口;25—压力表接头;26—真空表接头;27—真空破坏阀接头;29,32—盐水水位计接头;30—不合格凝水回流口;33—凝水出口;34,35—凝水水位计接头

凝水泵排、吸口间设有回流管,并在管上装有盐度传感器19,当凝水的含盐量超过盐度计所调定的报警值时,报警系统就会发出声、光报警。同时回流电磁阀20通电开启,不合格淡水重新流回蒸馏器中,与此同时凝水泵排出压力降低,止回阀30随之关闭,凝水也就停止输往淡水舱。

3.防污染装置

随着航运业的发展,海洋环境日趋恶化,污染日益严重。船舶污染物的控制是目前航运界主要考虑的问题之一。所谓船舶防污染是指:严格控制和预防船舶的各种有害物质的排放和意外泄漏;防止船舶在正常营运和事故中给海洋带来污染。

污染物质可以分为两大类:油性和非油性的有害物质。船舶对海洋污染的途径,包括操作性排放和事故性排放。

船舶对海洋污染的特点:污染物种类繁多且成分复杂;污染持续时间长,危害大;污染范围广。

显然,海洋污染是不分国界的,是国际性的危害。为了保护海洋环境,防止污染损害,一系列国际性、区域性和各沿海国关于防止船舶污染海洋的公约、协议和法规相继制定、修订、生效和实施,而且随着海洋污染的日趋严重和公众环保意识的不断增强,这些强制性防污法规越来越齐全,标准越来越高,执行也越来越严格。其中最权威的当数《73/78 防污公约》。

(1)船舶防污染的有关公约和法规

经1978年议定书修正的1973年《国际防止船舶造成污染公约》(即 MARPOL73/78)和

2004 年《船舶压载水和沉积物管理和控制国际公约》是目前应用性很强的公约。其中公约《73/78 防污公约》由条款、两个议定书和六个附则组成。六个附则为：附则Ⅰ《防止油污规则》(1983 年 10 月 2 日生效)；附则Ⅱ《防止散装有毒液体物质污染规则》(1987 年 4 月 6 日生效)；附则Ⅲ《防止海运包装形式有害物质污染规则》(1992 年 7 月 1 日生效)；附则Ⅳ《防止船舶生活污水污染规则》(2003 年 9 月 27 日生效)；附则Ⅴ《防止船舶垃圾污染规则》(1988 年 12 月 31 日生效)；附则Ⅵ《防止船舶造成大气污染规则》(2005 年 5 月 19 日生效)。

(2)船舶防污染技术

船舶防污染主要从改进原有的操作方法、改变船体结构和增加防污染设备三个方面入手，提高船舶自身净化能力来实现。

①油船改进的装于上部法　在油舱卸油后，直接往未经清洗的油舱打进压载水，并在航行中把沉淀在油舱下部含油量较低的压载水排入海中，而把其余含油量较高的压载水排入指定作为污油水舱的某货舱继续静止分离，然后把污油水舱下部的清洗水再排放入海，而上部污油留在污油水舱，待下次装油时，新的货油就直接装于残存的污油之上。同时凡 150 总吨及以上的油船均应备有经主管机关认可的有效的油/水界面探测器和排油监控系统等设施的方法称为改进的装于上部法。

②专用压载舱和清洁压载舱　凡载重量在 2 万吨及以上的新原油油船和载重量为 3 万吨及以上的新成品油船，均应设专用压载舱，使压载舱与货油舱及其系统分开。专用压载舱一般采用双重边舱和双层底结构。

清洁压载舱是现有油船替代专用压载舱的一项等效措施。部分货油舱进行彻底清洗后改作压载舱。

③原油洗舱　每艘载重量为 2 万吨及以上的原油油船，均应装有原油洗舱系统，用于清洗货油舱，装有原油洗舱系统的油船，必须设置惰性气体系统(作用是控制含氧量在 8% 以下，方可洗舱)。

④船上自行处理和岸上接收处理的有关方法与技术　污水舱：按规定 400 总吨及以上船舶应设置有足够容量的舱柜，用来接收不能以其他方式处理的残油或油渣。港口接收：为防止船舶造成油污染，许多国家的主要港口都设有污油水接收处理装置。

(3)船舶防污染设备

①油水分离器　必须保证经船用油水分离器分离后的排放水中的含油量达到国际标准；分离出的污油可自动排出分离器；结构简单，体积小，质量小，易于拆洗和检修；在船舶倾斜 22.5°时能保持正常工作。

图 3-3-39 为典型结构的重力-集结(过滤)组合式分离器(CYF 型油水分离器)。

CYF 型油水分离器除采用机械装置实现重力粗分离外，还采用有孔材料的滤器(粗粒化元件、集结元件)。当含油污水通过时，细小的油滴可相互碰撞，使油滴聚合长大后上浮分离。

分离器分离效果：可达到排出污水中含油浓度小于 15 mg/L(可达 10 mg/L)的要求。

图 3-3-40 所示为 ZYF 型真空式油水分离器。

此油水分离器泵设置在分离器排水出口，该泵将分离器内部形式真空，含油污水被吸入到分离器中进行分离，克服了含油污水经泵搅拌容易乳化的缺点。排出污水经泵升压后排出舷外，排油时泵则转换成向分离器中注入清水将污油排至污油舱。

分离器分离效果:可达到排出污水中含油浓度小于 10 mg/L 的要求。

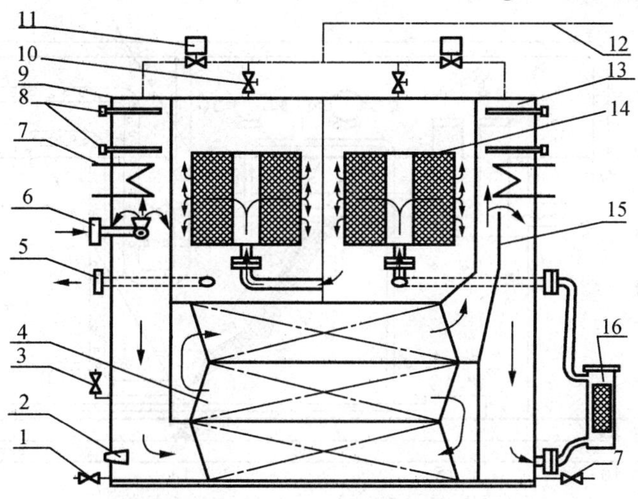

图 3-3-39　CYF 型油水分离器

1,17—泄放阀;2—蒸汽冲洗喷嘴;3—安全阀;4—板式聚结器;5—清洁水排出口;6—油污水进口;7—加热器;8—油位检测器;9,13—集油室;10,11—排油阀;12—污油排出管;14—纤维聚结器;15—隔板;16—细滤器

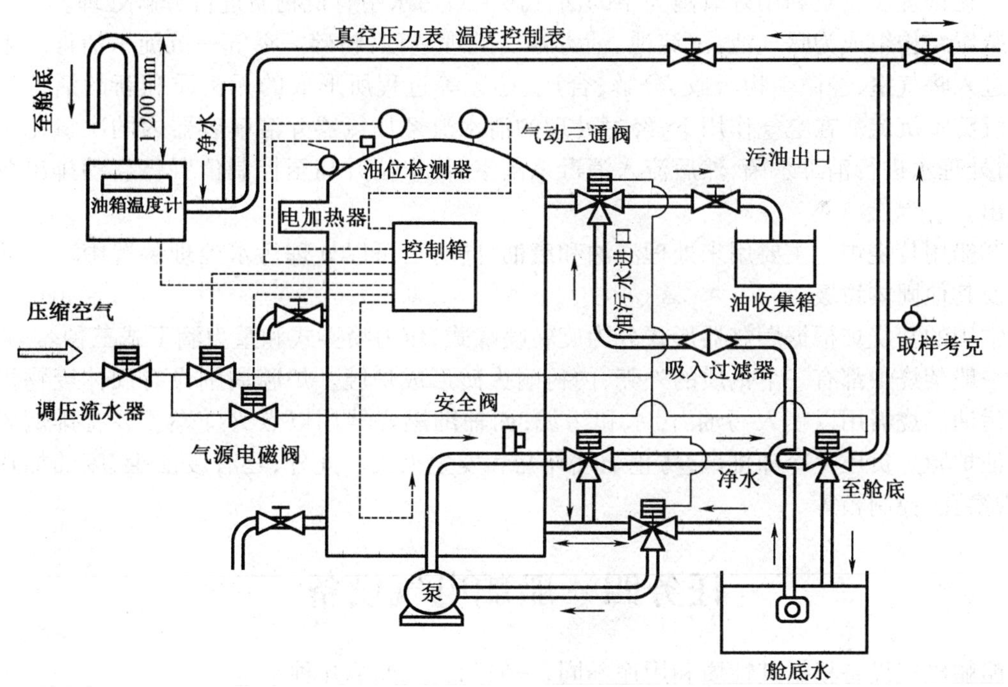

图 3-3-40　ZYF 型油水分离器

②生活污水处理装置　生活污水处理设备基本分两种:一种是收集、储存、集中排放的设备;一种是船上处理后直接排处的设备。

图 3-3-41 所示为典型的生活污水生化处理装置。

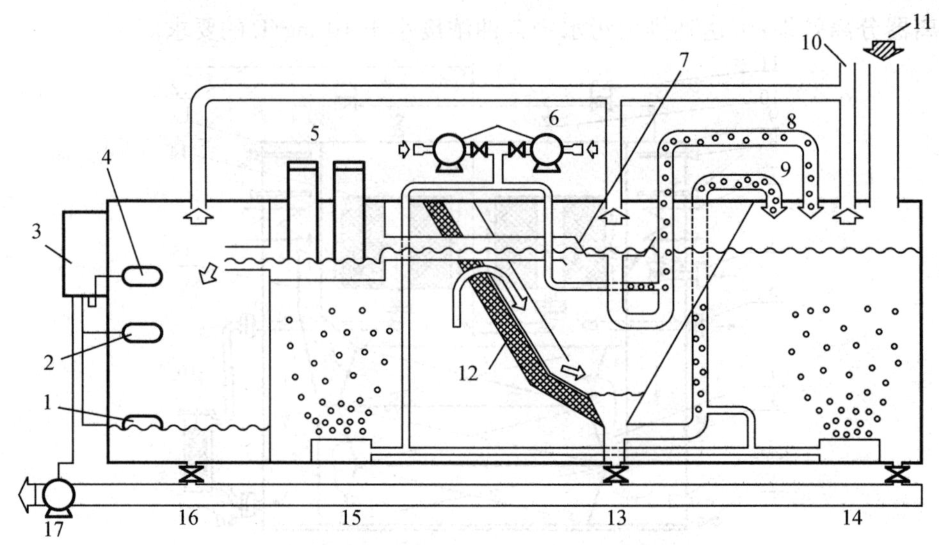

图 3－3－41 生化污水处理装置

1,2—水位浮子开关;3—控制箱;4—反常高水位浮子开关;5—加氯器;6—空气压缩机;7—漂清器;8—浮渣回送盘;9—污泥回送管;10—通气管;11—污水进口;12—过滤网;13—沉淀室;14,15—曝气室;16—消毒杀菌室;17—排出泵

生化处理装置是利用好氧菌为主的活性污泥对污水中有机物质进行分解处理。

装置结构组成为曝气池、沉淀池、消毒池。处理过程:粉碎—曝气—沉淀—消毒。生活污水进入曝气室,经微生物吸收、分解、合成、还原等过程所形成的无机质和新的活性污泥流入沉淀室沉淀。在空气作用下,经过处理的清水流经加氯器并溶解容器内的次氯化钙药片,对处理水进行消毒杀菌,然后流入消毒杀菌室,待水位升高至控制位置将启动排出泵将水排出。

③船用焚烧炉 主要用来处理渣油和废油,同时也可以处理污水处理装置中产生的污泥以及其他固体垃圾。

常用的焚烧炉根据燃烧器形式分为旋转喷嘴式、压力喷雾式和重力滴下式三种。

一般焚烧炉都有一个钢质的外壳,内衬耐火砖形成炉膛。炉膛周围设有固体废物投料口。污油燃烧器用以喷入污油、污水和污泥;而辅助燃烧器用以点火助燃。装有排烟风机以保证炉膛呈负压并冷却排烟,防止烟气外漏和发生火灾。此外,还有废油柜、废油加热装置、观察孔、控制箱等。

任务四 船舶电气设备

船舶电气设备根据其性质和用途不同,一般归类成如下几种系统:

(1)电力系统,是一个由生产、分配、传输和使用电力所构成的整体;

(2)电力拖动系统,是各个独立的电气机械,把电能转换成机械能,拖动工作机械运行;

(3)照明系统,是全船各区域照明和日用电器所组成的系统;

(4)船内通信系统,是各个独立的通信和信号系统,如电话、广播、警铃、火警等;

(5)无线通信和导航系统,是各个独立的对外无线电通信器件和导航设备,如收/发信机、高频电话、电罗经、测深仪和雷达等。

一、船舶电力系统

电力(电能)的生产和使用(消耗)是同时进行的,消耗多少,生产多少。

生产出(发电)的电力必须有选择、有控制地分配(配电),通过导电线路的传输(输电)供给众多的用电设备使用(用电)。发电、配电、输电和用电有机地连成一个整体构成了电力系统,如图 3-4-1 所示。

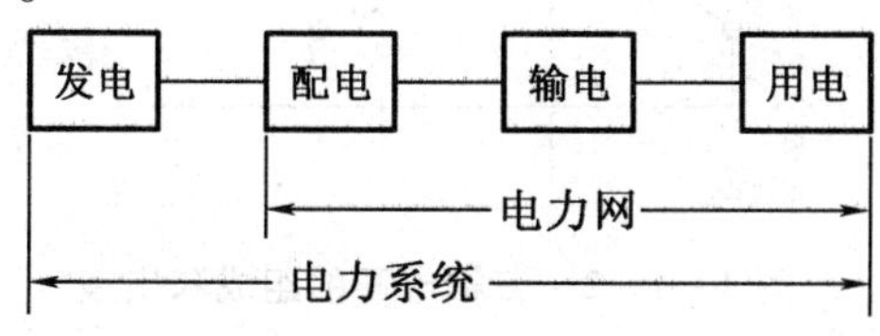

图 3-4-1 电力系统组成

1. 系统参数

(1)电流种类及参数

船舶电站电制由直流电过渡到交流电制。目前无论是民用船舶还是舰艇都采用交流电,水下舰艇采用直流电,随着工业技术的发展也在逐步采用交流电。

船舶电力系统运行的质量指标是电压和频率。一般船舶的电压等级是低压。船舶低压电力系统广泛采用 50 Hz、380 V 或 60 Hz、440 V。

考虑到电气设备配套和泊岸可接用的电源,船舶采用陆地低压电力系统的电气参数。我国采用 50 Hz、380 V。远洋海船要在不同国家港口泊岸,60 Hz、440 V 设备接用 50 Hz、380 V 的电源可以运行,比 50 Hz、380 V 设备接用 60 Hz、440 V 电源运行有利。我国远洋海船的电力系统也采用 60 Hz、440 V 参数。

大型船舶如邮轮(游轮)、集装箱船和液化气船等,工程船舶,钻井平台等,电力系统和设备的功率高。一定的电压等级,电力输送的功率增加,输送的电流也相应增加,输送导线的截面也相应增加。电力输送和设备的制造采用低压等级都有困难,需要升高电压。

目前采用 3 000 V(3 kV)~11 000 V(11 kV)。我国船级社 CCS 称这个电压等级为"高压",有些国家船级社按陆地电力系统标准称为"中压"。目前常见使用的有 6.6 kV、50 Hz 或 60 Hz。

电力系统的电压与用电设备电压是一致的。考虑到输电线路引起的电压下降,低压电力系统的电源(发电机)电压比用电设备的高。陆地规定高 5%,如系统电压为 380 V,发电机电压则为 400 V;系统电压为 440 V,发电机电压则为 460 V。船舶线路比较短,主要设备集中在机舱,离发电机近,电压降较小。现在 380 V 的发电机电压为 390 V;440 V 的发电机电压则为450 V。高压电力系统一般不计及电压降。发电机与系统电压一致。例如用电设备电压为 6.6 kV,系统和发电机电压也都是 6.6 kV。

(2)配电线制

配电线制是指用几根导线配电输电。

交流电力系统由三相电源供电。三相电源可以是三相发电机,也可以是三相变压器。所谓三相电源是指电源设备中有三个电源,三个交流电源的交变在时间上相差 120°(电度),如图 3-4-2 所示。

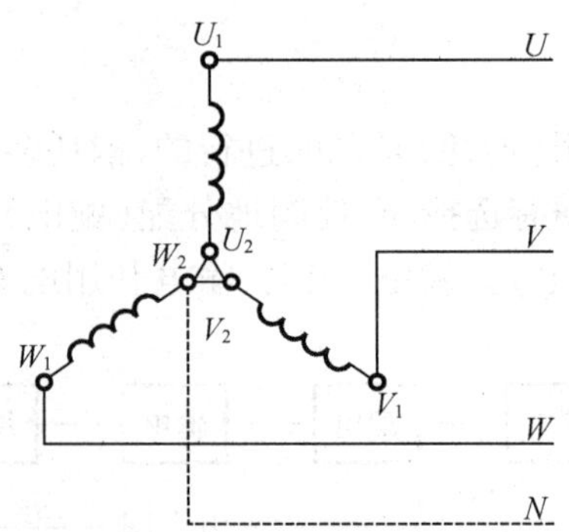

图 3-4-2　三相电源的组成和出线

三个电源是 U_1U_2、V_1V_2 和 W_1W_2。每个电源有 2 根出线端子,1 是首端,2 是尾端。三个电源单独输出供电要出 6 根线。当外部三相负载相等即三相负载平衡时,电源和负载的三个尾端可以分别连在一起。首端的出线称为相线,U、V、W,A、B、C 或 R、S、T,连在一起的尾端称为中点或中性点,出线称为中线 N。

大多数三相负载是三相感应电动机,是平衡三相负载,中线没有电流流过,不需要连接。

三相电源用 3 根线配电传输称为三相三线制。中点不出线,三个电源与"地"即船体之间没有联系、是绝缘的,这种配电系统称为三相三线绝缘系统。船舶低压电力系统基本上都采用这种配电系统。

2. 系统结构

海船低压电力系统的结构如图 3-4-3 所示。它包含三个系统:正常、应急和临时应急。

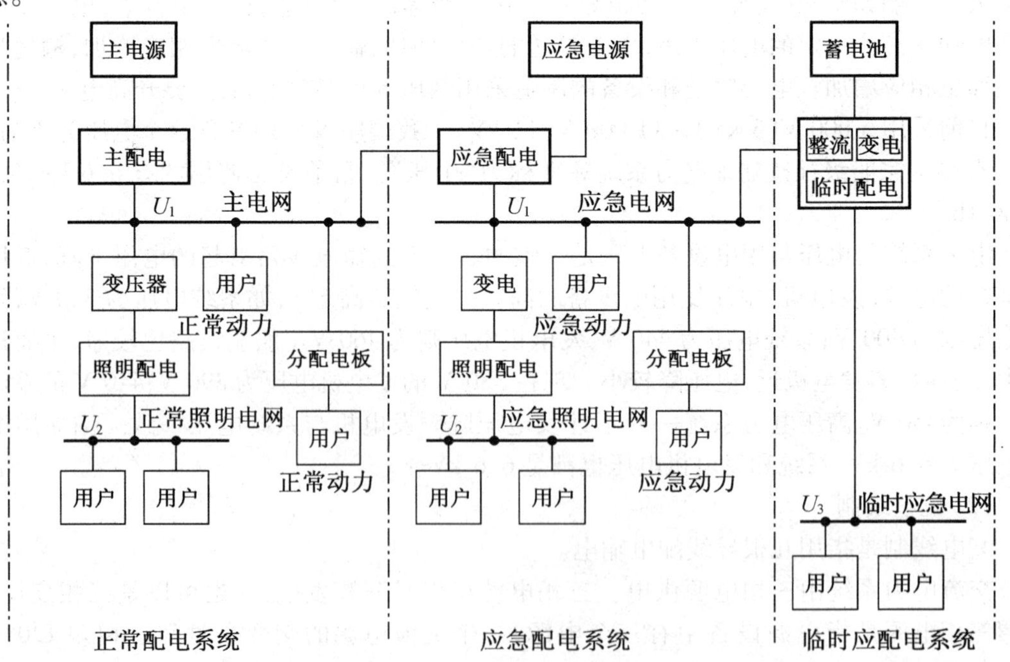

图 3-4-3　低压电力系统结构

正常配电系统由主电源供电。主电源一般为数台发电机,设置在机舱。主电源经主配电控制接入主电网向正常负载配电。由主电网直接供电或通过分配电板间接供电的一般是动力用户(负载)。照明和日用电器用户经变压器降压后供电。

应急电源海船一般是发电机,小型船舶可能是蓄电池。应急电网通过应急配电选择供电的电源。正常情况下由主电源供电,主电源故障的应急情况下由应急电源供电。

蓄电池供电时处于放电状态,无法补充,电能放完则停止供电,在主电源、应急电源都失电的情况下作为临时供电的电源。蓄电池是直流电,用户是直流电用户或可以用直流电的用户。正常情况下应急电网或主电网提供的交流电源,整流成直流电向临时应急电网上的用户供电,同时向蓄电池进行充电,保持充足状态。主、应急电源失电,蓄电池立即向用户供电。

电源与各用户之间通过各种节点(即配电设备)用电缆线路连接起来,构成的网络称为电力网,简称电网,如图3-4-4所示。

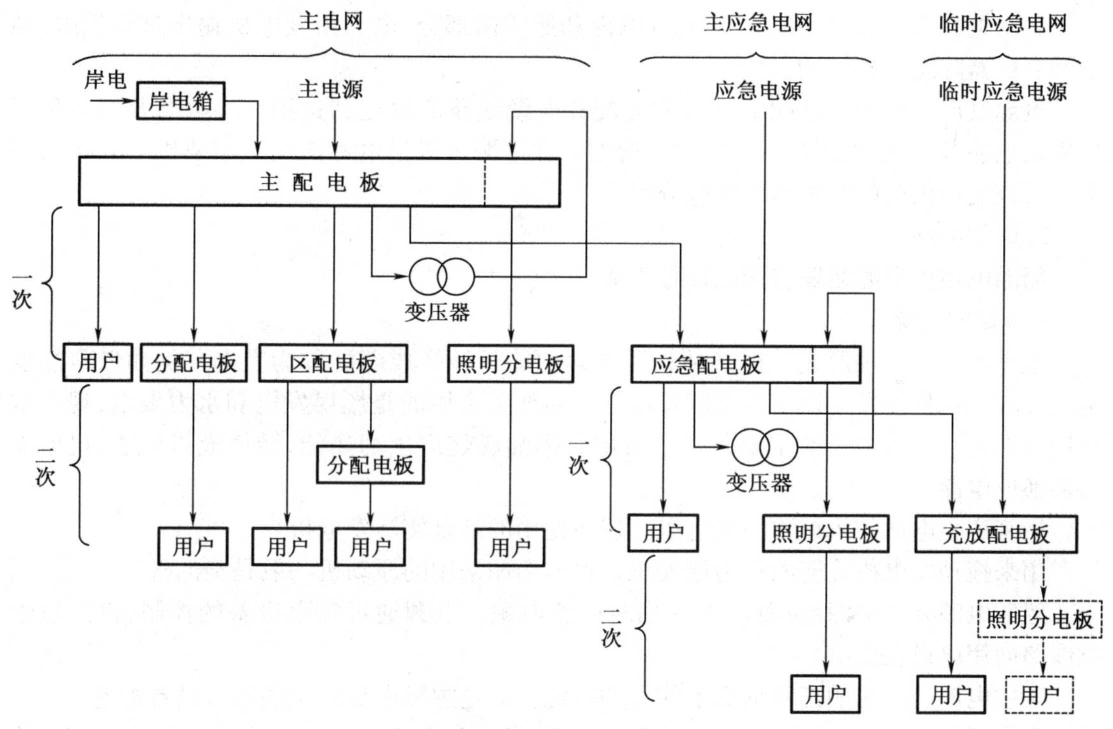

图3-4-4　电力网示意图

按供电电源的不同,电网可分为:

主电网——由主发电机通过主配电板供电的网络;

应急电网——由应急发电机通过应急配电板供电的网络;

临时应急电网——由蓄电池通过蓄电池充放电板用以传输临时应急电能的网络。

为设绘和施工看图方便,习惯上电网按供电方式分为:

一次网络——由主配电板直接向区配电板、分配电板和负载供电的网络,也称为一次系统,一般把由应急配电板直接供电的网络也纳入一次网络;

二次网络——由区配电板或分配电板向负载供电的网络,也称为二次系统。

重要设备、大功率用户、分配电板和区配电板等由主配电板直接供电构成的电网,作为一次网络。分配电板和区配电板供电的用户、区配电板再通过分配电板供电的用户构成的电网,作为二次网络。

实际工作中电网也有按用途分为:

动力网络——船舶电网中向动力设备供电的网络;

照明网络——船舶电网中向照明设备、电风扇及小容量电热设备供电的网络;

弱电网络——船舶电网中向各导航、通信及无线电设备等供电的网络。

船舶电网的分类带有实用和习惯性。例如一次和二次网络的严格定义是,与发动机有电联系的是一次网络;无电联系(只有磁联系)的是二次网络。例如弱电网络从供电来看是分散的。

一次配电系统系指与发电机有电气联系的系统。

二次配电系统系指与发电机无电气联系的系统,例如用双绕组变压器加以隔离的系统。

主配电板和应急配电板的配电有电力和照明两部分,电力由发电机输出直接供电,照明经变压器降压、隔离供电。

电源发出的电能通过配电设备的分配和电缆线路的输送到达用户。电源要向各种用户提供电能,需要根据用户的要求进行分配。在电源可以供电和该用户需要供电时接通开关。对该用户供电的开关称为配电分路。

3. 船舶电站

船舶电站由电源装置与配电设备组成。

(1)船舶电源

电是能源的一种形式。把某种物质所含的能量转换成电能称为发电。例如燃料能发电、水能发电、核能发电以及太阳能发电等。陆地上常用的是燃煤发电和水力发电,现在也采用核能发电。目前船舶主要是燃油发电。燃油燃烧产生的热能,转换成机械能,机械能再转换成电能。

用来产生电能的机械称为发电机。现在使用的都是旋转发电机。

用来拖动发电机旋转的称为原动机。目前船舶采用的原动机一般是柴油机。

船舶电源有主电源、应急电源和临时应急电源。电源通过配电设备的控制,再经过输电线路向用电设备供电。

①主电源　是船舶正常情况下使用的电源。通过主配电板向全船所有设备配电。

主电源是设在主机舱或辅机舱的发动机组,至少设置 2 台。一般商船设置 3 ~ 4 台,称为主发电机。

主发电机较多使用柴油机驱动,所构成的发电装置称为柴油发动机组。

考虑到节能和减轻劳动强度,有的船舶航行时采用由主机附带驱动的发电机。这种发电机的原动机是主机,称为轴带发电机。

另外,航行时利用主机排气驱动汽轮机,汽轮机再驱动发电机,称为废气汽轮(透平)发电机。

轴带发电机和废气透平发电机只能在航行时使用,还需要设置柴油发动机组。

舰船也有采用燃气轮机驱动的发电机。

②应急电源　是在主电源失电的应急情况下使用的电源。通过应急配电板向全船所有应急设备配电。

海船的应急电源一般是设在艇甲板上专用舱室内的柴油发电机组。

不设发电机组的则采用蓄电池。

③临时应急电源　临时应急电源是蓄电池。蓄电池由化学能转换成电能，只要没有耗尽，随时可以使用。不使用时可以充电，把电能转换成化学能，使用（放电）时不能补充电能，使用的时间有限，只能临时使用。

（2）船舶交流发电机

交流电制的船舶都是采用旋转三相交流发电机。它是把机械能转换成电能的机械。交流发电机的外形如图3-4-5所示。

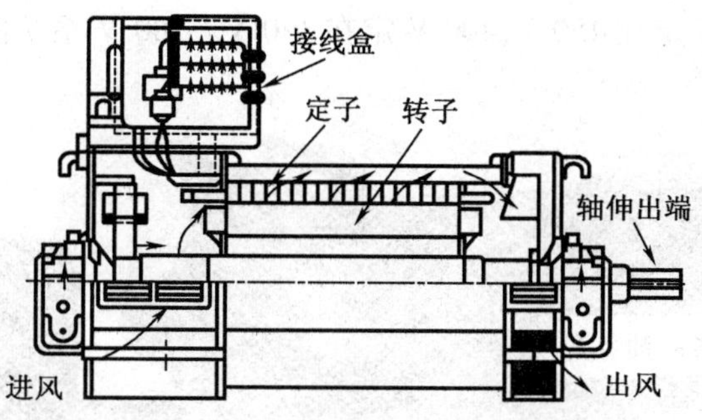

图3-4-5　交流发电机外形图

轴伸出端通过联轴器与原动机连接。发电机负载运行时绕组和铁芯会发热，一般采用自通风冷却。轴上带风扇，旋转时风从尾端吸入，经过内部气隙空间，从轴伸端排出，带走热量。大功率发电机有冷却器，封闭循环冷却。

发电机有两个主要电气部件：磁场绕组（线圈）和电枢绕组，两组绕组相对运动，在电枢绕组中感应出电势——发电。对应的两个机械部件是（转动的）转子和（静止的）定子。磁场的功率一般是发电机功率的1%~5%。电枢电流比磁场电流大得多。因此用于供电的发电机，电枢绕组作为定子，磁场绕组作为转子，称为转场式发电机。磁场由磁极和磁场绕组流过直流电流产生，称为励磁。转子磁极由原动机拖动旋转，旋转的励磁磁场和静止的电枢绕组相对运动，电枢绕组被旋转的磁场切割感应出电势。电枢绕组端子接上负载，在电势的作用下流过电流，形成电压。电枢电流也产生磁场，称为电枢磁场。励磁和电枢磁场相互吸引作用，阻止轴转动，原动机必须增加输入的燃料保持旋转速度。负载消耗电能所做的功由原动机输入的燃料（转换）提供。负载增加，输入燃料增加；相反则减少。即电力的生产和使用是同时进行的。没有负载即空载，原动机的旋转仍需要消耗一定的燃料，补偿各运动部件的风阻和摩擦等损耗。

磁场绕组的电流需要外部励磁电源提供。电流流动必须有导体作为载流体。转子绕组在旋转，导线不能直接与绕组连接，需要通过旋转的滑环和导电的碳刷连接。过去采用这种有碳刷的励磁结构的发电机。

励磁电源也需要能源。一般采用由原动机拖动与（供电）发电机同轴旋转的（励磁）发电机提供。提供励磁电源的发电机称为励磁机。船舶发电机的励磁机现在采用交流发电机，称为交流励磁机。它的结构是：定子是磁场绕组，转子是电枢绕组，称为转枢式发电机。旋转电枢绕组发电，输出通过安装在轴上旋转的整流器变换成直流电，向旋转的磁场绕组通过直流励磁电流。无需碳刷结构，称为无刷发电机。发电机磁场绕组和励磁机电枢绕组在同一根转轴上,在同一壳体内。

主发电机和应急发电机一般都采用柴油发动机组。其外形如图 3-4-6 所示。发电机和柴油机安装在公共机座上。

我们一般所说的电力系统电压与用电设备电压一致。例如 440 V 或 380 V、220 V。发电机是电源,电力传输在输电线路上要产生电压降,用电设备得到的电压比发电机的端电压低。为了保证用电设备的电压在允许范围内,陆地标准规定发电机的额定电压比用电设备高 5%。发电机额定电压是 460 V 或 400 V,照明电压是 230 V。船舶的特殊情况是输电线路短,主要用电设备都集中在离发电机很近的机舱。因此现在有的船舶系统设计把低压发电机额定电压 460 V 定在 450 V,400 V 定在 390 V。380 V 系统的频率是 50 Hz,440 V 系统的频率是 60 Hz。

图 3-4-6 柴油发电机组外形图

(3)蓄电池

蓄电池是化学能源。用电设备使用时蓄电池放电,化学能转换为电能,化学能在使用过程中转换消耗。反过来可以用其他电源向蓄电池充电,补充被消耗的化学能。充电是把其他电源的电能转换为化学能,电能以化学能的形式储存在蓄电池内。蓄电池可以充电、放电反复使用。

(4)主电站

主电站由数台主发电机和主配电板组成,安装在机舱或辅机舱内,如图 3-4-7 所示。

一般商船设 1 个主电站。发电机组的数量主要考虑经济性和备用,一般为 3~4 台。战斗舰船和大型旅游客船考虑到生命力和安全性,设 2 个或以上的主电站。主配电板安装在机舱的集控室内,便于值班操作控制,如图 3-4-8 和图 3-4-9 所示。

(5)应急电站

以发电机为电源的应急电站由应急发电机组和应急配电板组成。一般设置 1 台用蓄电池启动的柴油发电机组。图 3－4－10 所示为应急配电板及连接和布置图。

图 3－4－7　发电机组及主配电板

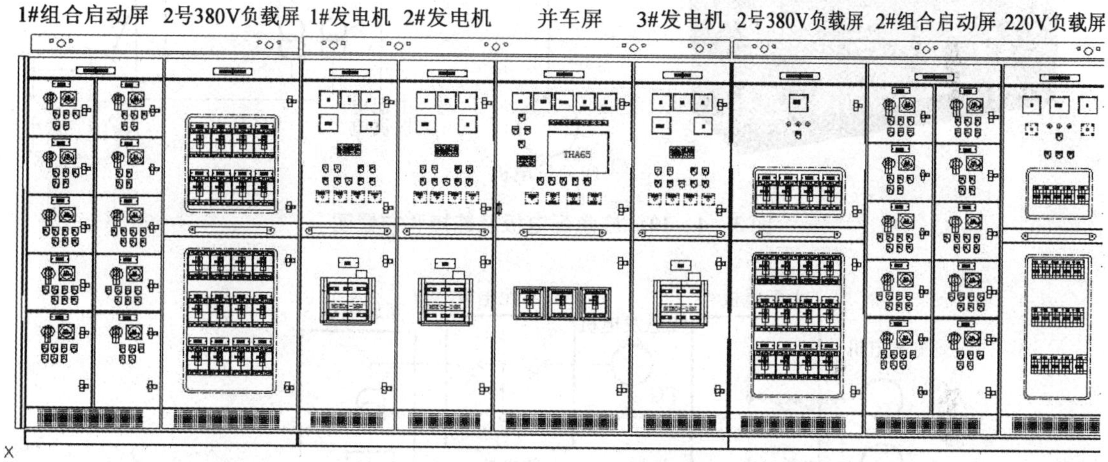

1#组合启动屏　2号380V负载屏　1#发电机　2#发电机　并车屏　3#发电机　2号380V负载屏　2#组合启动屏　220V负载屏

THA65

图 3－4－8　主配电板总布置示意图

图 3－4－9　主配电板

正常时,应急配电板由主配电板的主发电机供电,主电源失电的应急情况下转换由应急发电机供电。海船的应急发电机能在应急情况下自动启动,转换供电。

(6)临时供电装置

蓄电池与充放配电板组合构成供电的电站,但习惯上并不称其为电站,而是称为供电装置。图 3-4-11 所示为临时应急配电系统图。

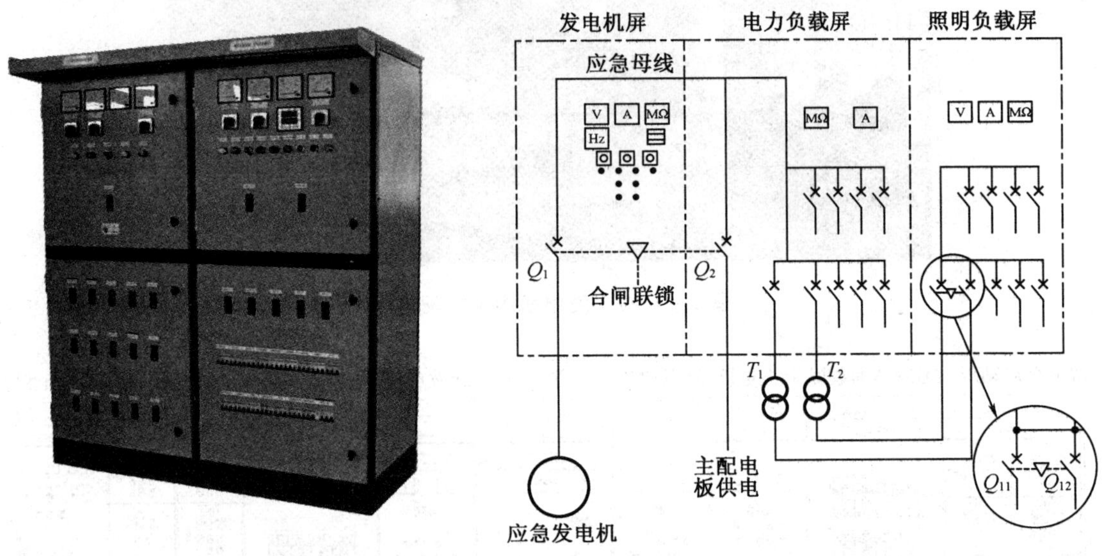

图 3-4-10 应急配电板及连接和布置图

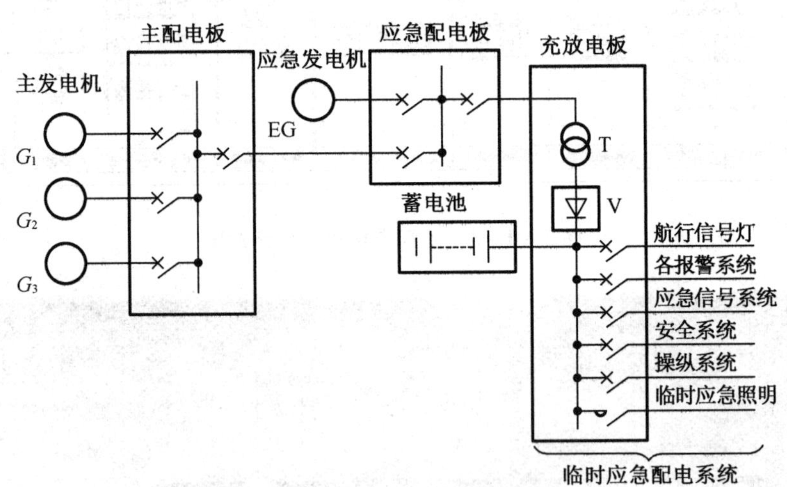

图 3-4-11 临时应急配电系统图

蓄电池使用后要充电,不使用时也要定期进行充、放电。配合蓄电池使用的是充放配电板(或称充放电板)。充放配电板的用户是各安全和报警装置。

典型的充放电板的外形如图 3-4-12 所示。面板上设有操作器件,选择充放电的蓄电池、工作方式、调节电流等;指示仪表指示充电电流、输出电压、充电电压、直流电网绝缘;以及工作指示灯和故障指示灯等。电源开关在板内,需开门操作,负载开关的手柄露出,可在面板上操作。

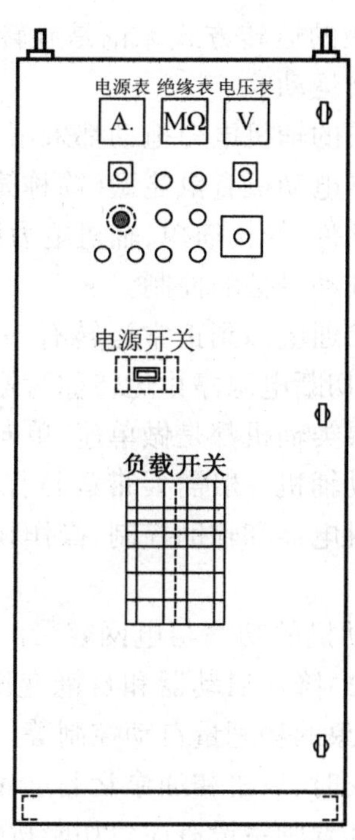

图 3－4－12　充放电板外形图

目前主要使用的蓄电池有酸性蓄电池和碱性蓄电池两大类。酸性蓄电池又称铅酸蓄电池，每个电池的电动势为 2.1 V。碱性蓄电池主要使用镉镍蓄电池。每个电池的电动势为1.25～1.3 V。

现在建造的船舶都采用“免维护”的铅酸蓄电池或镉镍蓄电池。

二、船舶电力拖动系统

以电动机为动力拖动各种工作机械的工作方式，称为电力拖动。

1. 电力拖动的对象

船舶电力拖动的机械对象为船舶辅助机械（船舶辅机）。

目前商船和多用途工作（拖）船一般都配置电力拖动的侧向推进装置。

舰船、工程和特殊用途船舶设置电力拖动的特种机械设备，例如弹药输送机械、防摇鳍、疏浚机械、自动系缆机、钻探机械和水泥输送机等。

船舶推进动力采用电动机，即电力推进也属于电力拖动。

电力拖动系统由电动机、控制设备、传动机构和工作机械组成，如图 3－4－13 所示。

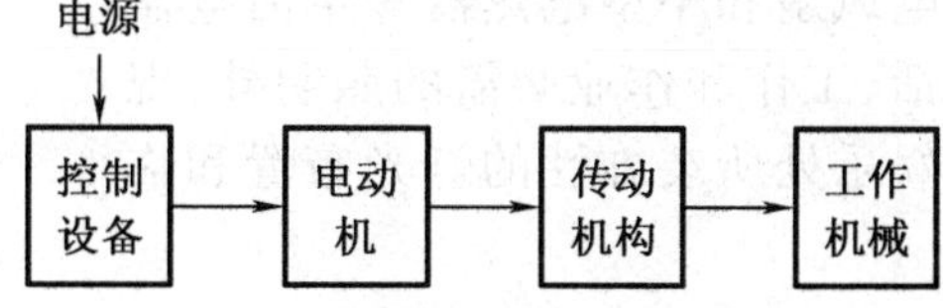

图 3－4－13　电力拖动的组成

电力拖动的动力是电动机。电动机是旋转电机，是实现电能转换为机械能的机械。

工作机械的运转方式无论是旋转、平行移动或上下移动，通过传动机构与电动机的接口总是做旋转运动。

现代船舶的辅机电力拖动都采用三相交流异步电动机。

三相异步电动机有鼠笼型（简称笼型）和绕线型。笼型电动机的转子绕组是短路的，无须接触导电器件，结构简单，辅机电力拖动一般都采用笼型。

2. 电力拖动设备的控制

电动机接通电源到正常运转有一个从静止到运转的启动过程。把电动机接通电源运转称为启动；切断电源停止运转称为停止（或停机）。

风机和泵类辅机都是做单速、单向或可逆连续运转，只有运转和停止两种状态。

船舶电动辅机一般需要带运行保护、遥控或自动控制。采用电磁力动作的接触器，过载保护的热继电器和辅助控制、操作和指示器件组成的控制设备，称为磁力启动器，简称启动器。

根据电动机的功率与电网容量的比例决定应采用的启动方式，启动器有直接启动器、星/三角（Y/Δ）降压启动器和自耦变压器降压启动器。各种启动器可以附加可逆控制、遥控、受拖动对象的物理量自动控制等。

发生火灾时，风机和油泵运行会助长火势扩大，必须切断电源禁止运行。在机舱各层甲板的门口和驾驶室设有应急切断按钮。切断这些设备的配电开关。

电网失电，电动机械设备因断电停止运行。恢复供电后，一般设备不允许自动恢复运行，必须手动逐一启动；为主机服务的重要辅机则按照设定的时间顺序逐一自动启动。

甲板电动机械例如锚机、系缆机和起货（重）机等有专门的控制装置。这些机械操作频繁、速度范围宽，多采用电动－液压控制。电动机驱动液压泵单速、单向运转，所有操作为液压控制。

三、船舶照明系统

船舶照明包括确保航行安全和人员安全的照明、工作处所照明以及生活区域照明等，是船舶航行、作业和船上人员生活的必要条件。船舶都是采用电气照明。

船舶照明除了照亮船内工作舱室、生活舱室和内外走道外，还要提供：船外的照明，例如夜间升降救生艇、攀爬舷梯、靠码头系缆、带浮筒系缆、海上搜寻等都需要比一般照明灯亮得多的光，即强光灯；夜间航行或能见度低的雾天航行，对外显示本船位置和特征的信号灯和航行灯；通过某些特定的水域，该水域特定的信号灯、专用灯、操船灯等。

电气安装工程把舱室电风扇和小型电热器等生活电器都纳入照明系统。除了生活、工作和作业必需的照明外，现代船舶的照明系统还包括娱乐处所装饰性的灯光布置和临时连接的彩灯等。

照明和日用电器是单相负载，电压现在大多采用 220 V。电力系统电压 380 V 或 440 V 通过变压器降压向照明系统供电，图 3－4－14 为信号灯布置示意图。

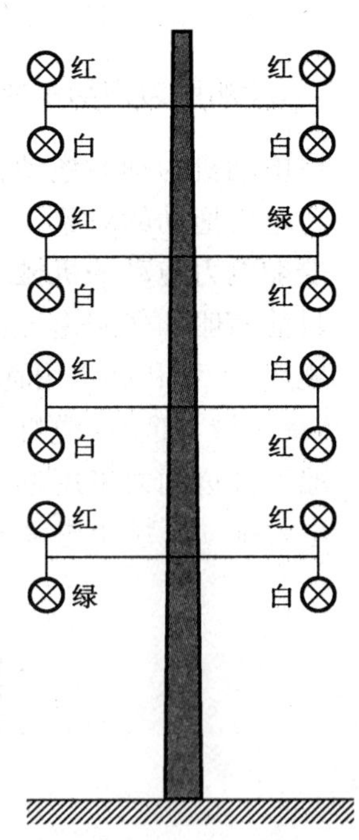

图 3－4－14 信号灯布置

四、船内通信系统

1. 船内通信

(1)电话

船舶电话有两类用途:航行指挥电话和日常工作联系电话。

航行指挥电话是驾驶室(或其他驾驶部位)与各操纵部位之间的指挥联系电话,是重要的通信设备。一般采用人工电话。

日常工作联系电话是各舱室之间日常事务的联系电话。一般采用自动电话。

电话是有线通信,通话一方的音频在送话器中转换成音频电流通过导线传输到另一方的受话器,将音频电流再转换成送话的声音。

电话设备除了实现双方通话还要向对方发出呼叫信号。呼叫信号除必须有声响外,有的还需要光信号。

(2)广播

船舶设有广播站,各工作舱室、居室、内外走道设有扬声器。广播站可以向船员或(客轮)旅客发布通知、播放节目,驾驶室可以有选择地向指定部位发布命令。

广播的主体设备是扩音机(广播机)。扩音机通过话筒输入语音,收音机输入无线电节目,播放机输入录音或唱片节目,放大后输出到各个连接的扬声器发声。

船用扩音机用于指挥调度、向指定的部位喊话、单独广播和集体广播。例如船进出港和靠离码头,驾驶室与船首、船尾需要指挥喊话。扩音机需要能遥控、选择喊话的部位、范围等。

扩音机工作电源主用船电交流 220 V,备用直流 24 V。船电失电自动转换到蓄电池供电。遥控台分别设在驾驶室、驾驶室左右舷、船首和船尾。

(3)传令钟

传令钟也称车钟,是驾驶室用来向机舱传送主机运行命令和机舱向驾驶室回复操作的设备。驾驶室为发送传令钟,机舱为接受传令钟。机舱传令钟安装在集控台上,在主机上的操纵台旁安装复示器。

传令钟有电动(指针)式和灯光式。采用交流电的一般是指针式,直流电的有指针式和灯光式。一般用直流电的灯光传令钟作为备用,称为应急传令钟。

电动传令钟上有发令手柄和回令指针。驾驶室的发令传令钟,发令时扳动手柄转动,在每个指令条(例如停车,完车,前进 1、2、3、4、5 和后退 1、2、3)上可以定位;机舱的回令传令钟的指令指针随发令转动,发令转动到要求的指令条上停止,机舱的指针也停止,轮机员根据指令条操作主机运行到需要的方向和转速上,并扳动手柄回令,驾驶室回令指针随回令转动,在对应位置上停止。传令钟上的手柄与指针不在同一位置,呼叫铃响,在同一位置,铃声停。

驾驶室遥控的主机,主机操纵与传令钟合一。驾驶员操作传令钟到需要的命令位置,主机遥控系统自动操作主机到需要的转向和转速。不使用遥控系统,传令钟只执行传令的功能。

(4)主机转速指示

一般机舱集控台、驾驶室、海图室和轮机长室需要了解主机的转向和转速。转速信号由随主机旋转的转速信号传感器发出,传送到需要指示的部位。

2. 报警系统

(1)通用紧急报警

通用紧急报警也称为总动员警铃,是在紧急情况下向全船船员或客船向旅客或舰艇向舰员发布紧急情况的总动员信号。警铃和警种的声音比广播、喊话更直接,可以更使人警觉。

报警按钮开关安装在驾驶室和消防控制站。警铃或警种安装在机舱、走道、工作舱室等部位。紧急情况以声响长、短组合的编码形式来表示,编码的意义布告全体船员和旅客。例如“弃船”信号用一长七短来表示。

(2)火警报警

火灾是船舶最严重的事故,在海上发生火灾,人员没有可撤退的地方,设备损坏可能影响航行甚至无法航行。探测各部位的火情并及时采取行动特别重要。

火警报警系统是在各可能发生火灾的部位安装火灾探测器,发生火情向火警报警装置发出火警信号。火警报警装置一般安装在驾驶室。面板的报警指示按探测器安装的区域划分,发生火情,装置发出声、光信号,值班人员根据报警区域采取救火措施。

火灾探测器是根据火灾的物理现象,例如发热、发光、冒烟等,用检测热、光或烟的传感器进行探测。常用的有烟雾传感器、火焰(光)探测器和温度(热)探测器。

五、无线通信和导航系统

船舶为了能安全而可靠地航行,必须及时获得有关航区的气象预报和航道、航标等变化的通报。承担客货运输的船舶,需要随时和公司及有关港口取得联络、报告船舶运行的情况并为旅客提供相关的电信服务。特殊用途的船舶如测量船、钻井平台等,需要向岸上及时传送大量数据。在发生海难事故时,更需要及时播报事故的详情和组织救援。无线电通信是实现这些要求的必要手段。

无线电通信是通过天线传播和接收信息。天线是导体,与船体、大地(河水、海水)构成电容。按一定频率交变的电源一端接地,另一端加到天线上时,对地电场形成电流。电流产生磁场。当频率高到一定程度时,交变电磁场会以电磁波的形式向周围空间传播。具有发射、传播特点的高频(率)也称为“射频”。

1. 常规无线电通信

常规无线电通信是指常规的地面无线电通信系统。使用的设备是发射机、接收机、电台、救生通信设备和终端等。其使命是进行遇险报警、援救协调通信、搜救现场指挥通信以及日常的公众通信和业务往来的电信联络等。使用中频、高频和甚高频频段。

2. 救生通信系统

船舶遇险救生工作主要有三个过程:船舶遇险报警过程;与救助船舶通信联络过程;救助船舶搜索救生过程。救生通信系统有紧急无线电示位标和搜救雷达应答器。

3. 卫星通信

在船舶无线电通信中,甚高频通信只适用于近距离(视距)通信;中、短波段通信容量小,传输速率低;由于中、短波电波传播信道不稳定,可靠性和抗干扰性能差,其可通信时间和地区受到限制。为适应现代化航运事业和船舶遇险报警及搜救通信发展的需要,开发了卫星通信系统。

系统由卫星、船舶地球站、海岸地球站、通信网络协调站和运行控制中心组成。

4. 导航系统

导航系统的使命是确保海洋运输船舶及工程船舶的航行安全，准确地引导船舶按预定的航线迅速到达目的地。导航系统有磁罗经、陀螺罗经、计程仪、测深仪、船舶气象仪、无线电测向仪、罗兰导航系统、GPS 卫星导航系统、导航雷达等。

任务五　船 舶 管 系

船舶管路系统简称船舶管系，是指保证船舶航行性能和安全，以及满足船舶正常运行和人员生活需要的管路系统，包括管子及其附件、机械、器具和仪表所组成的整体。

船上的管路纵横交错，遍布全船。一艘万吨级的船舶，其应用的管子一般在万米左右，可见其数量庞大。

无论造船还是修船，都需要对管子进行分类。现代大型船舶上有多达数十种管系，但概括起来，可将各种船舶管系分为以下两大类：

(1)动力管系，又称动力系统，是指为船舶动力装置服务的管路系统。有燃油、润滑油、冷却水、压缩空气、蒸气和排气系统等。

(2)船舶通用管系，又称船舶系统，是指为保证船舶的正常航行和安全以及船员、旅客生活所必需而设置的管路系统。有压载水、舱底水、消防水、日用海淡水、通风和空调系统等。

一、船舶动力管系

1. 燃油系统

燃油系统的主要任务是向主机、副机及锅炉提供数量足够和质量可靠的燃油。

燃油系统主要由燃油舱、沉淀柜、日用柜、驳运泵、调驳阀箱、分油机、粗细滤器、低压输送泵、加热设备及有关的管路和阀件等组成。上述设备按其功能不同主要分为注入、贮存、测量、驳运、净化、供应等几个部分。

(1)注入　在主甲板两舷设有带标准法兰的用以注入的直角截止阀。标准法兰与舷外供油管的法兰对接，可实现预定的注入。

(2)贮存　燃油一般贮存在深油舱或双层底油舱柜中。

(3)驳运　系统中设驳运泵与调驳阀箱，以便将任一油舱柜的燃油驳至沉淀柜，或各油舱柜之间的调驳。驳运泵有轻柴油与重油之分，并可互为替代。

为保证燃油的正常流动，其最低温度应控制在倾点以上，而在船舶使用条件下的温度应高出浊点 3 ~ 5 ℃。

(4)净化　燃油的净化设备有沉淀柜、滤器、分油机等。

(5)供应　燃油供应设备有日用油柜、燃油输送泵、细滤器等。经分油机驳入日用柜的燃油已基本符合燃烧要求，再经燃油输送泵经管路分别输送到主、副机喷油泵和锅炉喷油器处。

对船舶燃油系统的要求是：在船舶横倾 10 ℃、纵倾 7 ℃时仍能正常工作。船用燃油的闪点应不低于 60 ~ 65 ℃(某些应急动力装置用油可不低于 42 ℃)。

2. 润滑油系统

润滑油系统的任务主要是向主、副机运动部件提供足量而洁净的润滑油，并且具有减小摩擦、带走部分热量和洗涤摩擦面及密封、防蚀、减噪等作用。

船用润滑油种类较多，除曲轴箱油、透平油和气缸油外，还包括液压油、冷冻机油、齿轮油等。通常润滑油系统主要是指柴油机曲轴箱油、透平油和气缸油。其中前两种又称为滑油循环系统。它们在甲板上都有各自的注入阀，供装油用。各油品分别贮存在双层底或上层重力油柜中，根据需要选择驳运泵或靠重力注入各自的循环柜或日用柜中。

系统主要由贮存柜、滤器、输送泵、日用柜、注油器等组成。

3. 冷却水系统

冷却水系统的任务是将柴油机运行时内部产生的热量有效地散发出来，以保证柴油机正常连续运行。目前柴油机的冷却方式分强制液体冷却和自然风冷两种，绝大多数柴油机使用前者。在柴油机强制液体冷却系统中的冷却介质通常有淡水、海水、滑油和柴油四种。淡水的水质稳定，传热效果好，并可采用水处理解决其腐蚀和结垢的缺陷，因而它是目前使用广泛的一种理想冷却介质；海水的水质难以控制且其腐蚀（海水盐分大，对金属机件会产生强烈的电化学腐蚀）和结垢的问题比较突出，因而目前很少使用海水直接对柴油机进行冷却。滑油的比热容小，传热效果差，高温状态下易在冷却腔内产生结焦，但它不存在因泄漏而污染曲轴箱油的危险，因而适合于作为活塞冷却介质；柴油用来作为喷油器的冷却介质。

目前，船用柴油机冷却系统的一般规律是用淡水系统强制冷却柴油机，然后用海水系统强制冷却淡水系统和其他载热流体。在系统布置上，前者属闭式循环，后者属开式循环。两者组成的冷却系统称闭式冷却系统。

4. 压缩空气系统、蒸汽系统和排气系统

(1) 压缩空气系统

压缩空气系统主要由空压机、空气瓶、减压阀、安全阀等组成。其作用主要是启动主/副机、鸣汽笛、海淡水压力柜的充气、海底门等吹除及其他杂用。

船规要求为主机服务的空压机至少 2 台，其中至少 1 台应为独立驱动。空压机的总排量应在 1 h 内使空气瓶由大气压力升至柴油机连续启动所需要的压力。供主机启动用的空气瓶至少 2 个，其容量要求在额定工作压力的上限且在不补气的情况下，对每台可换向的主机在冷车下正倒车交替连续启动不少于 12 次，对每台不能换向的主机在冷态下连续启动不少于 6 次。

空气瓶是压力容器，排出阀为止回阀，以防缸内燃气倒灌。其安全阀的开启压力不应大于工作压力的 1.1 倍。对设置易熔塞的空气瓶，易熔塞的熔化温度不应超过 90 ℃，但不低于 70 ℃。

(2) 蒸汽系统

在柴油机船上，为了加热燃油（重油）、润滑油、主机暖缸、机舱保温以及日常生活中供应热水、取暖、厨房用汽等，需设置蒸汽系统。对于油船因其油舱加温以及透平货油泵、透平发电机需要大量蒸汽，因此锅炉容量较大。蒸汽由燃油辅锅炉或废气锅炉产生，通过蒸汽管路和系统中的阀件，送往各需要处。回汽则通过海水冷凝器返回热水井，再由锅炉给水泵泵至锅炉。

蒸汽管一般不得穿过灯间、油漆间和货舱。工作压力大于 0.98 MPa 的蒸汽管沿燃油舱壁布置时，其距离应不小于 250 mm。蒸汽管路必须布置在机、炉舱内容易看到且便于接近的地方，并包扎有绝热层。除加热管路和吹洗管路外，蒸汽管路一般不应敷设在花铁板下面。

（3）排气系统

柴油机排气系统主要由排气总管、补偿装置、废气涡轮增压器、废气锅炉及消音器等组成。排气管不应布置在燃油柜或燃油管法兰接头的垂直下方，且其间距不应小于450 mm。系统的主要作用是利用废气中的能量和热量驱动增压器与废气锅炉加热，最终将主、副机废气排入大气。另外，系统还有降低排气噪声的作用，对于油船，还应有熄灭火星的作用。

除废气锅炉外，锅炉烟道不应与柴油机的排气管相连接，排气管与配电板、燃油柜或燃油管保持一定的距离，以免引起火灾。排气管和消音器要装设冷却水套或包扎绝热层，表面温度不得超过60 ℃，以免灼伤工作人员。废气锅炉排出废气温度应在排气露点加25 ℃以上。

二、船舶通用管系

1. 舱底水系统

舱底水系统是由舱底水泵（污水泵）、舱底水总管、支管、吸水口滤器、分配阀箱、泥箱、油水分离器等组成。系统的主要作用是将机舱与货舱的舱底积水排除。防止舱底水损坏货物，影响机器的正常工作，保证船舶安全航行。另外在应急情况下，可以排除机舱的大量进水，为堵漏争取时间。

2. 压载水系统

压载水系统主要由海底阀、滤器、压载水泵、阀箱、压载舱、通海阀等组成，如图3－5－1所示。压载水系统的主要作用是通过调整吃水（注入、排出或调驳）使船舶具有适当的稳性高度；减小水上受风面积，以利于船舶操纵；空载时使螺旋桨有一定的深沉，减小船体振动；减小船体因空载引起的过大弯曲力矩和剪力等。

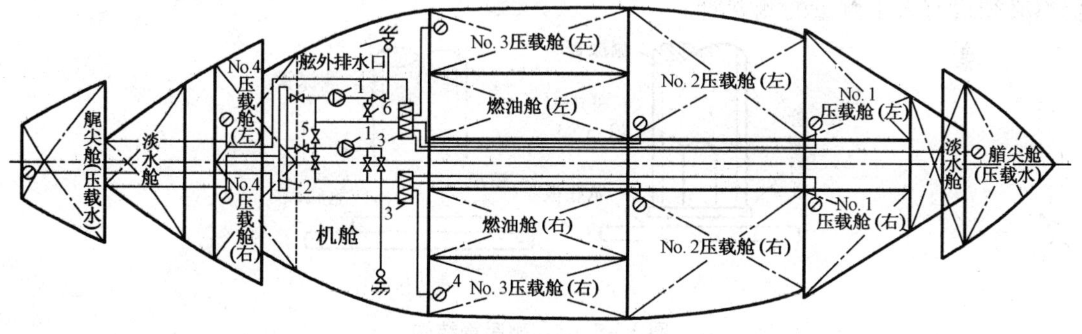

图3－5－1　压载水系统布置图

3. 消防水系统

消防水系统主要由消防泵、消防栓、消防水带、水枪及管路附件组成。其作用是消灭可用水熄灭的火患，同时还兼作船舶甲板水、锚链水之用。

4. 通风系统

通风系统主要由风机、风帽、风筒、风管等组成。主要作用是对货舱、机舱、客舱和船员居住室、工作室等进行通风，排除废气，补充新鲜空气。在炎热的夏季或寒冷的冬季，为了改善旅客和船员生活条件，利用通风机将室外空气吸入，通过制冷装置冷却或锅炉蒸汽的加热，然后通过管路送到各个居住舱室，这就是空调系统。

5. 日用淡、海水系统

(1) 日用淡水系统

日用淡水系统主要由泵、水柜、管系及附件组成。其作用主要是向全船供应饮用、洗涤等生活用淡水。

通常采用日用淡水泵将淡水从淡水舱(柜)打进压力水柜(或重力柜),再由水柜经管路引至各加热器、盥洗室、厨房和饮水茶炉等处。日用淡水泵多由压力水柜中的水位自动控制其工作。

(2) 日用海水系统

日用海水系统又称卫生水系统,也主要由泵、水柜、管系及附件组成。其主要作用是利用舷外水供卫生设备冲洗。

通常采用卫生水泵经海底阀吸入舷外水并送进压力柜(或重力柜),再经管路分别通至各厕所、甲板冲洗接头。甲板排水管和卫生排泄管分别引向污水沟、污水柜、粪便柜或舷外。卫生水泵常利用压力水柜中的水位自动控制装置控制其工作。

卫生水排出舷外的排出管,应装设适当的防止海水倒灌的装置,如止回阀等。卫生水压力柜的管理与淡水压力柜相同。另外,从厨房与盥洗室等排出的日常洗涤用水与卫生水一并统称为生活污水。

6. 其他管路设备

(1) 测深管

在船上的每一个液舱和污水井中,都装设一根直径为 30 ~ 50 mm 的直管,称为测深管。利用测深尺从测深管上端口坠入舱底,然后把尺收上来观察尺的浸湿长度,从而决定舱中液体的存量、液面高度以及干隔舱中有无液体。

测深管的结构如图 3 - 5 - 2 所示。目前,有些船上虽然设有机械或电子测量装置,但是仍然必须设有人工测量的测深管。

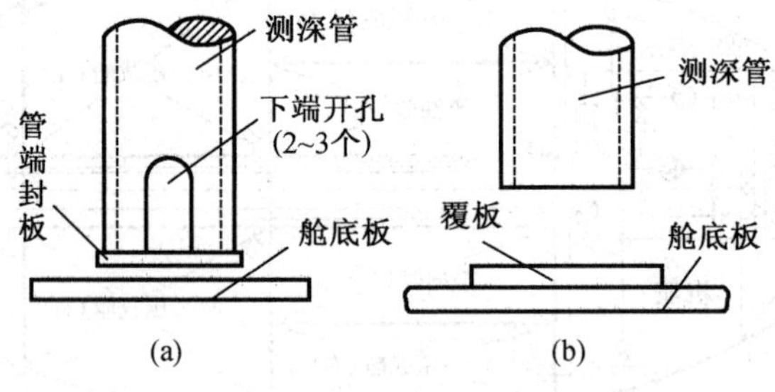

图 3 - 5 - 2　测深管结构

(2) 空气管

空气管又称透气管,其作用是保证液舱在注入或排出液体时,空气能自由地从管中排出或进入舱中。

空气管的结构如图 3 - 5 - 3 所示。液舱中空气管的总截面积不小于该舱注入管截面积的 1.25 倍,深舱中的空气管则不小于注入管的 1.5 倍。但是,其内径均不得小于 50 mm,油舱的空气管内径不得小于 100 mm。

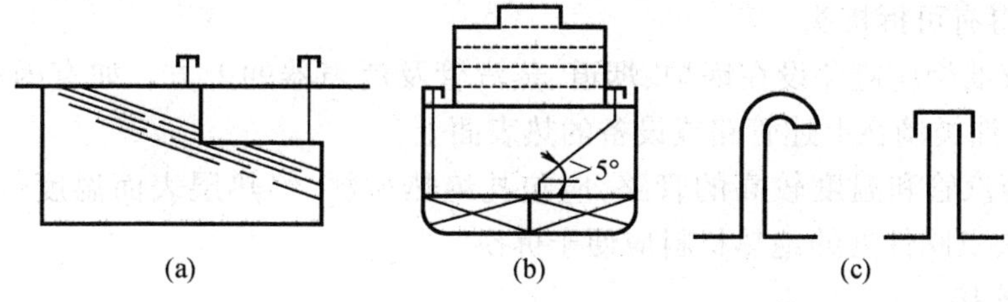

图3-5-3　空气管

(a)不规则舱顶;(b)折线形空气管;(c)空气管顶端形式

(3)溢流管

所有用泵灌注的液舱柜,均在舱柜顶部设有一根管子,将可能溢出的液体引入到溢流柜内或有剩余空间的贮存柜内,这种管子称为溢流管。对于装水的液舱柜则引到开敞处所或其他溢流柜内;对于滑油和燃油则防止从空气管溢出导致的污染。

溢流管的截面积要不小于注入管的1.25倍,在溢流管上易观察的管段处装有观察镜,以便于及时发现溢油,停止灌注。在溢流管上不准装有截止阀或旋塞。

三、船舶管系的管理与维修

1. 管路的识别

由于船舶管系种类繁多,为了便于管理人员识别各种管路所输送的工质和流向。按国标(GB)管壁外表通常按系统涂有不同颜色的油漆,燃油管路用棕色表示;滑油管路用黄色表示;海水管路用绿色表示;淡水管路用灰色表示;压缩空气管路用浅蓝色表示;消防管路用红色表示;舱底水管路用黑色表示;蒸汽管路用银白色表示;透气、测量和溢流管路则依其介质而定。不同的国家可能略有差异,故应以船上的标志说明为准。管路上还有用标志颜色表示的介质流向的箭头符号。

2. 管路布置的一般原则

(1)船舶管路应能保证其工作的可靠性,在部分管路发生故障时,仍然能继续维持工作。

(2)管路应布置成直线,尽可能减少弯头,如需弯曲,曲率半径应大些。在满足需要的情况下,附件的数量应尽量减少,布置的位置应便于检修。

(3)管路应加以固定,以避免因温度变化或船体变形而损坏。一般要求每隔2~4 m有一个支承架,防止管子移动或下垂。但是这些支架应不妨碍管路受热引起的膨胀。

(4)承受胀缩或其他应力的管子,应采取管子弯曲或膨胀接头等补偿措施。

(5)重要管路中的阀都应装上开关标志。

(6)根据管路所输送的工质及工作条件(温度、压力)而选用接头垫片。

(7)在安装或修理管路及附件时,应做好管系内部的清洁工作。

3.《钢船建造规范》对管路的要求

(1)淡水管不得通过油舱,油管也不得通过淡水舱,如不可避免时,应在油密隧道或套管内通过。其他管子通过燃油舱时管壁应加厚,且不得有可拆接头。

(2)钢管应有防止锈蚀的保护措施,并在加工后施以保护涂层。

(3)应避免燃油舱柜的空气管、溢流管和测量管通过居住舱室,如有困难时,通过该类舱室的管子不得有可拆接头。

(4)油管及油柜应避免设在锅炉、烟道、蒸汽管及消声器的上方。如有困难,则应采取有效措施,防止油类滴在上述管路或设备的热表面上。

(5)所有蒸汽管和温度较高的管路,应包扎绝热材料,绝热层表面温度一般不应超过60 ℃。可拆接头及阀件处的绝热材料应便于拆换。

4. 管路的连接

(1)螺纹连接

螺纹连接通常用成品的螺纹接头作为连接件,一般用于管径在150 mm以下的管子上,各种工质压力的管路均可使用,如图3-5-4所示。

为了便于管路变向,改变流道截面和拆装检修,除直接螺纹连接外,还有45°、90°、T形、十字形和活络接头等。

(2)法兰连接

法兰连接又称凸缘连接,是最可靠的连接方法之一,适用范围较广,但外形尺寸和质量都比螺纹接头大。图3-5-5所示为扁圆形法兰结构图,这种连接易于拆装。

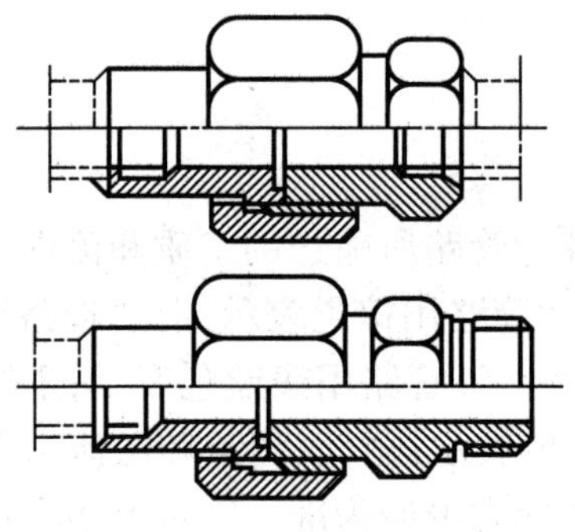

图3-5-4 螺纹接头

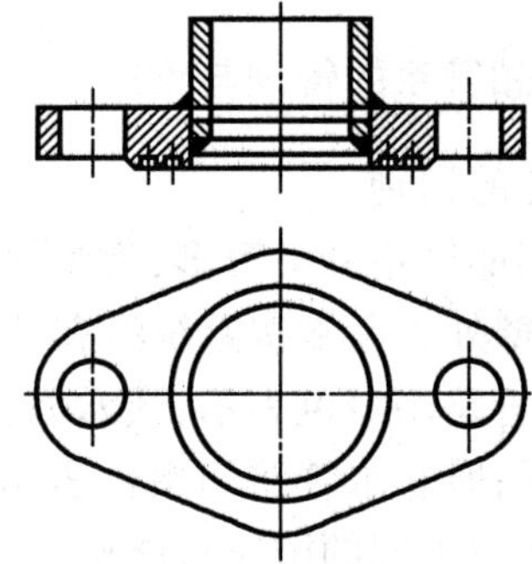

图3-5-5 法兰结构图

(3)夹布橡胶管式连接

将一段夹布橡胶管分别套于两根待连接的管子外壁上,而后用金属夹子固定。这种方式适用于低温、低压、小口径油水管上。其特点是结构简单,安装方便,有一定的弹性,自由度大,且质量小,但寿命短,耐热、耐压性差。

(4)膨胀接头

由于管路固接于船体上,当船体变形或管路受热膨胀时,管子将产生很大的内应力,以致破坏连接处的紧密性而造成漏泄,严重时造成管子弯曲或破裂。因此管路中常设有膨胀接头,一般膨胀接头有弯管式膨胀接头和波形膨胀接头两种形式。

图3-5-6所示为常用的三种弯管式膨胀接头。图中(a)和(b)适用于高温蒸汽管路;(c)则用于温度较低的管路。其优点是补偿能力大,易于加工,使用方便,不需维护;缺点是占的位置大,对工质阻力亦大,接头材料易于产生疲劳。

图3-5-7(a)所示为钢质波形膨胀接头,其内部焊有一根中间固定(也有一端固定)的光管。适用于采用脉冲增压的柴油机排气管路,这种形式既防止了柴油机排气的压力损失,又适应了管路的热胀冷缩。

图3-5-7(b)所示为胶质波形膨胀接头,也有采用钢和铜质的。前者主要用于管路较

长的低温的压载水和舱底水系统，后者用于高温的柴油机排气管路和某些分油机管路。波形膨胀接头的优点是结构紧凑，不需检修；缺点是承压能力小，只适用于低压管路，补偿能力小，使用寿命短。

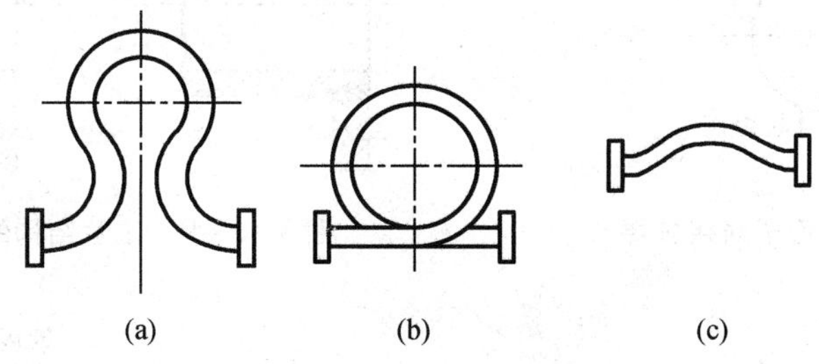

图 3-5-6　弯管式膨胀接头

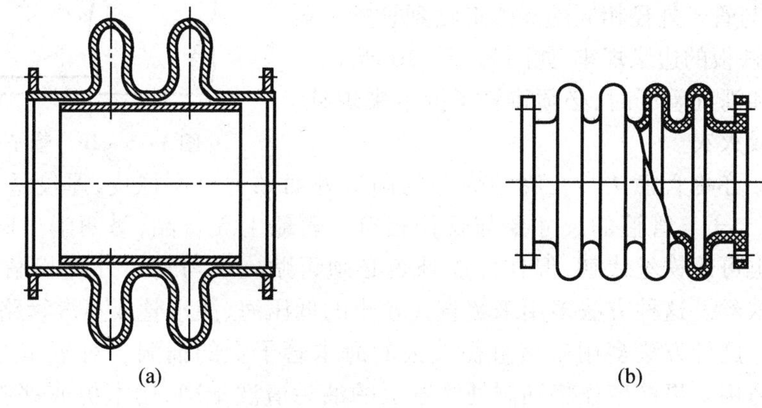

图 3-5-7　波形膨胀接头

5. 管路常用材料

船用管材类型较多，但主要有三大类：钢管、铜管和塑料管。钢管有无缝钢管与有缝钢管之分。无缝钢管用于高压动力管路上，如高压油管、锅炉给水管、排污管、蒸汽管、压缩空气管等。而压载水管、日用海/淡水管、舱底水管等可采用焊接钢管（即白铁管）。铜管（紫铜管或黄铜管）导热性能好，紫铜管还具有较好的柔性，主要用于制冷或冷却系统中。目前在船舶上一些低温、低压水管也有采用塑料管的。

6. 管路的维修

（1）管子的焊接

船舶上的管路很多，管子的维修焊接工作量往往很大。对于铜管和小直径的钢管。一般均用气焊。在实际工作中，对于各种不同直径、不同壁厚的钢管均可采用电弧焊接。但是在焊前必须按规定办理手续，在焊接中严格遵守焊接守则与注意事项，确保安全。

①管子的对接焊法　为了保证焊接质量，在焊接前管子口应轴线对正，位置正确，不能形成弯曲的接头；施焊前对接接口修成 V 型坡口形式，先用点焊将管子固定并使接缝具有一定的对口间隙，视管径大小在圆周向点焊 2 ~ 3 点，如图 3-5-8 所示。

②法兰与管子的焊接　除管子对接焊外，法兰与管子也是船上最常见的一种焊接，如图 3-5-9 所示。

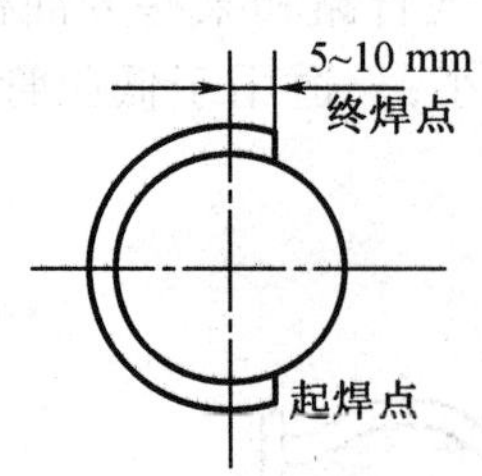

图 3－5－8 管子对接施焊

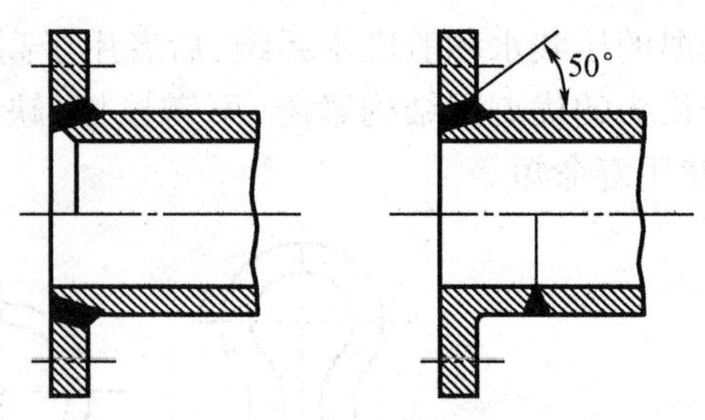

图 3－5－9 法兰结构的焊接形式

③管子的修补

a. 焊补法 管路尤其是海水管路被腐蚀，产生局部变薄而形成空洞的现象，这时可选用稍大于洞孔的一块铁板，将其弯成与管子外径相同的圆弧形贴到管壁上盖上洞孔，然后将铁板的边缘焊牢，如图 3－5－10 所示。

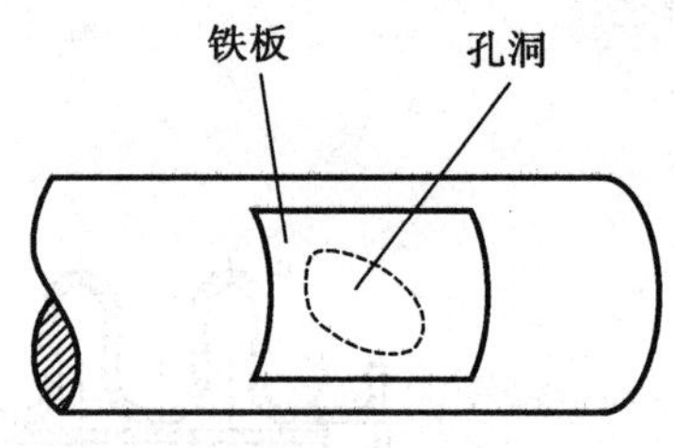

图 3－5－10 管子的焊补

焊补燃油和滑油管子时，必须将管子拆下来焊补，以防引起爆炸或火灾。

b. 打卡子 亦称管箍法。在腐蚀烂穿的洞口外面贴上一层橡皮，厚度适中，然后用卡子或管箍卡牢，卡子与管箍的尺寸要与管径相符。若船上无备品，呈两瓣半圆形的卡子亦可自制。有时也可用铁丝代替，但在橡皮外表必须再贴一块与管子外圆相贴合的金属板，然后多扎几道铁丝。这种方法多用来堵直径较小的低压海、淡水管或蒸汽管路上的漏洞。

c. 打水泥 这种方法多用来堵直径较大的海水管子上的漏洞。对于靠近船底板的大直径管子尤为适用。事前应先将漏洞处管壁上的油污清洗干净，用木板或铁皮制作一个简单的框（托）架，再用铁丝将框（托）架与管子相对固定，最后将拌和好的水泥灌注于框（托）架与管壁之间。水泥干固后撤除架子即可。拌和水泥时宜掺入一定比例的沙子。水泥灌好后应隔 2 ~ 3 h 洒上点淡水，以防产生裂纹。

d. 铁水泥堵漏 铁水泥因价格较高可作应急时管子堵漏之用。涂前，管内应先卸压，放存水且洞孔周围应清洗干净。涂后再用玻璃丝带包扎，数小时后待铁水泥干固即可投入使用。无铁水泥时，亦可用环氧树脂替代。这种方法也只适用于直径较小的管路。

7. 管路上的常用阀件

阀件是管路系统中最基本、最重要的附件。由于船舶管路系统中阀件种类繁多，其作用也不尽相同。因此，熟悉与掌握管系中阀件的位置和作用，是掌握与管理好管系的根本。下面仅依控制方式将船舶管系中的一些常用阀件介绍如下：

(1) 人工控制阀

此种阀的开关用人来控制，是船舶上广泛采用的一种阀门。

①截止阀 用来切断或接通管路中工质的流动，亦可调节流量。按习惯，手轮顺时针旋转时阀盘下降关闭；反之阀盘上升，开启阀门，此时工质由阀盘下端进入，经阀座向上流出，如图 3－5－11 所示。

这种阀在安装时必须严格按箭头流动方向。如标志不清，可按“低进高出”来判断进出口。

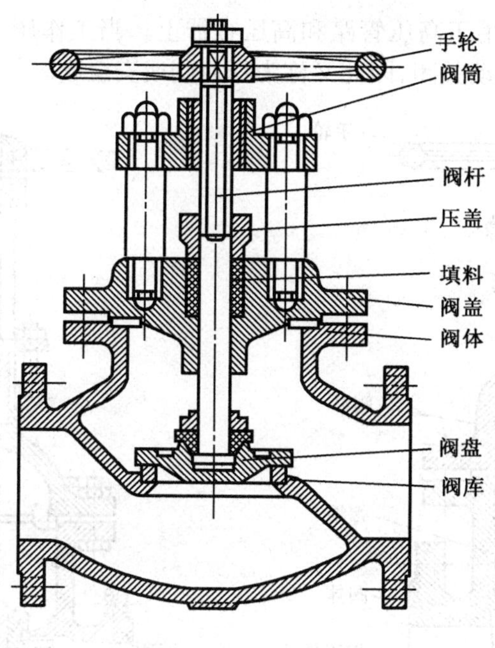

图 3-5-11　截止阀

②闸阀　又称闸门阀，分为以下两种：

a. 阀杆不向外移动的闸阀　其优点是高度、尺寸较小，开启与关闭其高度均不改变。缺点是当转动手轮时无法知道内部闸板位置，需在阀的上部加设一套行程指示器；其阀杆、螺纹在本体内与工质接触，易腐蚀与损伤，如图 3-5-12 所示。

b. 阀杆向外移动的闸阀　其优点是开启时阀杆向外伸出的高度即表示了闸板的开启高度，且阀杆螺纹位于本体外部，与工质不接触，容易加注润滑剂。缺点是高度尺寸较大，并随闸板开启的增大而增大，如图 3-5-13 所示。闸阀的作用基本与截止阀相同，由于外形尺寸、流通截面积大，工质流经阻力小且不受流向限制，开关省力，故常用于低压大口径管路。

③旋塞　又称考克。主要控制件是一围绕阀体本身轴线旋转的塞芯，依靠塞芯上通孔位置不同来接通或切断某一段管路，如图 3-5-14 所示。图中塞芯和阀体配合面为锥形，配合良好。

旋塞上部有压盖压着的填料，防止工质渗漏。

旋塞的优点是通道面积几乎不变，工质流阻较小，开关转换迅速方便。其缺点是在转动时摩擦较大，工质污浊时容易因磨损而失去密封性，或咬住不易转动。因此，只适用于低温低压小口径管路上（温度 <100 ℃，压力 <0.588 MPa，管径 <80 mm）。

旋塞有直通旋塞、三通旋塞（L 型和 T 型）及多通旋塞等。其区别只是塞芯上的通孔与阀体上的通孔不同而已。

（2）自动阀

自动阀阀盘的开与关，都是靠阀件两端压力的变化来自动进行的，故称为自动阀。船上常见的有止回阀、保险阀和减压阀等。

①止回阀　又称单向阀，只允许工质一个方向通过，阻止其逆向流动，如图 3-5-15 所示。

②保险阀　此阀常用于高压管路和高压容器上。当工作压力超过规定值时能够自动开启，直到压力复原后自动关闭，因此又称为释荷阀或安全阀。

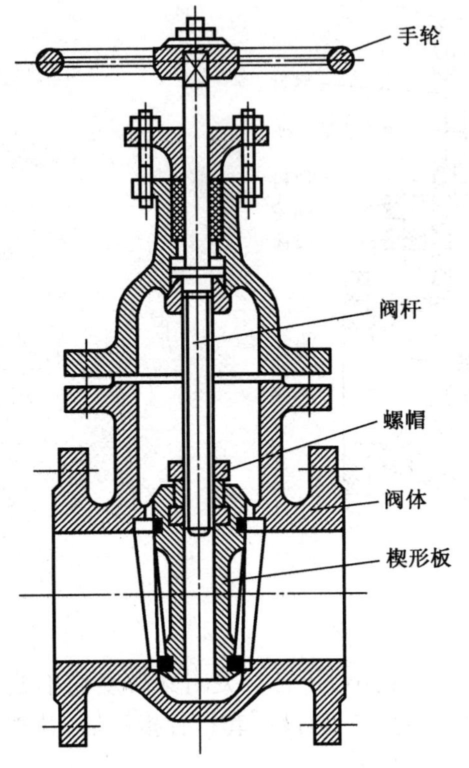

图 3-5-12　阀杆不向外移动的闸阀

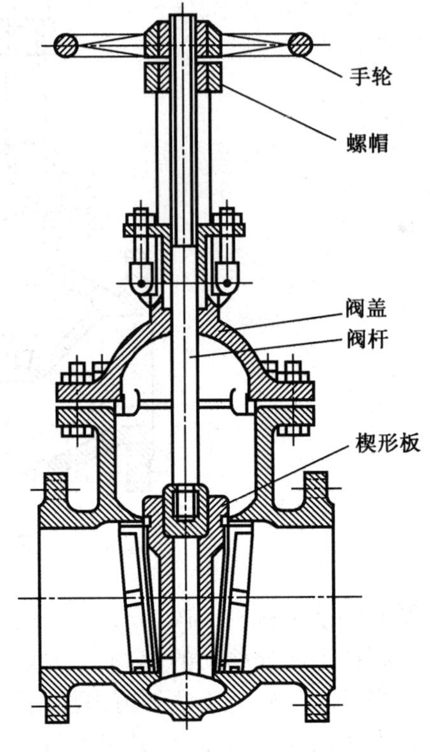

图 3-5-13　阀杆向外移动的闸阀

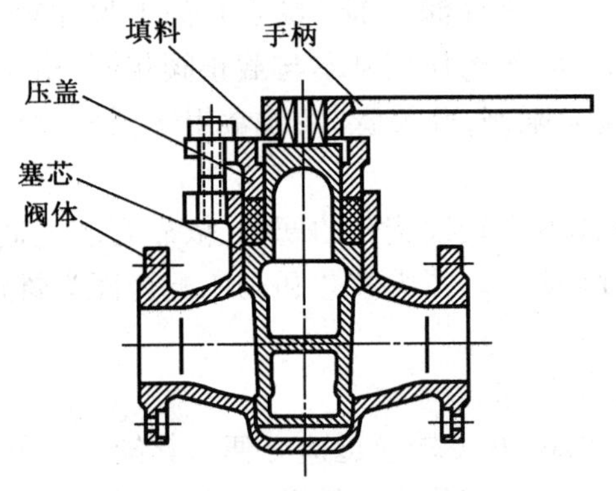

图 3-5-14　直通旋塞结构图

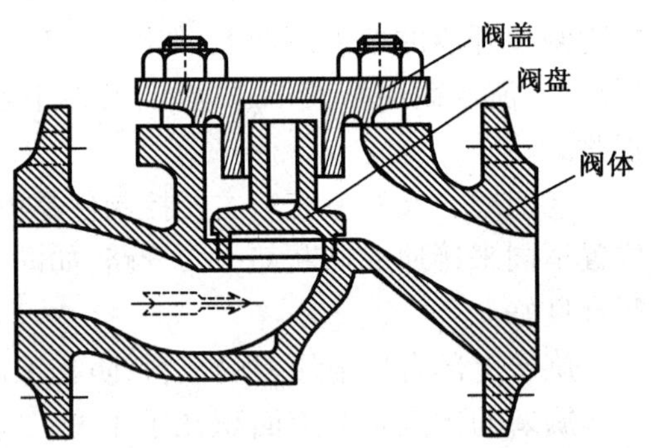

图 3-5-15　上升式止回阀

(3)半自动阀

①截止止回阀　结构如图 3-5-16 所示。

②可调节的止回阀　这种阀与截止止回阀的区别在于：阀杆虽然也松插在阀盘上，可这种阀杆下端带有凸肩，在阀杆开始上升时阀盘并不随之上升，如果继续提升阀杆，则由于凸肩作用，阀盘即被同时带起。

(4)阀箱

为了便于集中管理和节省阀门的数量，常将一个管系中的两个以上的阀组合在一起，该组合体通称为阀箱。由于管系、性质和连接方式的不同，阀箱有各种形式。按用途不同，可大体分为三大类。

①吸入阀箱　吸入阀箱都是下部开而上部联通的单排阀箱，联数根据需要而定。吸入阀箱能将液体分别从每一个阀门的下部吸入阀箱内，然后由一个公共排出室排出，如图3－5－17所示。

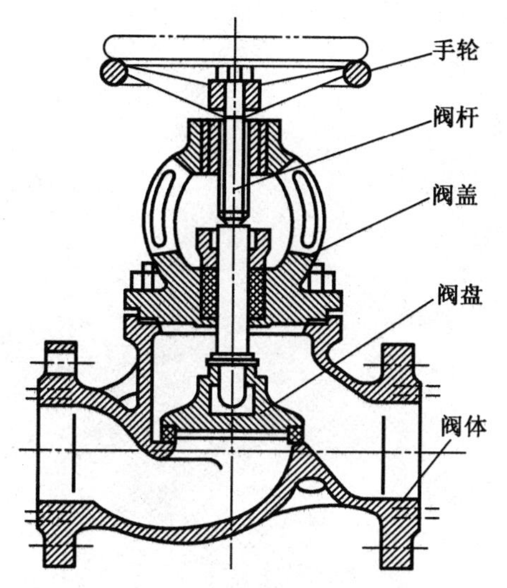

图3－5－16　截止止回阀结构图

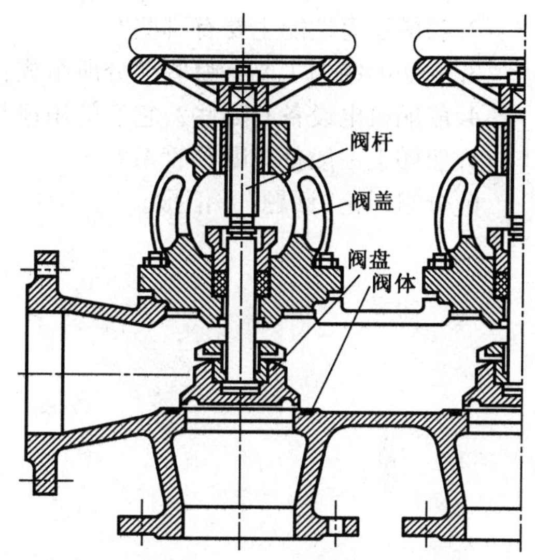

图3－5－17　法兰式单排吸入截止阀

吸入阀箱通常由数个截止阀或数个截止止回阀组成。用于舱底水系统的是截止止回阀箱。

②排出阀箱　排出阀箱都是上部开而下部联通的单排阀箱，其联数根据需要而定。液体从排出阀箱下部的公共吸入室进入阀箱，然后由上部控制的阀将它们分别排出。

③调驳阀箱　将吸入阀箱和排出阀箱结合成一起，就成为一种有公共吸入室和公共排出室的调驳阀箱。图3－5－18所示为双排四联压载水调驳阀箱工作原理图。

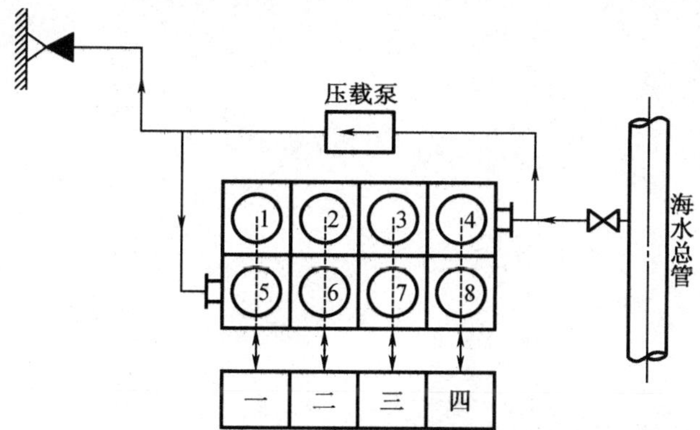

图3－5－18　双排四联压载水调驳阀箱工作原理图

阀箱本体分上下两层，上层按前后横向分隔成两个空间，分别与压载泵吸入口和排出口相连；而下层则按纵向将阀两个一组地分隔成四个空间，与相应的各压载舱相通。操纵不同的阀，可以完成驳入、调驳、驳出，也可不启动压载泵，靠舷外水压力自流灌入所需之舱。

调驳阀箱不仅常用于压载水系统,也常用于燃油系统和滑油系统。

【思考与讨论】

1. 船体主尺度有哪些?它们的含义是什么?
2. 船舶航海性能主要有哪些?
3. 船舶的结构主要有哪些部分所组成?
4. 船舶机电设备有哪些?它们的用途是什么?
5. 船舶上一般都有哪些管系?
6. 分组讨论“话题”并汇报。

学习模块四　造 船 生 产

【知识目标】

1. 了解船舶生产企业的发展态势。
2. 熟悉船舶生产企业的基本布局。
3. 熟悉船东、船检及主要船舶设备提供商目录。
4. 熟悉船舶企业监造与安全的制度。

【能力目标】

1. 能利用各种信息途径掌握船舶企业发展态势。
2. 能根据船舶企业内部不同生产区域描述其功能。
3. 能按船舶企业造船规范阐述船舶监造要点。
4. 能根据船舶企业生产制度保证安全操作与生产。

【情感目标】

1. 严谨细实的工作态度。
2. 良好的职业道德意识。
3. 创新意识和创新精神。
4. 优良的学风和团队协作精神。

【任务引入】

造船企业是从事船舶制造业务的企业;同时是从事船舶组装、维修等经济活动,以生产或服务满足社会对民用(客运、货运)、军用船舶的需要的企业。传统的造船企业大多是劳动密集型、知识创造型企业。简而言之,造船企业就是指依法设立的以盈利为目的、从事船舶的生产经营和服务活动的独立核算经济组织。

那么船舶企业的生产布局到底怎样?企业造船需要哪些设施与设备?造船生产的安全又是如何保证的呢?

任务一　造船企业概述

一、船舶行业概述

现代船舶工业是综合性极强的产业,可以通过与上下游产业的广泛联系,对国民经济产生巨大的带动作用,其核心技术包括大型结构件的加工装配技术和多科学、多门类的复杂系统的综合集成技术。这两种技术具有高度的产业扩展性,除了制造各种船舶及船用设备外,还可以向其他非船舶制造领域扩展,满足国民经济其他诸方面的需要。

船舶工业作为支柱产业被许多国家在各自工业化的过程中所选择,其中最重要的原因就是船舶工业能够带动国民经济诸多相关产业的发展。船舶工业在国民经济中的关联度达到80%以上,有研究表明(表4-1-1),在116个产业部门中,直接受船舶工业带动的就有80多个。

表4-1-1 国民经济各部门在船舶工业中投入构成

产业	构成比例	产业	构成比例
采矿业	1.16	机械、电器制造业	37.72
轻纺业	2.67	船舶制造业	7.26
电力及蒸汽、热水产业	1.46	电子及仪表业	5.43
石油及化工业	4.84	其他工业产品	1.41
建材及非金属矿物制品业	2.31	商业	11.29
冶金及锻压加工业	16.79	其他三产	7.63

而船舶工业对各领域带来的间接影响所牵涉的范围更加广泛,其中受影响最大的部门包括金属冶炼及压延工业、机械工业、商业、化学工业、电气机械及器材制造业、交通运输设备制造业、货运邮电业、建筑材料及非金属制品业、电力及蒸汽热水生产供应业、金属制品业等。

造船行业作为经济环节的一部分,其发展具有明显的周期性,船舶行业周期与世界贸易周期的关联度很大,行业增长周期与世界经济增长周期密切相关。

二、世界与中国造船布局

从全球造船业整体的竞争格局看,一直是处于中、韩、日、欧四极造船竞争格局,据英国克拉克松公司发布的以修正总吨为标准统计的结果显示,2007年,中、韩、日、欧造船产量占到了全球的95.1%。但由于近10年欧洲造船产业的全球性转移,欧洲发达国家基本上淘汰了基本民用船舶的生产,而主要集中在军用船舶与高附加值船舶(如豪华邮轮)的建造,所以从现在全球船舶制造总量的竞争格局上分析,是以中、韩、日为主。数据显示:2012年韩国造船业新船订单量达到750万CGT(修正总吨),占全球造船项目订单量的35%;中国新船订单量为710万CGT,占全球造船项目订单量的33%;排在第三位的是日本,新船订单量为290万CGT,占全球造船项目订单量的14%;中、韩、日三国合计82%,其中基础船型、散货船、集装箱船的订单主要集中在中、韩两国。世界造船业布局现状如表4-1-2所示。

表4-1-2 世界造船业布局现状

地区	生产特点	主打船型	代表厂商
中国	在中低端市场具有较强竞争力	低端市场:中小型散货船; 中端市场:大型散货船、各种尺度集装箱船及油轮; 正在向高端市场挺进	大连船舶重工集团有限公司、上海外高桥造船(集团)有限公司、沪东中华造船(集团)有限公司、广州广船国际股份有限公司、南通中远川崎船舶工程有限公司

表 4－1－2(续)

地区	生产特点	主打船型	代表厂商
欧洲	高端市场	目前仅豪华邮轮有竞争力	法国大西洋船厂、芬兰 Aker Yards 船厂、意大利 Fincantier 船厂(豪华邮轮)
美国	军品	军品	巴斯钢铁公司(BIW)、朴次茅斯海军造船厂
俄罗斯	军品	军品	由于俄制标准无法与世界标准接轨,目前也以军品为主,民船没有竞争力
日本	中高端市场	LPG、LNG、VLCC,同时介入豪华邮轮市场	今治、川崎、三菱、日立等
韩国	中高端市场	大型集装箱船、LNG、VLCC	现代、三星、大宇

造船和海运动态分析机构克拉克松于 2012 年公布的全球十大造船企业的排名,分别是韩国三星重工巨济造船厂、韩国大宇造船海洋株式会社的玉浦造船厂、韩国现代重工的蔚山造船厂、韩国 STX 镇海造船厂、韩国现代三湖重工、韩国现代尾浦造船、中国熔盛重工、中国金海重工、中国大连造船、韩国城东造船厂。2007 年世界主要造船集团手持订单前十名为现代集团、中船集团、中船重工、大宇造船海洋、三星重工、万国造船、STX 造船、今治造船、常石造船、日本石川岛联合造船公司(IHIMU)。前后两份排名最明显的变化是这 5 年间日本船企在造船总量上基本退出了世界造船第一集团,大的格局是中国跟韩国对日本造船的赶超,另一方面重要的原因是日本造船专注于精细化以及高技术含量的结果。

中国船舶制造业基地有三个,分别位于长三角(以上海为中心)、珠三角(以广州为中心)和环渤海地区(以大连为中心),目前实力最强的是长三角。根据数据显示,我国船厂有三千多家,具有一定规模的近四百家。中国船舶工业三大指标造船完工量、新接订单量、手持订单量(载重吨)是中国进行船舶企业排名的核心指标。2012 年发布的中国造船企业排名前 20 名为大连船舶重工集团有限公司、上海外高桥造船(集团)有限公司、沪东中华造船(集团)有限公司、江苏新世纪造船股份有限公司、渤海船舶重工有限责任公司、广州广船国际股份有限公司、江苏扬子江船厂有限公司、江南造船(集团)有限责任公司、南通中远川崎船舶工程有限公司、上海船厂船舶有限公司、武昌造船厂、浙江造船有限公司、中国长江航运集团金陵船厂、扬州大洋造船有限公司、江苏熔盛重工有限公司、浙江欧华造船有限公司、中国长江航运集团青山船厂、扬帆集团有限公司、泰州口岸船舶有限公司、天津新港船舶重工有限责任公司。

三、船厂布局与设备设施

造船厂是企业从事船舶产品制造、组装的生产场地的总和。船台造船、干船坞造船还是平地造船是现行的三大造船方式,这三者的区别如下:船台是船舶在分段场地完成主体组装后,由分段场地经过船台及滑道下水,再由水中移至附近的舾装码头完成剩下的工序;而船舶在船坞里能完成所有的组装工序,再由船坞坞门处的滑道下水;平地造船即围绕除船台或船坞外的平地区域为中心,以船舶或海洋工程结构物的分段/总段为单元,进行整体的建造、合龙和舾装工作。再通过专用移船工艺设备,结合半潜驳船、浮船坞等下水设施,完成下水工作。但以上几种造船方式的生产厂区平面布局基本相似。

1. 核心设备设施

船台/船坞型企业的核心设备设施，按生产流程配置说明如下：

(1)钢材堆场

具有一定面积的钢材堆场区域，配置不同长度（一般 3 ~ 5 m）的钢板预处理流水线，钢板卸货、入库输送滚道，以及各类起重设备，如图 4 - 1 - 1 所示。

图 4 - 1 - 1 钢材堆场

(2)内业加工车间

具有一定面积的室内生产区域，配置平面分段生产流水线、T 型材生产流水线、数控等离子切水下割机、火焰切割机、高精门切割机等，还有三芯辊床、肋骨冷弯机、油压机、折弯机等各类加工设备，如图 4 - 1 - 2 所示。

火焰高精门切割机

平面分段焊接流水线全貌（板架翻转工作运行中）

平面分段焊接流水线（骨材焊接工位）

平面分段焊接流水线（拼板定位工位）

Y1050 型三芯滚-1

T型材焊接流水线

800T 门式油压机

400T 冷弯机

260A 数控等离子切割机

1200T 折弯机

图 4 - 1 - 2 内业加工车间

(3)分段制作车间

一定建筑面积的分段制作车间（室内或室外）和分段预装场地，保证预装率的完成，如图 4 - 1 - 3 所示。

分段制作场地

分段胎架

分段预装场地

图 4 - 1 - 3 分段制作车间

(4)涂装车间

按照涂装工艺标准进行配置的二次涂装车间,要有一定建筑面积的室内区域,如图4-1-4所示。

图4-1-4　涂装车间

(5)船坞区域

用于总组与搭载的总组平台、船坞区域各配备大小吨位合适搭配的龙门吊若干,以及其他各类起运设备。船坞的长、宽、深数据直接对应船坞的建造能力。总组平台及船坞区域如图4-1-5所示。

图4-1-5　总组平台及船坞区域

(6)码头区域

用于总装作业的舾装码头需要有一定长度的岸线,并拥有相应数量的船舶舾装泊位,并配备了相应的起重设备等,如图4-1-6所示。

图4-1-6　码头区域

(7)模块生产区域

随着模块化造船模式的普及,船企一般会单独设置上建模块生产部门。模块生产车间配有上建分段生产流水线,具有整体上建的生产能力,如图4-1-7所示。

(8)船配机械生产区域

随着造船分工的细化以及流水线生产模式的需要,船企一般会单独设置船舶机械配套生产部门,船配机械生产区域具有管子加工和舱口盖、舱口围、舵叶等大型铁舾件制作的生产能力;配备舱口盖生产流水线以及管子自动焊接流水线、相贯线切割机、自动弯管机等加工设备;建有一定面积的铁舾件生产车间,一定面积的管加车间,如图4-1-8所示。

图 4－1－7　模块生产区域

图 4－1－8　船配机械生产区域

（9）船舶企业其他生产设备

此外船厂需要配置大量的生产设备，流动式汽车吊、叉车、大型液压顶升平板车、高空作业车、焊机、千斤顶以及其他常规性工具等。

2. 整体平面布局图

船厂整体鸟瞰布局如图 4－1－9 所示。典型船舶生产企业布局如图 4－1－10 所示。

图 4－1－9　船厂整体鸟瞰布局

三、造船企业资质与认证

船舶生产许可认证与“三合一”管理体系认证是船舶生产企业最为关键的两项认证工作，前者关系着企业的生存资质，后者关系着企业管理、生产、技术水平被市场和行业的认可。

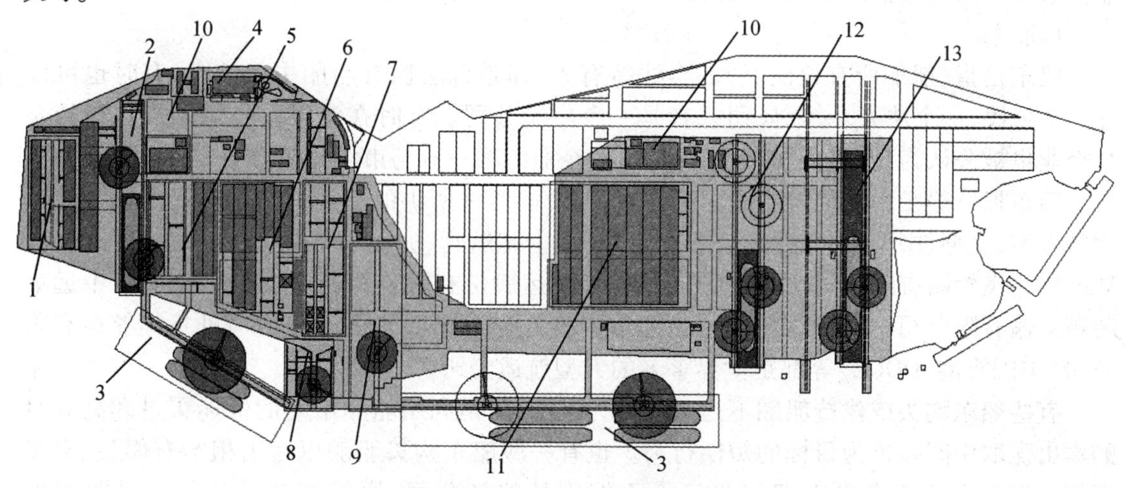

图4-1-10　船厂整体布局

1—管业车间;2—第一船台;3—舾装码头;4—综合办公楼;5—分段组装区;6—分段制作车间;7—分段组装区;8—船坞码头;9—总段组装区;10—涂装车间;11—内业加工车间;12—第二船台;13—第一船坞

1. 船舶生产许可认证

《船舶生产企业生产条件基本要求及评价方法》(简称《船企评价标准》)作为我国第一部船舶生产企业的行业准入标准于2007年10月1日由国家工信部正式颁布实施。《船企评价标准》主要从生产设施、生产设备、计量检测、人员和管理状况五大方面,规定了船舶建造企业的基本生产条件要求,并对具体的评价方法进行了具有可操作性的规定。按照对船舶生产企业分类指导和管理的原则,标准将民用船舶生产企业分为6大类29种类型,其中将数量最多、最为普遍的钢质一般船舶生产企业分成3级12类,“一级I类”是最高级别评价。

根据此标准,各省经信委对所属省内的船舶企业从通用要求、管理要求、人员、计量设备、生产设施、生产设备六方面进行综合评估的工作,通过者颁发《省船舶生产企业生产条件认可证书》。

根据国务院2007年立法工作计划,2007年9月国务院法制办已形成《中华人民共和国船舶生产许可管理条例(草案)》,并履行了上网公开征求意见程序,但后因船舶行业发展的综合因素,至今仍未下发实施。但从加强船舶生产监督管理、保证船舶生产质量、促进船舶工业持续健康发展的角度看,船舶生产强制许可管理不可避免。

2.“三合一”管理体系认证

质量、环境与职业健康安全管理体系(简称三合一,QHSE体系),是社会、行业对企业经营模式和管理水平的认可,分别需要获得认证机构颁发的“ISO9001:2008质量管理体系”、“ISO14001:2004环境管理体系”、“OHSAS18001:2007职业健康安全管理体系”三份认证证书。船舶生产企业基本选择世界知名船级社作为其国际权威认证机构,比如DNV、GL、LR等都具有认证资质,以DNV为例其认证结果超过80多个国家的授信认可。

四、船舶建造关联机构

造船是一项庞大的系统性工程,涉及复杂的工艺规范、配套服务及各种关联机构,与造船关联最密切的包括以下四个机构：

1. 船东

船东是指《船舶所有权证书》的合法持有人，即是合法拥有船舶主权的人，有时也可以是一个公民、一个法人、一个公司或者是一个集团公司。有时在业界取得船舶光租权的合法企业也被公认为是船东。船东方即是造船企业的客户方与市场订单方。

船东拥有船舶大都是将船舶用于航运，即我们通常所讲的航运公司。航运公司一般分为特大型、大型、中型、小型航运企业。比如，马士基航运（丹麦，MSK）、地中海航运（瑞士，MSC）、达飞轮船有限公司（法国，CMA）、长荣海运股份有限公司（中国台湾，EMC）、中远集装箱运输有限公司（中国，COSCO）、中海集装箱运输（中国，CSCL）、东方海外货柜航运有限公司（中国香港、OOCL）等都是世界著名的大型航运公司。

有些船东购买或建造船舶不是以航运为目的，而是利用船舶市场的低迷买进和高峰时的卖出谋取中间差价为目标的短期行为。也有一些船东购买船舶以后出租给有船员、会经营管理但没有船或者自有船但是运力不够用的船务公司，原船东就只是每个月收船舶租金。

2. 船舶设备制造商

船舶设备（Marine Equipment）系指除船体自身钢体结构、船舶备件以外的任何用于船上的可移动但不带消费性质的设备及配套件。主要包括船舶动力设备、舵设备、锚设备、系泊设备、拖曳设备、起货设备、救生设备、关闭设备、管系、舾装件、舱底水系统、压载系统、日用水系统、消防设备、通风空调制冷设备等。而制造这类船舶设备的企业，统称为船舶配套企业，是造船企业的设备供应商，世界主要的船配企业按产品类型举例如下：

（1）柴油机、发电机及各种辅机，德国 MAN－B&W（曼）、芬兰 WARTSILA（瓦锡兰）、德国 MWM（曼哈姆）、日本 MITSUBISHI（三菱）、德国 MAK（马克）、德国 YANMAR（洋马）、日本 DAUHATSU（大发）、美国 CUMMINS（康明斯）、中国镇柴重机、中国维柴重机等。

（2）轴及轴承：美国爱默生公司 EPT、德国 FAG 集团、日本精工株式会社（NSK LTD.）、韩国 KBC 轴承公司、英国 RHP 轴承。

（3）船舶舱盖：芬兰麦基嘉集团。

（4）船用吊机：日本 IHI、法国 BLM、瑞典赫格隆。

（5）船用锚机：日本 IHI、法国 BLM、挪威 ULSTEIN、德国 HATLAPA。

（6）船用舵机：日本 IHI、挪威 FRYOEBO、德国 HATLAPA。

（7）系泊、货物绞车：日本 IHI、法国 BLM。

（8）通信导航及电器：德国 HDW 主配电板、德国 Terasaki 集控操纵台、英国 Decca 雷达、德国安修斯罗经、丹麦机舱自动化等。

（9）其他：德国 Lohmamn 的齿轮箱、瑞典 KaMeWa 公司的螺旋桨和喷水推进器、日本川崎重工业株式会社（简称 KHI）的侧向推进器和川崎全回转螺旋桨、奥地利 Geislingge（盖斯林格）公司的联轴节和减震器、英国 Hamworthy 集团的天然气开采和压缩泵系统、丹麦 Atlas（阿特拉斯）的海水淡化装置和佐敦集团的涂料、英国国际油漆公司的涂料、法国耐克森集团的电缆。

按照国际惯例，以上这类设备供应商将产品卖给船厂后，企业均会派相关技术人员在对应设备进行安装调试，以及做系泊试验和航行试验时到场进行技术服务。这类技术人员即为船舶设备的服务商。到场的服务商要对自己公司的产品很了解，现场出现什么问题都能够及时处理,熟练操作自己公司的设备,能积极配合船厂质检人员做好各项试验,保证设备能够正常使用。

3. 船级社

船级社(Classification Society,或称验船协会,有时统称为验船机构)是一个建立和维护船舶和离岸设施的建造和操作的相关技术标准的机构,通常为民间组织。世界上最早的船级社是1760年成立的英国劳氏船级社。此后一些国家相继成立了船级社,如美国船舶局、挪威船级社、法国船级社等。船级社主要业务是对新造船舶进行技术检验,合格者给予船舶的各项安全设施并授给相应证书;根据检验业务的需要,制定相应的技术规范和标准;受本国或他国政府委托,代表其参与海事活动。有的船级社也接受陆上工程设施的检验业务。

4. 国际海事组织

国际海事组织(International Maritime Organization,IMO)是联合国负责海上航行安全和防止船舶造成海洋污染的一个专门机构,国际海事组织更是一个促进各国政府和各国航运业在改进海上安全、防止海洋污染及海事技术合作的国际组织。

该组织总部设在伦敦,最早成立于1959年1月6日,原名"政府间海事协商组织",1982年5月改为现名,现有170个正式成员和3个联系会员。该组织宗旨为促进各国间的航运技术合作,鼓励各国在促进海上安全,提高船舶航行效率,防止和控制船舶对海洋污染方面采取统一的标准,处理有关的法律问题。

该组织主要活动是制定和修改有关海上安全、防止海洋受船舶污染、便利海上运输、提高航行效率及与之有关的海事责任方面的公约;交流上述有关方面的实际经验和海事报告;为国际海事组织成员国提供本组织所研究问题的情报和科技报告;用联合国开发计划署等国际组织提供的经费和捐助国提供的捐款,为发展中国家提供一定的技术援助。截至1984年底,国际海事组织制定并负责保存的公约、规则和议定书共有30个,其中已经生效的有24个。

任务二　船舶监造与安全管理

一、船舶监造

船舶建造是按照买卖双方签订的合同进行的,建造合同法律形式明确了船舶技术性能要求、买卖双方的义务和有关商务法律问题。船生产过程本身是一个庞大的系统工程,从下料到交船一般需要1年左右时间,小型船舶相应要短一些,为了有效控制船舶的建造质量,无论是船舶生产方还是船东,对各个环节的监造工作都至关重要。船舶企业的监造主要由监造师来完成。而船舶企业所称的监造师有两种概念,分别是生产监造师与船舶监造师。

由于现代造船模式需求,船舶企业均实施工程外包的业务模式,即现场生产工作是由工程队员工完成的,所以船舶企业为了保证生产过程中的进度、质量、安全、成本、文明生产、设备、劳务，配置了企业自己的管理技术人员对现场施工进行管理，这批人即是生产监造师（注：从职责定位上讲更确切地应该叫生产建造师，但是因为船舶企业称谓习惯，现有船企都称之为监造师）。

由于造船工程的系统性，对船舶的建造质量全面评价不但要通过试航，而且需要在建造中不断地检查，发现问题并及时解决，为此船东和船级社都派出自己的驻厂监造代表，在船舶建造的整个过程中负责检查船厂执行合同的情况及船舶建造质量，与厂方协商解决生产中出现的问题，这就是监理监造工作。船级社的驻厂代表，以保证航行安全和使用可靠方面着眼对船舶进行检验和入级的，检验船舶产品与公约、规则的合规性，重点是对质量结果的确认，简称验船师。船东的驻厂代表，除了要关注验船师解决的问题外，还需要解决《船舶入级和建造规范》中未做规定的问题，如涉及营运和船舶经济性问题，操作和维修方便及居住舒适等方面的问题，更加注重造船全过程的系统监控，既是船舶监造师，又称船东监造师。

1. 船厂生产监造师的管理职责

船厂生产监造师按照专业分为船体、轮机、管系、电气、涂装、居装六个方向，承接造船工艺流程对应的生产职能，主要负责解决船舶建造过程中对应专业方面的技术、进度、质量等问题，在船舶建造过程中提供对应专业方面的技术检验（船厂内检）与项目管理服务。知识与技能要求：熟悉中国造船（CCS、海事局）规范法规、国外船级社规范；了解本专业工程施工、安装流程，精通船舶结构或成套设备的施工、安装，船舶专业系统与布置设计；精通Office，AutoCAD，三维制图等软件；管理协调能力强，工作严谨，有独立分析、解决问题的能力。

生产监造师主要具备六大通用管理职能：

（1）生产管理

①根据生产管理部门的滚动计划，编制月度计划、周计划、日计划。

②依照计划组织生产，完成对应专业的生产任务，跟踪生产过程和进度。

③对于影响生产大节点或跨部门间计划调整的问题，及时上报生产管理部门，配合生产管理部门处理计划调整、重大或突发生产事故等相关事宜。

④依据实际生产需要，协调人力、场地等与生产相关的资源。

（2）质量管理

①对船体制造过程进行相关质量标准监控，及时处理及反馈质量问题。

②工程品质保证，向质量管理部门提交报验，反馈质量问题和整改意见。

③宣导质量意识，做好质量管理培训。

④指导与检查制造工艺执行情况，反馈施工现场及设计过程中的工艺信息，与技术部门共同处理施工中的技术问题。

（3）安全管理

①依据安全生产措施，确保实现造船年度安全生产目标。

②加强现场安全生产督查管理，配合安全管理部门做好各项安全隐患的排查与整改工作，落实安全管理部门安全整改意见及建议。

③遵守安全管理部门各项安全制度规范要求，对危险作业按规定进行申报。

④做好各通道的通畅工作与生产现场的整齐、规范等5S工作。

⑤宣导安全意识，参与组织培训安全操作技能。

(4)成本管理

①强化成本意识,执行公司各项降本措施。

②降低能耗、物料消耗,加强废旧物资回收等降本增效措施。

③统计每月人工工时、设备台时及物料、能源的消耗量,向专业部门提供原始数据。

④落实成本管控部门提出的改进措施。

(5)设备管理

①负责生产区域生产设备的需求申报、配置,设备的使用、维修等工作台账记录。

②合理安排和利用设备,协调设备部门进行配套设备的安装与调试工作。

③负责申报设备操作人员的培训需求。

④负责所属设备的日常维护与保养,上报、协调解决生产过程中遇到的设备使用问题。

(6)劳务管理

①负责劳务工程队的工费结算。

②安排劳务工程队施工计划,合理分配施工任务。

③根据生产需要,合理配备劳务工程队人员。

④提高施工队伍的综合管理能力,定期评定、考核工程队的各项工作指标。

此外因为各专业分工的不同,各专业工作过程中亦有各自本专业的其他管理职能,例如船体监造师还会有分段制作运输摆放职能、精度控制职能等。

2. 船舶监造组的组成与监理职责

(1)监造组组成

船东监造师一般是以驻厂监造组的方式开展工作。监造组是买方检查合同执行的全权代表,监造组的工作通常是在船舶建造合同签字生效后,并在新造船舶开工后驻厂,直至交船结束。监造组工作是保证船舶建造过程中的重要一环。

(2)监造组职责

①监造组应接受船东主管部门的直接领导。

②监造组应严格按照船舶建造合同、技术说明书、规范与法规和其他有关标准及双方认可的图纸进行监造。

③ 船舶建造过程中,监造组原则上不应对技术说明书和图纸做修改,如必须修改的,应事先上报船东主管部门,经批准后方可进行。对修改项目,船厂提出加账的,也应及时向上级通报,并得到批准确认后,由监造组和船厂有关部门双方签字确认。

④监造组应认真负责地做好造船图纸的审核、认可工作,对跨专业需要协调的,应互相配合积极地进行讨论和交流。

⑤监造师应深入现场了解造船进度和检查质量情况,发现和解决问题,并及时汇报,保证船舶的建造质量。

⑥监造师按合同有权进入与本船舶建造有关的一切场所。对于船厂向监造组提交的检验项目,监造师只有在船厂质检部门检验合格,并收到厂方书面检验通知后方可正式验收,在各自职权范围内,监造师具有接受或不接受检验结果的权利。

⑦监造组应根据船舶系泊试验和试航日程向船东主管部门提供接船船员到厂时间。接船船员到厂后工厂接受监造组领导,监造组要领导船员做好接船工作。

⑧监造组应严格执行报告制度,每月写出监造报告,上报船东主管部门。

二、安全生产管理

安全生产管理是船舶企业安全管理的重要内容之一,是整个企业综合安全管理水平的体现。它可以及时地消除企业存在的各种隐患和风险,在最大程度上预防和避免意外事故的发生,而且还可以规范工人在作业过程中的不安全状态,减少各种不安全因素,从而达到避免事故发生的目的,保障了作业人员的人身安全。安全生产是指企事业单位在劳动生产过程中的人身安全、设备和产品安全,以及交通运输安全等。

1. 船舶企业安全生产的法律、法规

国家层面对安全生产的法律包括《中华人民共和国安全生产法》、《国务院关于进一步加强安全生产工作的决定》(国发[2004]2号)。

2. 企业职工安全生产的相关规定

《宪法》第四十三条规定:劳动者有休息的权利。第四十八条规定:妇女在政治的、经济的、文化的、社会的和家庭的生活等各方面享有同男子平等的权利。

《刑法》第一百三十四条规定:在生产、作业中违反有关安全管理的规定,因而发生重大伤亡事故或者造成其他严重后果的,处三年以下有期徒刑或者拘役;情节特别恶劣的处三年以上七年以下有期徒刑。第一百三十六条规定:违反爆炸性、易燃性、放射性、毒害性、腐蚀性物品的管理规定,在生产、储存、运输、使用中发生重大事故,造成严重后果的,处三年以下有期徒刑或者拘役;后果严重的,处三年以上七年以下有期徒刑。

《劳动法》第五十五条规定:从事特种作业的劳动者必须经过专门培训并取得特种作业资格。第五十六条规定:劳动者在劳动过程中必须严格遵守安全操作规程。劳动者对用人单位管理人员违章指挥、强令冒险作业,有权拒绝执行;对危害生命安全和身体健康的行为,有权提出批评、检举和控告。

《安全生产法》第三章规定了企业职工的八大安全权利:第一,劳动合同保障权。生产经营单位与从业人员订立的劳动合同,应当载明有关保障从业人员劳动安全、防止职业危害的事项,以及依法为从业人员办理工伤社会保险的事项。第二,知情权、建议权。即从业人员有权了解其作业场所和工作岗位存在的危险因素、防范措施及事故应急措施,有权对本单位的安全生产工作提出建议。第三,批评、检举、控告权。即从业人员有权对本单位安全生产工作中存在的问题提出批评、检举、控告。生产经营单位不得因从业人员依法实施安全权利而降低其工资、福利待遇或解除合同。第四,拒绝权。即从业人员有权拒绝违章指挥和强令冒险作业。第五,紧急避险权。即从业人员在发现直接危及人身安全的紧急情况下,有权停止作业并在采取可能的应急措施后撤离作业场所。第六,求偿权。即从业人员因生产事故受到伤害时,除依法享有工伤社会保险外,依照有关民事法律尚有获得赔偿的权利,有权向本单位提出赔偿要求。第七,获得劳动防护用品权。即从业人员有权要求企业向其提供劳动防护用品用具,并获得正确使用的信息。第八,受教育权。即从业人员有权要求参加企业组织的安全教育培训活动。

根据国家安全生产法律法规,在职业健康安全方面,企业职工安全生产应尽的职责和义务:第一,遵守安全生产规章制度和操作规程的义务;第二,服从管理的义务;第三,正确佩戴和使用劳动防护用品;第四,掌握安全卫生知识和提高操作技能的义务;第五,对事故隐患和职业危害及时报告的义务。

《工伤保险条例》对从事安全生产作业人员发生工伤事故后做了具体规定,从而保护了从事安全生产人员的合法权益。

3. 安全生产相关术语

五同时：公司各级领导和管理人员在计划、布置、检查、总结、评比工作时，要同时计划、布置、检查、总结、评比安全工作。

四新：新技术、新工艺、新设备、新材料。

四不伤害：我不伤害自己、我不伤害他人、我不被他人伤害、保护他人不受伤害。

反“三违”：反违章指挥、反违章操作、反违反劳动纪律。

消防安全工作三会：会报警、会使用灭火器材、会扑灭初期火灾。

四不放过：事故的原因未查清不放过、整改措施未落实不放过、有关人员未受到教育不放过、事故责任人没有受到处理不放过。

四全原则：全员——从公司领导到每个干部、职工（包括合同工、临时工和各施工人员）都要参与管理安全；全面——从生产、经营、基建、科研到后勤服务的各单位、各部门都要抓安全；全过程——每项工作的各个环节都要自始至终地做安全工作；全天候——一年365天，一天24小时不管什么天气，不论什么环境，每时每刻都要注意安全。“四全”的基本精神就是人人、处处、事事、时时都要把安全放在首位。

4. 劳保用品安全知识

劳动防护用品，即劳动保护用品，是指保护劳动者在生产过程中的人身安全与健康所必备的一种防御性装备，对于减少职业危害起着相当重要的作用。劳动防护用品分为特种劳动防护用品和一般劳动防护用品，未列入目录的劳动防护用品为一般劳动防护用品，特种劳动防护用品目录由国家安全生产监督管理总局确定并公布，特种劳动防护用品有三证：生产许可证（现改为安全标志证）、产品合格证、安全鉴定。

使用劳保用品应坚持的三个原则：第一，选择符合国家标准的、取得国家相关部门授权许可生产的劳保用品；第二，经常检查、维护保养；第三，正确使用劳保用品（见图4－2－1）。

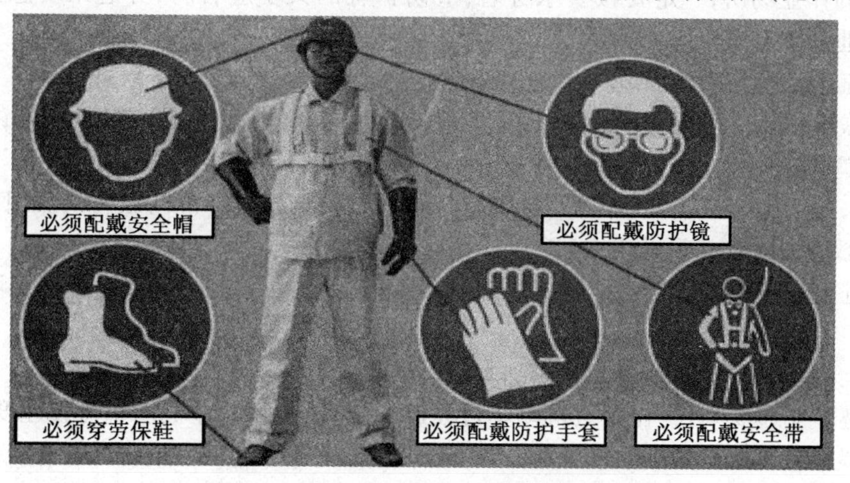

图4－2－1　正确穿戴劳保用品

船舶企业主要劳保用品防护作用与使用说明如下：

（1）安全帽为头部防护用品，使冲击力分散到尽可能大的表面上，并使高空坠落物向外侧滑落。正确使用的方法和注意事项：①使用时，不得将安全帽歪戴在脑后，否则会降低对冲击的防护；②在使用安全帽的过程中，要始终将安全帽的帽扣扣紧，防止因松动导致安全帽脱落;③安全帽要定期检查,发现帽子有龟裂、下凹、裂缝或严重磨损等情况,应立即更换;④安全帽不得当凳子坐。

(2)安全带是高空作业人员预防坠落的个人防护用品,由防护腰带、背带、安全绳和金属配件组成。正确的使用方法和注意事项:①在使用安全带时,应检查安全带的部件是否完整,有无损伤;安全绳是否存在断股、烫伤的现象;②扣挂安全带应高挂低作,挂钩应扣在不低于作业者所处水平位置的固定牢靠处,不得将安全带扣挂在活动的物体上;③当上方有热工作业时,在其下方不得使用安全带,防止烧蚀安全带;④不得将安全带挂在管件的自由端、安全网上。

(3)防护口罩(面具)主要是防止空气中有毒、有害性粉尘、气体及作业过程中产生的弧光等对人造成的病理性伤害。正确的使用方法和注意事项:①使用时应根据空气中粉尘浓度分别采用复式或简易防尘口罩;②防毒口罩的使用,则应根据不同毒气环境选用相应型号、性能的滤毒罐;③所选用的防尘、防毒口罩必须经国家指定部门鉴定,达到技术要求并获得生产许可证的方可使用;④送风式呼吸防护用品,使用时应注意导管和面罩结合部的密闭性,且导管的中间部分不应有接头。

(4)防护手套是保护手免遭各种伤害(如电击、化学烧蚀等)的防护用具。正确的使用方法和注意事项:①要根据不同作业条件及防护要求选用相应的防护手套;②戴用各类手套,不要让手腕裸露出来,以免使焊接火花或药剂飞溅入袖内;③绝缘、卫生防护手套在每次使用前仔细检查可靠性,确保使用安全;④手套用好后应及时清洗干净,妥善保管。绝缘手套还应定期复验其耐电压强度;⑤操作各类机床和具有夹挤危险的作业,操作人员禁止使用手套,以避免被机器缠卷或夹住而引起事故。

(5)安全防护鞋是足部防护用品(如胶面防砸安全鞋、焊接防护鞋等)。正确的使用方法和注意事项:①根据作业条件及防护要求不同,选用适合防护性能的防护鞋,特别是对有特殊要求的作业场所,一定要按要求穿着;②防护鞋的大小应合脚,穿起来要感到舒服,以免影响作业而危及安全。

5. 船舶企业基本安全规章

(1)总的要求,服从管理规范:① 要求必须做到的事(遵守事项),坚决要做;② 规定不能去做的事(禁止事项),坚决不做。

(2)入厂工作前必须参加三级安全教育,即厂级安全教育—部门教育—班组教育,只有通过安全教育考试合格后才能办理厂牌上岗。

(3)进入公司内禁止吸烟,不在禁烟区域吸烟,吸烟必须到指定的吸烟点吸烟,不丢烟蒂。

(4)上岗前、工作期间不喝酒,做到上班不喝酒。

(5)遵守交通规则:①在厂区机动车行驶速度为20 km/h ,非机动车行驶速度10 km/h,转弯时均为5 km/h ;②车辆都严禁驶入生产区域,违者将按照相关规定给予罚款处理;③厂区内行走要走安全通道;④不得从吊物的下方穿越、停留。

(6)文明生产,做到“工完、料清、场地净”,实现“5S”管理,包括:

整理:区分必要和不必要的,必要的将它留下按指定位置摆放整齐,不必要的及时从现场清理掉。

整顿:把要用的东西按规定的位置和方法摆放整齐,并做好标记进行管理,做到拿取方便,安全可靠。

清扫：随时清理、打扫作业场所（地面、设备）的垃圾、灰尘和污物等，自己产生的垃圾自己进行清理。

清洁：维护整理、整顿、清扫3S的成果，保持工作场所的干净、整洁。

素养：自觉遵守已规定的事项，养成良好的行为习惯，在此基础上自发地维护公司利益，关怀同事。

（7）不得进入与自己无关的工作场所。

（8）不得动用与自己无关的机械设备。

（9）正确穿戴和使用劳保用品。

（10）气体颜色标示：二氧化碳（红色）、天然气（黄色）、氧气（蓝色）、空气（灰色）。

（11）作业之前，预知危险，落实防范措施。作业之中相互提醒，预知危险，消除隐患。

（12）危险作业必须通过审批才能作业。

图4-2-2所示为现场警示图标。

图4-2-2　现场警示图标

6. 船舶制造过程中存在的主要危险

船舶修造行业是以短工期、高效率赢得市场，因此修造船作业过程中存在诸多不利于安全生产的因素，主要有以下特点：

（1）工期短，劳动力强度大，易出现疲劳作业。

（2）施工中危险点多，不确定因素较多，易出现交叉作业、不相容作业。

（3）船舶结构复杂。

（4）易燃易爆场所多。

（5）高处作业多。

（6）作业环境差，易出现通风、照明不到位现象。

(7)用电量大,电气事故隐患较多。

(8)起重作业量大。

容易发生的事故种类包括高处坠落、物体打击、车辆伤害、机械伤害、起重伤害、火灾、触电(包括雷击)、坍塌、爆炸、中毒等。

7. 当前造船企业中的安全管理现状

当前船舶工业安全生产的形势总体上趋于稳定,但是仍有严峻的一面,还存在着很多影响船舶安全生产的问题和矛盾,有一些深层次问题的解决还需要多方面的共同努力。所以说安全工作的长期性、艰巨性、复杂性十分突出。

(1)安全管理机制还需要完善。在船舶行业转型升级的今天,与船舶生产快速发展相比较,安全生产的管理水平却没有快速跟上。安全管理的理念、规范、技术、方式等都没有得到新鲜血液的补充。

(2)安全管理人员的队伍仍然需要加强。安全管理队伍的质和量到如今仍未被重视,一些专职安全管理人员的素质与目前的要求差距很大,特别是体现在业务知识与技能方面。而一些专业的有高学历的安全技术人才就更少了,导致了监管力量的薄弱。安全管理工作难以全面地开展与实施。

(3)安全投入的力度还需要再加一把火,尽管现在政府监管力度也非常强,同时船舶企业都对安全生产高度重视,但是仍然有减少必要的安全投入或者是安全投入不到位的情况存在着。一些与先进生产方式不相配的设施得不到及时的更换,这是安全事故的隐患之一。

(4)安全生产培训要全面地落实,这是现在船厂中存在的主要问题之一,很多船厂对于人员的培训只是走走过场,根本没有达到教育的目的,安全管理工作很难达到要求。

(5)农民工队伍的安全管理应该得到高度的重视,因为目前在船舶行业中,一线的工人队伍农民工就占到了80%以上的比例,农民工在上岗之前并未得到很好的安全培训,再加上农民工本身知识水平的问题,这几乎成为了现在船舶行业安全管理的一个高风险点。

船舶工业安全生产管理是随着船舶生产的发展而发展的,随着时代的变迁而进步的。船舶企业要坚持节约发展、清洁发展、安全发展,把安全发展作为一个重要理念纳入我国现代化建设的总体战略。船舶工业要保持高速度发展势头必须要有安全稳定的局面作保证。只有加强生产中的安全管理,才可以达到高标准的安全生产发展目标。

【思考与练习】

1. 目前船舶生产企业的发展态势如何?
2. 描述船舶企业内部不同生产区域的功能。
3. 船舶主要设备提供商有哪些?
4. 什么是船舶企业监造?船舶企业一般安全制度有哪些?
5. 分组讨论"话题"并汇报。

学习模块五　船舶专业职业生涯规划

【知识目标】

1. 了解职业生涯的含义。
2. 理解职业生涯规划的影响因素。
3. 熟悉船舶企业专业职业生涯发展。

【能力目标】

1. 能利用各种信息途径学习各种职业的特性与要求。
2. 能根据船舶生产企业的实际情况选择自己的职业岗位。
3. 能根据自己的能力谋划自己未来的职业生涯。

【情感目标】

1. 严谨细实的工作态度。
2. 良好的职业道德意识。
3. 创新意识和创新精神。
4. 优良的学风和团队协作精神。

【任务引入】

职业生涯规划是指针对个人职业选择的主观和客观因素进行分析和测定,确定个人的奋斗目标并努力实现这一目标的过程。换句话说,职业生涯规划要求根据自身的兴趣、特点,将自己定位在一个最能发挥自己长处的位置,选择最适合自己能力的事业。职业定位是决定职业生涯成败的最关键的一步,同时也是职业生涯规划的起点。

船舶生产企业的岗位特点是什么?进入船舶企业,及早认清自己,规划自己的人生显得尤其重要,那么如何规划自己呢?

任务一　职业生涯规划概述

一、职业生涯规划

在社会未迈入工业化以前,职业的种类较少,工作内涵也极为简单,通常的职业都是父母传授给子女,或由学徒直接向师傅学习,因此并不会产生择业的种种问题。自产业革命之后,工业科技日渐发达,机器日新月异,而生产过程也日渐复杂,产品的种类及生产量也大量的增加。因此,工作世界里的行业种类与职业,更趋复杂与专业。

1. 我国职业种类

《中华人民共和国职业分类大典》将我国职业归为 8 个大类,66 个中类,413 个小类,1 838个细类(职业)。

第一大类:国家机关、党群组织、企业、事业单位负责人,其中包括 5 个中类,16 个小类,25 个细类。

第二大类:专业技术人员,其中包括 14 个中类,115 个小类,379 个细类。

第三大类:办事人员和有关人员,其中包括 4 个中类,12 个小类,45 个细类。

第四大类:商业、服务业人员,其中包括 8 个中类,43 个小类,147 个细类。

第五大类:农、林、牧、渔、水利业生产人员,其中包括 6 个中类,30 个小类,121 个细类。

第六大类:生产、运输设备操作人员及有关人员,其中包括 27 个中类,195 个小类,1 119 个细类。

第七大类:军人,其中包括 1 个中类,1 个小类,1 个细类。

第八大类:不便分类的其他从业人员,其中包括 1 个中类,1 个小类,1 个细类。

以如此众多的职业数目及复杂的职业内涵,年轻人凭自己很难洞悉各种职业的内容及分类,而父母、亲友们也难具有专业化的知识,来协助子女选择适当的职业。因此,辅导年轻人择业的责任,就由家庭转移到学校及社会就业辅导机构。对年轻人而言,职业选择是否适当,将影响其将来事业的成败以及一生的幸福;对社会而言,个人择业是否适当,能决定社会人力供需是否平衡。如果每个人都适才适所,那么不仅每个人都有发展的前途,而且社会亦会欣欣向荣;相反,则个人贫困,社会问题丛生。由于职业选择,对一个人及社会都有极重大的关系。因此,政府及教育单位,对于青年人未来职业生涯的认识、规划、准备和发展,应极为重视,实施生涯教育。

2. 个体职业规划

个体职业生涯规划并不是一个单纯的概念,它和个体所处的家庭、组织以及社会存在密切的关系。随着个体价值观、家庭环境、工作环境和社会环境的变化,每个人的职业期望都有或大或小的变化,因此它又是一个动态变化的过程。对于个体来说,职业生涯规划的好坏必将影响整个生命历程。我们常常提到的成功与失败,不过是所设定目标的实现与否,目标是决定成败的关键。个体的人生目标是多样的:生活质量目标、职业发展目标、对外界影响力目标、人际环境等社会目标……整个目标体系中的各因子之间相互交织影响,而职业发展目标在整个目标体系中居于中心位置,这个目标的实现与否,直接引起成就与挫折、愉快与不愉快的不同感受,影响着生命的质量。

3. 职业规划最重要的两个目的

第一个目的是找到适合自己的工作,找工作最重要的就是要人岗匹配,适合自己。每个工作都有长处和短处,每个人都有优势和劣势。分析、定位是职业生涯规划的首要环节,它决定着个人职业生涯的方向,也决定着职业生涯规划的成败。求职之前先要进行职业生涯规划,进行职业生涯规划之前先要进行准确的自我定位。先要弄清自己想要干什么,能干什么,自己的兴趣、才能、学识适合干什么。可以通过可靠的量表工具的测量,评估职业倾向、能力倾向和职业价值观,这是职业生涯规划的基础。职业规划就是根据测评结果的各项指标,以及自身的学历、经历、能力,了解一个人的内在、外在优势,并且把这些优势整合在一起,作为职场上打拼的核心竞争力,然后由咨询师根据南北市场、行行业业的千千万万个职位，进行分析，找到这个人岗匹配的匹配点，也叫职位切入点。

第二个目的是为了通过规划求得职业发展，制定出今后各个阶段的发展平台，并且拿出攻占各个平台的计划和措施，然后由咨询师对切入点的所在的市场状况、行业前景、职位要求、入行条件、培训考证、工作业务、薪酬提升、行业英语等运作进行详细的指导，如要上每个平台，需要多长时间、补充哪些知识、增加哪些人脉等，而自己则沿着主干道去充电，几年后成为业内的精英，从而使自己的薪水和职位得到提升。

4. 做好职业生涯规划应该分析三个方面的情况

(1) 自己适合从事哪些职业/工作

研究自己适合从事哪些职业/工作，是职业生涯规划的关键和基础；回答这个问题，要考虑以下各方面的因素：自己所处的职业发展阶段、自己的职业性向（就是职业类型）、自己的技能（也就是我们的自身本领，比如专业、爱好、特长等）、自己的职业锚（就是职业动机）、自己的职业兴趣。

①本人所处的职业发展阶段

a. 探索阶段　15～24 岁。

b. 确立阶段　24～44 岁之间，这一阶段是大多数人工作周期中的核心部分。这一阶段包括了三个子阶段：尝试子阶段（25～30 岁）、稳定子阶段（30～40 岁）及职业中期危机阶段（在 30 多岁至 40 多岁的某个时段上）。

c. 维持阶段　45～65 岁。

d. 下降阶段　66 岁以上，当退休临近的时候。处在不同职业发展阶段的人，应考虑不同的事情。例如，在探索阶段，可以多做些尝试、探索，在工作中摸索出本人的职业性向、职业锚、职业兴趣等，逐步找到最适合自己的职业。而 40 岁以上的人，就不应该做过多的尝试，而是应该认真分析清楚本人的职业锚、职业性向，选择本人有优势的职业做长远的打算。这里的年龄阶段划分还应该针对不同的职业加以区分，例如在中国，作为职业足球运动员，30 岁已经该退休了；而作为教授，30 岁差不多是最年轻的。

可以看到，目前，在校大学生处在第一阶段——探索阶段。

②本人的职业性向　约翰·霍兰德的研究发现，不同的人有不同的人格特征，不同的人格特征适合从事不同的职业，约翰·霍兰德将其分为六种职业性向（类型）：实践性向、研究性向、社会性向、常规性向、企业性向、艺术性向。每一种职业性向适合于特定的若干职业。通过一系列测试，可以确定一个人的职业性向。职业者如果确定了自己的职业性向，就可以从对应的若干职业中选择。

③本人的技能　也就是我们的自身本领，比如专业、爱好、特长等。

④本人的职业锚　职业锚/动机（Career/Anchor）是职业生涯规划时另一个必须考虑的要素。当一个人不得不做出职业选择的时候，他无论如何都不会放弃的那种职业中至关重要的东西或价值观就是职业锚。职业锚是人们选择和发展职业时所围绕的中心。每一个人都有自己的职业锚，影响一个人职业锚的因素有：天资和能力、工作动机和需要、人生态度和价值观。

天资是遗传基因在起作用，而其他各项因素虽然受先天因素的影响，但更加受后天努力和环境的影响，所以职业锚是会变化的。这一点，有别于职业性向。

例如，某个人攻读了医学博士，并且从事外科医生工作已经 20 年了，尽管他的职业性向可能并不适合做外科医生,但是他在确定自己的职业时,基本上不会考虑改为其他职业,这是因为他的职业锚在起作用。

值得注意的是伴随现代科技与社会进步,大学生要随时注意修订职业目标,尽量使自己职业的选择与社会的需求相适应,一定要跟上时代发展的脚步,适应社会需求,才不至于被淘汰出局。

⑤本人的职业兴趣　在做职业生涯规划时,还要考虑本人的职业兴趣,例如:喜欢旅行(适合于经常出差的职业);喜欢温暖湿润的气候(适合在华南工作);喜欢自己做出决定(应该自己做老板);喜欢住在中等城市;不想为大公司工作;喜欢穿休闲服装上班;不喜欢整天在桌子后面工作,等等。另外,本人具有的职业技能也不能忽略,如果某人具有某项突出的技能,而这项技能可以为其带来收入,做职业生涯规划时就应当将其作为一个重要因素加以考虑。

(2)自己所在公司能否提供这样的岗位以及职业通路

除了研究本人适合从事哪些职业/工作之外,还要考虑本人所在的公司可能给您提供哪些岗位,从中选择那些适合您本人从事的岗位。如果在本公司没有适合您本人从事的岗位,或者说您所在的公司,不可能提供适合您本人的工作岗位,就应该考虑换工作了。作为公司的管理者,有责任指导员工做职业生涯规划,并且给出员工适合的职业通路。这样,企业才能人尽其才;员工才能尽其所能为公司效力。

职业生涯规划的时限,面对发展迅速的信息社会,仅仅制定一个长远的规划显得不太实际,因而有必要根据自身实际及社会发展趋势,把理想目标分解成若干可操作的小目标,灵活规划自我。一般说来,以5~10年的时间为一规划段落为宜。这样就会很容易跟随时代需要,灵活易变地调整自我,太长或太短的规划都不利于自身成长。具体可有2种方式:一是根据自己的年龄划分目标,如25~30岁职业规划、10年职业规划;二是根据职业通路中的职位、职务阶段性变化为划分标准,制定不同时期的努力方向,如5年之内向部门经理职位冲刺,10年内成为主管经理。

(3)在自己适合从事的职业中,哪些是社会发展迫切需要的

做职业生涯规划时,还要把目光投向未来。研究清楚本人现在做的工作,10年后会怎么样;自己的职业在未来社会需要中,是增加还是减少;自己在未来社会中的竞争优势,随着年龄的增加是不断加强还是逐渐削弱;在自己适合从事的职业中,哪些是社会发展迫切需要的,等等。

社会在进步,在变革,作为即将步入社会的大学生们,应该善于把握社会发展脉搏。这就需要做社会大环境的分析:当前社会、政治、经济发展趋势;社会热点职业门类分布及需求状况;所学专业在社会上的需求形势;自己所选择职业在目前与未来社会中的地位情况;社会发展对自身发展的影响;自己所选择的单位在未来行业发展中的变化情况,在本行业中的地位、市场占有及发展趋势等;对这些社会发展大趋势问题的认识,有助于自我把握职业社会需求,使自己的职业选择紧跟时代脚步。同时,个人处于社会庞杂环境中,不可避免地要与各种人打交道,因而分析人际关系状况显得尤为必要。人际关系分析应着眼于以下几个方面:个人职业发展过程中将与哪些人交往;其中哪些人将对自身发展起重要作用;工作中将会遇到什么样的上下级、同事及竞争者,对自己会有什么影响,如何提高人际交往能力与之相处,等等。

在综合考虑上述三个方面的因素后,就能够给自己做职业生涯规划了。

二、如何给自己做一个科学的职业生涯规划

1. 职业生涯设计的具体方法

许多职业咨询机构和心理学专家进行职业咨询和职业规划时常常采用的一种方法就是有关5个“W”的思考的模式。从问自己是谁开始,然后顺着问下去,共有5个问题:

第一个问题“我是谁?”应该对自己进行一次深刻的反思,有一个比较清醒的认识,优点和缺点都应该一一列出来。

第二个问题“我想干什么?”是对自己职业发展的一个心理趋向的检查。每个人在不同阶段的兴趣和目标并不完全一致,有时甚至是完全对立的。但随着年龄和经历的增长而逐渐固定,并最终锁定自己的终身理想。

第三个问题“我能干什么?”则是对自己能力与潜力的全面总结,一个人职业的定位最根本的还要归结于他的能力,而他职业发展空间的大小则取决于自己的潜力。对于一个人潜力的了解应该从几个方面着手去认识,如对事的兴趣、做事的韧力、临事的判断力以及知识结构是否全面、是否及时更新等。

第四个问题“环境支持或允许我干什么?”这种环境支持在客观方面包括本地的各种状态比如经济发展、人事政策、企业制度、职业空间等;人为主观方面包括同事关系、领导态度、亲戚关系等,两方面的因素应该综合起来看。有时我们在职业选择时常常忽视主观方面的东西,没有将一切有利于自己发展的因素调动起来,从而影响了自己的职业切入点。而在国外通过同事、熟人的引进找到工作是最正常也是最容易的。当然我们应该知道这和一些不正常的“走后门”等歪门邪道有着本质的区别。这种区别就是这里的环境支持是建立在自己的能力之上的。

明晰了前面四个问题,就会从各个问题中找到对实现有关职业目标有利和不利的条件,列出不利条件最少的、自己想做而且又能够做的职业目标,那么第五个问题有关“自己最终的职业目标是什么?”自然就有了一个清楚明了的框架。最后,将自我职业生涯规划列出来,建立形成个人发展计划书档案,通过系统的学习、培训,实现就业理想目标:选择一个什么样的单位,预测自我在单位内的职务提升步骤,个人如何从低到高逐级而上。例如从技术员做起,在此基础上努力熟悉业务领域、提高能力,最终达到技术工程师的理想生涯目标;预测工作范围的变化情况,不同工作对自己的要求及应对措施;预测可能出现的竞争,如何相处与应对,分析自我提高的可靠途径;如果发展过程中出现偏差、工作不适应或被解聘,如何改变职业方向。

2. 根据个人需要和现实变化,不断调整职业发展目标与计划

职场上常说,计划赶不上变化。对于自己碰到的问题和环境,需要及时调整发展规划,一成不变的发展计划有时形同虚设。

根据职业方向选择一个对自己有利的职业和得以实现自我价值的单位,是每个大学生的良好愿望,也是实现自我的基础,但这一步的迈出要相当慎重。就人生第一个职业而言,它往往不仅是一份单纯的工作,更重要的是它会初步使你了解职业、认识社会,一定意义上它是你的职业启蒙老师。最后,提醒毕业生们,人生成功的秘密在于机会来临时,你已经准备好了!机遇对于任何人来说都是平等的,千万别在机遇面前说抱歉!

3. 如何落实规划

制定好一系列的职业发展规划后,如何将其最终落实是每个规划制定者所必须考虑并面对的一个问题。做一个好的计划若没有实施上的细则,就无法保证计划顺利进行。应对职场纷繁信息和变动选择的成功法则就是必须建立有效的信息整理、分析和筛选系统,再结合自身竞争力合理规划职业生涯。这样才能在职业发展过程中凭借良好的职场敏感度达到职业成功的彼岸。

任务二　船舶专业职业发展

船舶类学生应该对自己的未来充满希望,对自己将来的就业岗位充满期待。那么船舶企业能提供什么样的专业职位,学生未来在企业的职业发展又是怎样的呢?

一、船舶专业职业发展途径

表 5 - 1 - 1 所示为典型船舶企业就业岗位。表 5 - 1 - 2 所示为造船职业发展路线。

表 5 - 1 - 1　专业、岗位匹配对照表状

专业	对口部门	对口岗位	职责定位
船舶工程技术	船体工程处	船体监造师	船舶分段、总组或搭载工程的工程管理、工程协调、质量管理、安全管理、5S 管理
		精度管理	精度测量、制定精度整改措施
	技术管理处	船体技术	船体项目生产设计、现场技术支持
		工艺定额	工程项目工艺标准及定额工费核定
	质量保证处	船体检验	船体项目过程质量检验、质量管理及船东报验工作
		质量管理	现场质量问题的处理,体系建立和管理,自主质量管理工作
	生产管理处	项目管理	负责单船生产的计划管理、统计分析、生产考核、生产前准备及生产协调工作
船舶舾装技术	船体工程处	船体监造师	船舶分段、总组或搭载工程的工程管理、工程协调、质量管理、安全管理、5S 管理
		精度管理	精度测量、制定精度整改措施
	技术管理处	舾装技术	舾装件生产设计、现场技术支持
		工艺定额	工程项目工艺标准及定额工费核定
	质量保证处	舾装件检验	船舶舾装件质量检验、质量管理及船东报验工作
		质量管理	现场质量问题的处理,体系建立和管理,自主质量管理工作
	生产管理处	项目管理	负责单船生产的计划管理、统计分析、生产考核、生产前准备及生产协调工作
	总装工程处	舾装件监造师	船舶舾装件预装、安装工程的工程管理、工程协调、质量管理、安全管理、5S 管理

表 5－1－1(续)

专业	对口部门	对口岗位	职责定位
船机制造与维修技术	技术管理处	轮机技术	船舶轮机、管系项目生产设计、现场技术支持
		轮机调试	轮机、甲板机械、管系设备的调试、交验
	质量保证处	管系检验	管路系统的质量检验、质量管理及船东报验工作
		轮机检验	轮机、甲板机械系统的质量检验、质量管理及船东报验工作
		质量管理	现场质量问题的处理,体系建立和管理,自主质量管理工作
	生产管理处	项目管理	负责单船生产的计划管理、统计分析、生产考核、生产前准备及生产协调工作
	总装工程处	管系监造师	船舶管系项目预装、安装工程的工程管理、工程协调、质量管理、安全管理、5S 管理
		轮机监造师	船舶轮机项目预装、安装工程的工程管理、工程协调、质量管理、安全管理、5S 管理
船舶电气工程技术	技术管理处	电气技术	船舶电气项目生产设计、现场技术支持
		电气调试	电气设备的调试、交验
	质量保证处	电气检验	电气系统的质量检验、质量管理及船东报验工作
		质量管理	现场质量问题的处理,体系建立和管理,自主质量管理工作
	生产管理处	项目管理	负责单船生产的计划管理、统计分析、生产考核、生产前准备及生产协调工作
	总装工程处	电气监造师	船舶电气项目预装、安装工程的工程管理、工程协调、质量管理、安全管理、5S 管理

表 5－1－2　造船职业发展路线

主管序列	专业序列	备注
总经理		
副总经理	主任工程师	
总经理助理	副主任工程师(一)	
一级主管(处长)	副主任工程师(二)	
一级主管(副处长)	高级工程师(一)	
一级主管(处长助理)	高级工程师(二)	
二级主管(室主任、科长、副科长、作业长)	工程师(一)	
	工程师(二)	
	工程师(三)	
	助理工程师(一)	
	助理工程师(二)	
	技术员	

表 5-1-2(续)

主管序列	专业序列	备注
	见习生	第一年合同期
	实习生	在校生实习

注：

1. 船体、船机、船电专业，就是在专业序列名称前加上专业名称，如船体工程师；
2. 专业序列与主管序列交叉表示职业序列可以互相评聘晋升。

我们不难发现船舶类学生根据不同专业进入船舶职场不同岗位，但一样的起点，都是先从实习生开始，到见习生、技术员、助理工程师，然后根据自己的条件与能力分两条线发展自己，直至顶层。要实现这一过程，对许多人来讲是很漫长的，在这漫长的岁月中如何定位自己，给出一个令人满意的职业规划蓝图，必须有所思考。

二、船舶专业职业发展规划

目前船舶企业职工的工作内容得到了极大的丰富，工作转移已成为企业一种常见的现象。与此同时，随着人才的流动越来越频繁，职工的职业选择空间也越来越大。现代职工在进行职业选择时不仅仅考虑薪酬与福利的问题，而是更多地考虑个人兴趣与个人发展。

职工从船舶企业提供的员工开发中获得一定的培训与教育机会，使自己的工作技能及自身潜能得到发展，更好地完成其工作。这样职工一方面使自己的工作满意度与成就感得到增强；另一方面还可以使职工自己更好地把握住发展机会来最大限度地为企业服务，使企业的利益与职工的利益得到统一与满足。

职工在对自己进行职业生涯规划时，先要确立一个支点，这个支点就是“我为什么去船舶企业工作”。

1. 船舶企业职工发展规划三个层次的支点

(1)生存支点

如果立足生存支点来规划职业生涯，会把薪酬作为主要导向。总是在想明天能不能找到薪酬更高的工作，一有获取高薪的机会就会跳槽，而常常忽略自身成长。待到遇上职业瓶颈，薪酬没了增长空间，而技能又没学到多少，身价便会每况愈下。在如今这个知识更新越来越快的时代，在为现在的高薪得意时，更要想想如何保持高薪。所以，如果一直以生存为支点来做职业规划，是一种只重现在不看将来的短视行为，不会感到工作的快乐，也不会获得事业上的成就感。

(2)发展支点

如果立足发展支点来规划职业生涯，会以自身的进步作为导向。即使所从事的职业并不特别喜欢，薪酬也并不特别高，也会努力做好。对你来说，从中获取的经验和技能最为重要。这些收获让你增值，帮助你实现未来事业上的成功。除了有物质上的收获外，还有精神上的收获，如荣誉、地位等，最终成为职场上的抢手货。不过，这种职业修炼过程需要不断挑战自己的极限，鞭策自己向前迈进，可能会承受工作压力的考验。

(3)兴趣支点

如果是立足兴趣支点来规划职业生涯，会以快乐作为导向，并不一定在乎眼前的薪酬多少，也不在乎将来能获得什么地位与荣誉，能找到喜欢的职业，能享受工作的过程，就会对工作投入极大热情，忘却疲倦，甚至感到生命变得灿烂多彩。喜欢是做好一件事的前提，兴趣是成功的最大驱动力。

不过，现在船舶类职场竞争激烈，你有兴趣的工作常常别人也感兴趣，你要知道自己的优势和劣势，采取合适的策略去获取。

2. 结合内外部因素确定支点

船舶专业职业规划既要考虑外部因素，诸如就业环境、家庭状况、自身发展情况等，又要考虑内部因素，诸如能力、专业知识、爱好、性格等。

根据外部因素来确定一个合适的支点。如果目前知识、经验及能力储备丰厚，可以以发展支点或快乐支点来规划自己的职业生涯，在职场选择有潜力的职业或感兴趣的职业。如果初出茅庐，经济拮据，不妨以生存支点来规划自己的职业生涯，从一些简单的职业做起，不要好高骛远，等待专业职场修炼到某种程度后，再重新规划职业生涯。

根据内部因素来确定一个合适的职业。职业选错会影响成功概率，美国专家曾做过统计，内向型的人从事销售职业，成功的概率低，且比外向型的人付出更多的代价。可通过专业的人才测评，实现对自身特质的系统了解。

我们在做职业规划时，还要根据自己的职场修炼程度适时改变职业规划支点。当解决了温饱问题后，就要将原来的生存支点转移到发展支点上来，重新调整自己的职业规划。即使目前的工作能获取高薪，但知识及技术含量不高，没有什么发展空间，也不该多留恋。或者以兴趣支点来重新规划，找一份原来梦寐以求的工作，也许薪酬并不一定比原来高，但只要足以维持体面的生活即可，这是职业的最高层次。这时，工作就成为生活中的一种享受。在这个人才、行业、知识快速更新的时代，只有根据实际情况快速转移职业规划的支点，才能立于不败之地。

除了上述单一支点以外，在做职业规划时也可以采用多支点策略，如将生存支点与发展支点结合考虑，或者将发展支点与兴趣支点结合考虑等。支点复合越多，职业规划的难度也就越大。一般说来，职业规划应该先从单一支点起步，随着知识、技能、经验等的积累，再逐步采用复合支点。职业规划应该一直伴随着职业生涯的发展。即使是在一个你认为值得终身从事的职业上，也还存在着是继续努力还是满足现状的选择——是将职业生涯放在生存的支点上，还是放在继续发展的支点上呢？

人生的目标在于追求生活的快乐。快乐地工作是我们的追求，而这种快乐并非贫穷的快乐，而是建立在无衣食之忧的基础之上。马云在工作，比尔.盖茨的钱多得用不完也还在工作。工作对他们而言并不是为了生存，而是一种快乐，这是职业生涯规划的终极目标。

【思考与讨论】

1. 如何发现最适合自己的职业？
2. 怎样去搜集职业信息？
3. 怎样才能做自己喜欢的事？
4. 分组讨论“话题”并汇报。

附录　船级社集锦

一、船级社简介

在法律意义上讲,它是出于保险或其他目的根据船舶的状况对船舶进行检验和分类的组织。其主要作用是对船舶在建造时和建造后进行定期检验,目的是设定和维持船舶及其设备的建造和维修标准。每个船级社有一套规则规定检验要求,对船舶来说,要保持其级别就必须遵守这些规则。在多数国家船东并无义务使其船舶分等级,但是通常这是船舶保险的一个条件,也是多数租船人和发货人的要求,因此,如果船舶没有分等级的话,在贸易上就有相当多的困难。船级社也监督和批准集装箱的建造。这个组织在多数的主要海运国家都存在。

船级社最早产生于230年前的英国。18世纪中期,英国伦敦泰晤士河畔设有若干的咖啡馆,从事船舶生意的人们常在此聚谈,其中营业最盛者是爱德华·劳埃德,所有船舶和货物保险,大部分在该咖啡馆办理,于是形成了海上保险的中心。由于保险需要了解船舶的技术状况,遂于1760年成立了劳埃德船级社,并开始实施船舶检验和登记入级。初期的验船师大多是退休的船长和船上的木匠,经验丰富,能一验便知船舶优劣(那时都是木帆船)。他们最初把船体技术状况划分为五类:A(最好)、E(较好)、I(中等)、O(较坏)、U(最坏);又将所备帆、锚等分为三类:G(好)、M(中)、B(坏)。后来逐步根据需要,变革到现在的入级符号。Classification一词原是分级的意思,现在成为入级,不再对船舶划分等级。只要船舶建造符合船级社的建造规范,并经检验合格,该船即在该船级社入级。

劳氏船级社成立以后,鉴于船级社的作用和实际需要,各航运发达国家及有些发展中国家,也相继成立了自己的船级机构,以便发展航运事业和增强国际竞争能力。迄今世界上已有近50家船级社。

船级社以其专业的船舶技术知识在保障船舶航行安全方面起着独特的作用。船级社通过对船舶的检验,使船舶达到政府和保险商的要求,以及船东和公众期望的安全标准。船级社提供的传统服务主要包括入级服务和法定服务。船级社面对的客户具有多样性。如在船舶建造的不同阶段,船级社的服务对象是不同的。在船舶设计和建造阶段,船级社的服务对象是船厂;交船后,服务对象即转为船舶所有人或船舶管理人。船级社对不同的客户服务的依据也是不同的。由此可以看出,船级社的法律地位是特殊的。

随着船级社的逐步发展,其业务也有所变化。船级社成立之初,其为保险商提供的入级服务,完全是自愿的,保险公司可以委托船级社进行船级划分,也可以不委托。而现在的入级服务已不仅是为保险商服务,而且政府希望通过入级服务,代替政府执行有关国际公约的要求,以保障船舶的质量和保障安全。因此各国政府均赋予船级社更大的权利,并从法律法规上给予保障。船舶从设计、建造、营运和维修的各个阶段都要受到船级社的监督。不通过船级社的检验和发证,船舶不能营运。在近几年的国际公约中,出现了船舶必须达到某些入级规范标准的要求。正是这种具体技术要求的一致性,使得入级检验也具有了一定的法定特征。

另外,船级社的业务范围也从航运领域扩大到相关的工业领域。船级社在其二百多年发展历程当中,一直是作为公益性非营利性的机构而发展起来的,随着国际船级社间竞争的加剧,经营成本的增大,各个船级社纷纷寻找出路,传统的理念受到了挑战。激烈的市场竞争将迫使船级社将注意力从有限的航运服务市场转向工业服务市场。

二、国际船级社协会(International Association of Classification Societies,IACS)

国际船级社协会是为加强各船级社的联系,统一解释国际公约,协调各国船级社规范,由主要海运国家的船级社参加的国际性联合组织。IACS 成立的目标是促进海上安全标准的提高,与有关的国际组织和海事组织进行合作,与世界海运业保持紧密合作。

IACS 的历史可以追溯到 1930 年召开的国际载重线公约会议,该会议建议各船级社经常协商,以求在执行船体强度的规定方面尽可能趋于一致,因而一些主要船级社表明了要加强相互联系的意向。1939 年美国船级社(ABS)、法国船级社(BV)、挪威船级社(DNV)、德国劳氏船级社(GL)、英国劳氏船级社(LR)、日本海事协会(NK)和意大利船级社(RINA)在罗马召开了第一届国际船级社会议,与会代表一致认为各船级社之间应进一步加强联系和合作。此后又于 1955 年在巴黎、1965 年在纽约、1968 年在奥斯陆召开了第二至五届会议,这几次会议逐渐促成了国际船级社组织成立的条件渐趋成熟。1968 年 9 月 11 日上述 7 家船级社在汉堡 GL 总部召开会议,正式成立了 IACS。此后苏联船舶登记局(PC)——现为俄罗斯海船登记局(RS)、波兰船舶登记局(PRS)、中国船级社(CCS)和韩国船级社(KR)先后成为该协会的正式会员。后 1997 年 PRS 被降为副会员。

IACS 由理事会领导和制定总政策,理事会设立一些工作组去执行协会的具体任务。IACS 设有下列工作组:集装箱、发动机、防火、液化气船和化学品船、内河船舶、海上防污染、材料和焊接、系泊和锚泊、船舶强度、稳性和载重线。

各工作组完成的项目有:拟定各会员之间统一规则和要求的草案;起草对 IMO(世界海事组织)要求的答复;对 IMO 的标准做统一的解释;监控与本专业有关的工作。IACS 共有五千多名技术精湛的检验人员。世界上 92% 的商船由 IACS 去定级。他们除了本职工作外,还受政府委托去处理多种多样的事务。IACS 在发展船舶技术规则方面起着重要的作用。IACS 理事会认识到该协会与 IMO 之间相互关系的重要性,在伦敦设有一个办事处与 IMO 保持联系。还与对海运有兴趣的其他组织保持接触,联系最紧密的是国际标准化组织和国际海上保险集团,与其交换情报和意见,以便提供更好的服务。IACS 的目标之一是要求把会员之间的各种规则统一起来。到目前为止,理事会已通过了 150 条要求,90% 的统一要求都得到成员单位的贯彻。IACS 除了提出统一要求外,还公布有关船舶安全营运和维修准则,其中包括舱口盖的保养和检验、消防、船舶单点系泊设备标准等。IACS 利用成员们在海上安全、防污染、船舶营运等方面的丰富经验,在向船东和经营者提供准则上起着重要作用。IACS 的成员通过他们设在全球的检验机构网点,对航运界的情况了如指掌。他们了解到船东抱怨在不同的港口船舶的检验标准不同,为此 IACS 制定了一个最低船舶检验标准,让其成员服从这一标准。IACS 在人力和技术方面拥有独特的、巨大的潜力,且正在把这些潜力用到船舶检验的共同标准上。

国际船级社协会掌握世界船舶的技术知识使其在国际航运安全和制定海运规则方面起着独特的作用。加入 IACS 成员船级的船舶总吨位已占世界商船总吨位的 90% 以上。IACS 成员得到了一百多个 IMO 成员国的授权进行法定检验并代表其签发法定证书。此外，国际船级社协会还是在国际海事组织内具有咨询地位的唯一能够制定规范、具有观察员身份的非政府组织。以其全球性的服务网络、领先的技术经验和对航运公约的深入理解，IACS对世界海运安全具有重大的影响。

国际船级社协会目前有13家正式会员。随着区域性组织（如欧盟）对船级社反垄断调查，国际船级社协会修改了其成员标准，相信未来IACS的成员数量仍会增加。

三、世界主要船级社

China Classification Society 中国船级社，缩写为CCS
American Bureau of Shipping 美国船级社，缩写为ABS
Bureau Veritas 法国船级社，缩写为BV
Det Norske Veritas 挪威船级社，缩写为DNV
Germanischer Lloyd 德国船级社，缩写为GL
Korean Register of Shipping 韩国船级社，缩写为KR
Lloyd' s Register of Shipping 劳埃德船级社（英国船级社），缩写为LR
Nippon Kaiji Kyokai 日本船级社，缩写为NK
Registro Italiano Navale 意大利船级社，缩写为RINA
Polish Register of Shipping 波兰船舶登记局，缩写为PRS
Russian Maritime Register of Shipping 俄罗斯船舶登记局，缩写为RS
India Register of Shipping 印度船级社，缩写为IRS
Croatian Register of Shipping 克罗地亚船舶登记局，缩写为CRS
Hellenic Register of Shipping 希腊船级社，缩写为HRS
The Australian Maritime Safety Authority 澳大利亚船舶登记局，缩写为AMSA
PT. Biro Klasifikasi Indonesia (Persero)印度尼西亚船级社，缩写为BKI
Bulgaria Register of Shipping 保加利亚船舶登记局，缩写为BRS或BKR
Egyptian Register of Shipping 埃及船舶登记局，缩写为ERS
Ukrainian Register of Shipping 乌克兰船级社，缩写为URS或RU
Yugoslav Register of Shipping Bureau 南斯拉夫船舶登记局，缩写为JR
Czech Register of Shipping Bureau 捷克船舶登记局，缩写为CSLR
Romanian Register of Shipping Bureau 罗马尼亚船舶登记局，缩写为RN
Serbian Register of Shipping 塞尔维亚船级社，缩写为SRS
The Philippine Register of Shipping, Inc. 菲律宾船级社，缩写为PRS
Vietnam Register 越南船级社，缩写为VR

四、国际船级社协会主要成员介绍

1. 中国船级社（China Classification Society，CCS）

中国船级社前身为中华人民共和国船舶检验局，1956年成立，性质为中央部属单位。1986年，经国务院批准成立了中国船级社，与船检局实行“一个机构、两块牌子”。1988年5月，中国船级社加入国际船级社协会（IACS），成为其正式成员。1992年，按照国际船级社协会（IACS）质量认证体系的要求，建立起中国船级社质量管理体系，并获得了国际船级社协会（IACS）颁发的质量体系符合

CCS
Chi Classification Society
中国船级社

证书。

1996年7月1日至1997年6月30日,中国船级社出任国际船级社协会理事会主席,被誉为中国海事界的一大盛事。1998年底,按照国务院水监体制改革的部署,中国船检体制进行了重大改革,中国船级社与船舶检验局实行了“局社、政事”分开。中华人民共和国船舶检验局(交通部船舶检验局)与中国船级社在局社合一体制时所属的国内外船舶检验机构,在实行局社分开后,均作为中国船级社所属的机构,名称都相应改冠以“中国船级社”,如“中国船级社XX分社”或“中国船级社XX办事处”等,不再使用“中华人民共和国XX船舶检验局”或“中华人民共和国船舶检验局XX检验处”等名称。为保证工作的连续性,目前原中华人民共和国船舶检验局(中国船级社)所属的机构可以暂时继续使用原名称,待新的名称正式启用后(届时另行通知),一律不再使用原名称。

中国船级社视风险管理为其业务的基本属性,围绕入级船舶检验、国内船舶检验、海洋工程检验和工业服务四条业务主线开展业务,大力发展规范科研和信息技术两个支持保障系统,坚持“技术立社、诚信为本、与众不同、国际一流”的建社方针,打造CCS质量品牌,取得了令人瞩目的成绩。

中国船级社在国内沿海、沿江主要港口设有39个分社和办事处,在国外14个国家和地区设有19个分社、检验处、站,全球检验网点60多个,形成了覆盖全球的服务网络。已接受38个国家或地区的政府授权,为悬挂这些国家或地区旗帜的船舶代行法定检验,同时还与境外20家验船机构签订了相互代理检验的合作协议。形成了以北京为中心,以国内沿海、沿江主要港口为依托,以欧洲、北美洲、大洋洲以及远东和北非地区等为主的世界范围内的检验服务网络。CCS还是国际独立油轮船东协会(INTERTANKO)和国际干散货船东协会(INTERCARGO)的联系会员。

2. 美国船级社(American Bureau of Shipping, ABS)

美国船级社成立于1862年,属非政府组织,主要致力于为公共利益和客户需求服务,通过开发和验证海洋相关设施的设计、建造和操作标准,保护人命、财产和自然环境的安全。

美国船级社的突出特点是开展了美国海军中小型战斗舰及军辅舰的检验业务。迄今为止,ABS的业务范围涉及船舶、海洋工程、锅炉及压力容器、石油化工工业、电站动力设施、铁路与港口设施、船用设备与集装箱等检验业务,同时还开展了围绕着ISO9000、14000、18000、SA8000、BSCI等方面的认证工作。

美国船级社有上海、大连、广州三个大的站,其他的小站分属三个大站管理。美国船级社中国的站点均归香港管理,审图由横滨总管,整个美国船级社亚太区总部在新加坡。

ABS认证即是由美国船级社(ABS)颁发的证书。

美国船级社开发了大量的船舶制造和分类“规则”,涵盖了包括离岸移动钻井平台、水泥船、精密科研船,到采矿船在内几乎所有的船舶类型。通过对这些船舶的定期调查,美国船级社建立起了一系列的分类“规则”,以保证所有船舶均能得到最合理的使用。美国船级社的出版物由其技术委员会负责制定和更新,反映了该行业中的最新技术。美国船级社在世界各地均设有办事处。

3. 法国船级社(Bureau Veritas, BV)

法国船级社(必维国际检验集团、法国国际检验局、法国国际检验集团、法国国际验船协会)1828年成立,总部位于法国巴黎,是国际船级社协会13个正式成员之一,世界领先的

检验认证集团之一，也是世界上最大的船级社之一。法国船级社除了提供船舶检验入级服务外，还在各种工业领域提供广泛的质量检验、认证、咨询、监理和公证等服务。

Bureau Veritas 的名称曾出现在凡尔纳的《海底两万里》(1869 年)、《神秘岛》(1874 年)和《The Survivors of the Chancellor》(1875 年)三部小说中，并被列入了法语字典 Larousse 和韦氏大辞典(1913 年)。

法国船级社的业务已经拓展到质量、健康与安全、环境和社会责任多个领域，在船舶入级与检验、体系认证、国际进出口商检、社会责任审核、消费品测试、工业建筑与基础设施、核安全等多个领域均处于世界领先地位。

BV 集团由四大业务部门组成：法国 BV 船级社、工业和基础设施部(I&F)、消费品检验部(BVCPSD)、政府与国际商检部(BIVAC)。其中法国 BV 船级社提供船舶入级检验。目前 BV 入级船舶超过 7 300 艘，近 5 200 多万总吨。工业与基础设施部为集团最大的业务部门，业务额占集团总收入的近三分之二，其海上业务收入约占总收入的 11%。1995 年底法国 BV 船级社以领先的技术，推出了“万里之星”(VeriSTAR)软件系统，为船厂和船东提供了便利的船舶设计和船舶维护管理的工具。

法国船级社一贯重视中国业务，1882 年就曾在上海设立办事处，后因战乱终止，1993 年 BV 又重新在上海设立了办事处，目前在中国地区拥有 4 000 多名员工。法国船级社中国总部及审图中心设立在上海，并在北京、香港、天津、广州、深圳、大连、青岛及南京等设立了 30 余个办事处和实验室。法国船级社中国船舶部门由新船建造检验、营运船检验、船用设备检验、审图中心、万里之星等组成。

4. 挪威船级社(Det Norske Veritas，DNV)

挪威船级社成立于 1864 年，总部位于挪威首都奥斯陆，是一家全球领先的专业风险管理服务机构，以“捍卫生命与财产安全，保护环境”为宗旨的独立基金组织。DNV 为客户提供全面的风险管理和各类评估认证服务，主要涉及船级服务、认证服务、技术服务等方面，其在全球 100 个国家设立了约 300 个分支机构，员工逾 9 000 人，来自全球 85 个不同的国家和地区。

挪威船级社作为世界知名的船级社和国际权威认证机构，DNV 以科技知识及经验为服务基础，主旨为保护生命和财产，也为保护自然环境而效力，竭尽所能为客户管理风险，而世界各地的办事处为机构造就一个灵活高效率的服务网络，作为一家以知识为本的公司，DNV 的主要财产是员工的创造力、知识和专业技术，如今 DNV 在大中国地区建立了完善的服务网络，在 20 个城市设有 36 家办事机构，员工数超过 850 人。DNV 大中国地区已经成为 DNV 在挪威本土以外最大的运营地区。

DNV 分为以下四个业务部门和三个独立的业务单位：

DNV 能源部是油气和流程工业领域的服务的领导者，致力于运用丰富的行业知识和尖端技术实施安全、清洁和经济的解决方案。DNV 能源部提供技术资质认定、基于风险的验证、海上设施入级、资产运营等一系列服务。此外，DNV 能源部还提供企业风险管理服务，以帮助能源行业安全、负责地改善经营业绩。

DNV 业务促进部是国际领先的权威认证机构，也是提供风险管理解决方案的全球性机构。其目标是帮助客户建立公信度，安全、负责地改善他们的经营业绩。服务内容涉及管理体系认证、气候变化、企业责任、产品认证以及针对企业主要商业风险分析和评估的培训服务。DNV 业务促进部的客户来自于大多数工业部门,主要针对的行业有食品与饮料、IT 与电信、汽车、医疗保健、物流运输、金融、流程工业、公用部门等。我们不仅提供针对具体行业的特定服务和解决方案,也有跨行业的一般服务。

DNV IT 全球服务部帮助客户理解并控制运行在复杂 IT 和通信系统下的风险。从软件开发的过程改进到信息质量管理、信息安全等,DNV IT 全球服务部帮助客户获得安全而可预见的业务运作。

DNV 海事部作为世界领先的船级社之一,帮助海事业管理风险,涵盖船舶的整个生命周期。DNV 提供包括船级检验、法定认证、燃油检测等一系列与技术和营运相关的服务,以帮助达成高质量的航运。目前,入级 DNV 的营运船舶超过 5 200 艘,总计超过115 000 000 载重吨位,约占世界船队的 17%。

DNV 研发创新部是致力于战略研究与创新的企业部门。其主要关注点是对于我们业务发展具有长远影响的全新知识和科技领域。他们的研发活动包括研究未来的科技发展趋势,在 DNV 建立新的业务能力和服务以及尽早确立保证 DNV 作为科技领导者的市场定位和品牌策略。DNV 研发创新部涉足国际性的研究项目,同时也协同客户或相关行业部门开展联合项目。

DNV 软件部研发的软件系统涉及设计、强度评估、风险分析、资产生命周期管理和基于知识的工程实践等领域。其 Brix 是保护客户工程知识的框架,Nauticus 应用于海事业,Sesam 应用于海洋工程领域,以及 Safeti 应用于石化行业。

DNV 气候变化服务部是一个新近成立的独立业务单位,旨在加强 DNV 在气候变化服务领域的战略部署,主要提供例如排放交易的审定和核查等方面的服务。凭借 DNV 在清洁发展机制(CDM)市场已经取得的领先地位,DNV 气候变化服务将继续在气候变化领域发挥"发电站"与催化剂的作用,并将协同其他业务部门和 DNV 研发创新部,引领 DNV 在服务革新领域向前迈进。

2012 年 12 月 24 日,挪威船级社(DNV)与德国劳氏船级社(GL)宣布正式合并。新的 DNV－GL 集团总部将位于挪威奥斯陆,但船舶入级服务总部将位于德国汉堡,DNV 与 GL 将继续独立运行,这将引领海事界进入新一轮发展阶段。

5. 德国劳埃德船级社(Germanischer Lloyd,GL)

德国劳埃德船级社(GL)成立于 1867 年,是世界最大和历史最悠久的船级社之一,也是世界头号所有种类集装箱船船级社,全球有超过 30% 的集装箱船队和近乎半数的新造集装箱经德国劳埃德船级社认证。目前德国劳氏船级社在世界 120 余个国家设有 400 多个办事处,拥有 2 000 多名员工。德国劳氏船级社自成立以来,从德国首相到外交部和运输部,一直积极地支持 GL 的业务开展,并作为政府专门的技术机构而得到重视。

德国劳氏船级社有着 140 多年的历史,在船舶测试、研究和改善安全等方面处于世界领先地位。为全球船舶业提供各种技术、安全和质量标准服务。近年来,德国劳氏船级社提供的服务不断扩大,不再是一个单纯的船舶船级社,已发展成一个全球性运营技术监测机构。业务范围从船舶分级如运行噪音分析和防腐蚀技术咨询,到离岸和船上设备安装等。无论什么领域,其目标都是成为客户合格、独立的合作伙伴。德国劳氏船级社的核心思想,是在帮助客户优化安全运作的同时,增加其运行效益。

技术优势、毫不妥协的质量追求和一流服务是德国劳氏船级社(GL)的首要资产。德国劳氏船级社是集装箱船入级领域的市场引领者。每两艘集装箱船中便有一艘是按GL规范建造的。在致力于促进革新、持久性和环境保护的同时,GL的服务也涵盖所有其他船型,如油轮、散货船、多用途船、高速渡轮和遊轮。目前GL级营运船有6 500艘,共计7 200万总吨。新造船订单1 800多艘,达3 200万总吨。

总部位于德国汉堡的德国劳氏船级社已在76个国家设立了191个办事处,形成全球性服务网络。

德国劳氏船级社同时在上海、大连、江阴、南京、宁波、武汉、广州、青岛、香港、高雄设立了办事处。GL中国区办公室和大中华区办公室、东亚审图部和东亚工程服务部以及亚太地区办公室均位于上海。

GL服务范围包括新造船监督、营运船检验、ISM、ISO和ISPS认证、质量管理认证、工厂/船厂认可及各种培训。

6. 韩国船级社(Korean Register of Shipping,KR)

韩国船级社(KR)成立于1960年,为非营利性机构。其宗旨是为航运、造船及其他与海事相关的工业提供可靠的技术规范和标准,以促进海上生命和财产的安全以及保护海洋环境。

韩国船级社得到了40多个国家和地区政府的法定检验授权,在全球主要港口设有43个办事处。

1996年2月12日,韩国船级社上海事务所成立,进一步加强了亚洲船级社之间的合作和紧密联系。为了实施合作研究,亚洲四大船级社(中国船级社、印度船级社、日本海事协会、韩国船级社)间开展了诸多合作研究项目,例如FSA、船体强度直接分析以及对腐蚀的分析等。这些合作提高了韩国船级社的可信度,保障了海事安全。2007年5月16日,KR新任主席吴恭均先生一行到中国船级社进行访问,双方就共同关心的多边和双边问题进行了广泛和坦诚的交流,并在诸多方面确定了进一步深入合作的意向,为推动双方的合作奠定了新的基础。

目前,韩国船级社的主要业务包括入籍检验、法定检验、型式认可、船用设备认可、管理体系认可、军船项目、陆上服务等。

韩国船级社通过多样的分析方法和多年来的经验,已经具备了建造LNG船最尖端的技术能力。

7. 英国劳氏船级社(Lloyd's Register of Shipping,LR)

Lloyd's Register

英国劳氏船级社(LR),也译作英国劳埃德船级社,是世界上成立最早的一个船级社。其机构庞大,历史较长,在世界船舶界享有盛名,是国际公认的船舶界权威认证机构,在军工、工程等方面也颇有名气。它主要从事有关船舶标准的制定与出版,进行船舶检验,检定船能,公布造船规则等。在许多国家的港口设有办事机构或验船师。它曾参与ISO9000族标准的修改和认可条例的修改。还在世界各地设有30多家代表处,在当地招聘审核员,从事认证工作。

劳氏船级社由一个委员会控制,委员会由来自船东、船舶和机器制造商、钢铁制造商、保险商、伦敦保险协会和船东协会及皇家船舶设计和建造协会的技术委员会的代表组成。

劳氏船级社从17世纪爱德华·劳埃德拥有的一家伦敦咖啡馆发展而来,并继承其名。当时劳埃德咖啡馆成为海运保险商、商人及与航运相关的人最喜欢光顾的地方。劳埃德将其听到的所有新闻印于纸上,供大家传阅,帮助顾客交流信息。1760年,由咖啡馆的顾客组织了船级社，并于1764年开始印制船舶登记资料，为保险商和商人提供保险及租用船舶的运行状况。1834年，该组织改制为英国与国外航运劳氏船级社，开始出版第一份标准设置的规则，第一年就雇用了63名验船师。截至1840年，根据规则已经检验了15 000艘船舶。1852年，船级社在加拿大开设其第一家海外办事处，随后发展到世界各地。1914年，该组织更名为劳氏船级社，彰显其国际身份。20世纪，劳氏船级社将其在海运领域的专业技术应用于诸多领域，形成今天多元化的业务。为了反映出所有业务，该组织现在简称为“劳氏”。

随着业务的不断发展和公司的日益壮大，劳氏船级社也逐渐涉及多个领域并成立分公司，如劳氏质量认证有限公司，主营ISO9001，环境体系认证等相关业务；劳氏工业技术服务有限公司，主营钻井平台检验、工业品检验等；斯堪伯奥科技有限公司，主营核电业务；劳氏还涉及交通运输等众多领域。

劳氏船级社主要职能为船舶检验，船舶定级，船名录的编辑与发行，有关造船的用料标准、技术监督和统计，发放“100AI”或“B. S.”标识。该社编印的《劳埃德船舶登记册》（Lloyd's Register of Ships）每年定期出版，包括世界100 t以上的商船以及其船名、吨位、制造年份、船级社、制造地、船壳和船机类型等内容，成为国际保险业、航运业不可缺少的重要文献。

8. 日本海事协会（Nippon Kaiji Kyokai，ClassNK或NK）

ClassNK
NIPPON KAIJI KYOKAI

日本海事协会，简称NK，通称ClassNK，是国际上广为人知的国际船级协会成员国之一。

日本海事协会是日本法律规定的具备公益法人性质的财团法人组织。努力促进船舶及其相关事业的发展进步、保护人命财产安全、保护海洋环境是日本海事协会的行为准则。ClassNK以确保海上人命财产安全、防止海洋污染为永远的追求。为了完成这一使命，日本海事协会将坚持完全独立的第三方的公正与非营利立场，以最优秀的员工提供最优质的服务，大力开发最新规范和技术标准，为高科技的研究开发坚持不懈，最大限度满足客户的需求，做他们最坚实的后盾。

日本海事协会通过制定世界通用的船舶及海洋结构物从设计、建造到保养的全套规范以及为保护海上人命财产安全所做的贡献，得到了业界的高度评价。

日本海事协会具备丰富检验经验的技术人员，主要工作是检查在建船舶以及营运船舶是否符合日本海事协会制定的船舶安全规范要求。日本海事协会制定的规范除船体结构外，还涉及主机、电气、电子系统、安全设备、起货设备等领域。为了让客户在世界的任何角落都能享受到日本海事协会真诚的服务，在世界主要港口城市都成立了验船师事务所，构筑了全球性服务网络。

日本海事协会总部设在日本的东京和千叶两地，并在国内外的很多重要城市都设立了支部及办事处。

除了船级检验，日本海事协会还提供船舶、海洋构造物以及陆地工程的配套设备、器材、操作控制系统的技术服务、鉴定以及技术指导业务，围绕船舶及其周边学科开展调研与研发活动，同时，还根据ISO9000及ISO14001进行质量管理体系和环境管理体系的审核认证，另外，按照国际安全管理规则（ISM Code）及国际船舶与港口设施保安规则（ISPS Code）进行审核认证工作。

截至2007年12月，海事协会已经检验了6 793艘船只，所有船只的总质量超过1.52亿吨。这个数据表示全世界有20%左右的船只接受过日本海事协会的检验。

9. 意大利船级社(Registro Italiano Navale,RINA)

意大利船级社(RINA)1861 年成立于热那亚,由一群船东和海上保险商发起成立,至今已有 140 多年的历史,是世界上最老的船级社之一,也是国际船级社协会(IACS)的创建者之一。经过 140 多年的发展,意大利船级社的业务范围不断扩大。

意大利船级社海上业务有两类:一类是传统的船舶检验业务,即依法对船舶、海洋工程、船用产品进行的检验;另一类是现有船状态评估与工业服务业务。服务范围包括为相关各方(船东、海上保险商、租船者)提供船舶符合性检验,维护海上安全及防止海上污染。此外,意大利船级社还将其在船舶入级方面的技术应用于能源、基础设施、物流、环境评估、工业服务等领域。

目前,意大利船级社已获得意大利政府和其他 70 多个船旗国政府的授权,依据欧盟有关规定代其行使职责。作为一家船级社,意大利船级社依据 RINA 规范进行设计并对其监督建造的船只进行全面的质量和安全认定。另外,在对悬挂意大利国旗的船只的建造进行检验及监督的同时,意大利船级社也直接代表意大利政府行使职责,自 RINA 成立以来就与意大利政府建立了直接且紧密的联系。

意大利船级社还在质量、环境认证领域具有丰富的经验,尤其对中小企业开展上述领域的认证方面处于领先地位。

10. 俄罗斯船级社(Russian Maritime Register of Shipping,RS)

俄罗斯船级社成立于 1913 年 12 月 31 日,1932 年更名为现在名称,1969 年加入国际船级社。

俄罗斯船级社紧随国际公约,不断改进、升级自己的各项船舶标准研究。1993 年以来,按照 ISO9001 标准,不断完善内部质量体系,1999 年获欧盟认证批准。凭借高质量的专业人员和便捷的全球网络机构,俄罗斯船级社为全球船舶提供快捷可靠的服务。

俄罗斯船级社在海上生命安全、船舶航运安全、货物安全运输方面享有盛誉,在船舶技术监督领域有着丰富的经验。

多年来 RS 应对不断变化的挑战,并已取得了无可争辩的权威性和全世界范围内的认可。今天,RS 对船舶的定级是对该船舶技术状况的确认,确保它的安全运转和保护海洋环境免受污染。

作为一个公认组织,RS 完全符合所有适用的国际要求,包括 IMO 第 A. 739(18)和 A. 789(19)号决议,理事会(Council Directive,一般是欧盟)94/57/EC 指令,EN45004 及 ISO9001认证,RS 审计及认证结果证实了上述国际证书的法律遵从性。

RS 的各地代表及区域办事处覆盖全球。1 500 多名高素质的专家开展航海安全相关、海上的生命安全和防污染工作。

俄国舰队的复兴项目和开发境外原料资源的实现需要不同类型的运输船,在世界范围内,没有船舶技术舰队和海上的冰区加强型装置的类似物。

由 RS 开展进行的支持俄罗斯设计师、造船者及船主的目标项目,旨在维护海上高标准的安全性。

RS 所有活动基于深奥、系统性科研。RS 与科研院所、设计部门以及高等教育机构合作。此外,RS 的研究工作也有科学和技术理事会的参与配合。RS2005 年研究工作计划包括大约 70 个主题,旨在进一步改进 RS 规范和技术基础。

RS 最新的研究对于破冰船和冰区加强结构船有了新要求。该工作的目的是要制定国际船级社协会和极地国际海事组织守则统一要求。破冰船和冰区加强结构船全新定级是 RS 与克雷洛夫船舶科学研究院联合工作的成果。连同马卡罗夫国家海事学院和克雷洛夫船舶研究所,RS 已发展了关于螺旋桨和螺旋桨轴的强度标准。船舶定级规则与近海固定(包括冰区加强型)装置的发展备受关注,RS 在用规范性文件《海运船舶强度标准》已经获得了 45 年的工作经验,该文件管理直接强度计算。科研工作对于工业产品及其质量、环境和安全管理系统的认证具有十分重要的意义。

RS 积极参与了船运公司证书、符合国际安全管理规则和防污染守则(ISM 守则)的船舶证书的准备与执行过程。RF 海事局和其他国家的海事主管机关已授权 RS 颁发符合 ISM 守则规范的证书,国际公约及标准下的船舶设计、建造和运行的合规性是预防海上伤亡必不可少的因素。促进海上安全问题涉及人类在海上的风险评估。与 ISM 守则结合的应用安全评估程序,可以显著增强船队运作的安全,因为 ISM 规则的实施将最大限度地减少由于人为因素引发的错误。

RS 正越来越多地参与在各个分支行业和服务行业的发展和企业质量管理体系认证和产品认证。在确保工业企业和交通运输高标准的安全、财产安全和保护环境方面,RS 已经获得了独特的经验,而这些也使企业的管理水平和效益得到了提高。

RS 尤其重视人员培训。RS 有一个专门的人员培训中心,此外,总部也有圣彼得堡国立海洋技术大学的一个部门分支。

11. 印度船级社(India Register of Shipping,IRS)

印度船级社(IRS)为满足建设海事大国的需要,印度政府设立了一个督导委员会——Mudaliar 委员会。该委员会于 1974 年提出创建印度船级社的建议并得到了政府批准。1975 年 3 月,印度船级社(IRS)正式成立。1991 年加入 IACS,成为副会员。目前它还是 BIMCO、INTERTANKO 和 INTEECAEGO 的副会员。2010 年 6 月,国际船级社协会(IACS)在德国汉堡举行第 61 次理事会,批准印度船级社(IRS)成为 IACS 正式成员。这是 IACS 结束欧盟反垄断调查,改革成员标准后第一次正式吸纳新会员,也是 IRS 自 1991 年成为 IACS 副会员 19 年后,终于梦圆 IACS。

IRS 由来自海事界、保险界、工程、政府机构等方面的代表管理,支持机构包括技术委员会、入级分委会、质量分委会、研究咨询分委会。

IRS 业务包括海上业务、工业服务和管理体系认证三大部分。IRS 下设三个主要部门,分别为技术服务部、入级认证部、研究协调部。IRS 首席执行官负责该组织的运转和日常事务,并由三位分管三部门的首席验船师协助。

12. 克罗地亚船舶登记局(Croatian Register of Shipping,CRS 或 CR)

克罗地亚船级社于 2011 年 5 月正式为国际船级社协会 IACS 成员国之一。

克罗地亚船级社史承自东部亚得里亚海海岸船级活动,早在 1858 年便成为世界第三船级社。1918 年,奥地利船级社更名为亚得里亚海船级社,直到 1921 年。克罗地亚船级社始建于 1949 年,并以 JR(南斯拉夫船级社)的名称活跃至 1992 年。克罗地亚船级社总部位于克罗地亚共和国的斯普利特。从 1973 年 4 月至 2004 年,克罗地亚船级社是国际船级社协会(IACS)附属成员。2011 年 5 月,克罗地亚船级社正式获得 IACS 成员的地位。

克罗地亚船级社是一个独立、非营利,但以共同福利为导向的公共机构。克罗地亚船级社主要代表国家海事主管机关船舶法定认证、船用设备法定认证、游艇法定认证、质量管理体系认证/注册等船舶定级。

克罗地亚船级社在定级和法定认证领域的使命是促进国际最高标准的采用,以维护海上和内陆水道的生命财产安全,同时保护海上及内陆水道环境。

自2005年7月,克罗地亚船级社拥有由英国标准协会(BSI)颁发的证书,证明克罗地亚船级社运作中的定级范围、船舶法定认证、船用设备以及游艇的法定认证,其质量管理体系符合BS EN9001:2000的要求。

2011年2月,克罗地亚船级社持有"BSI关于确认克罗地亚船级社遵守合规年度声明与IACS质量体系认证方案"。

参 考 文 献

[1] 李品芳.船舶管理[M].大连:大连海事大学出版社,2006.
[2] 邓召庭,刘善平.船舶工程导论[M].北京:人民交通出版社,2010.
[3] 于敬来,卢恒荣.船舶柴油机[M].哈尔滨:哈尔滨工程大学出版社,2012.
[4] 胡启祥.船舶辅机[M].北京:人民交通出版社,2010.
[5] 施春红.船舶电气设备及自动控制[M].哈尔滨:哈尔滨工程大学出版社,2002.